Global Perspectives on Higher Education

全球视野下的高等教育

[美] 菲利普·G. 阿特巴赫（Philip G. Altbach） 著
张怡真 译
蒋 凯 校译

教育科学出版社
·北 京·

献给我的终身伴侣、在波士顿学院国际高等教育研究中心任职20多年的出版编辑伊迪丝·星野·阿特巴赫（Edith Hoshino Altbach）。

目　　录

绪　　论

第一篇　全球背景

第二篇　全球化的含义

第三篇 中心与边缘

第四篇 比较视野

第五篇 教师与学生

序　　言

本书围绕过去半个世纪影响高等教育的重要主题展开讨论。[①] 没有一本书可以囊括所有主题，本书主要关注高等教育日益国际化的核心思想。因此，本书从与全球化直接相关的分析入手，其中包括对深受大众化和全球知识经济影响的全球高等教育趋势的广泛讨论。尤其重要的是，20世纪下半叶以来大众高等教育的发展、金砖四国[②]（巴西、俄罗斯、印度和中国）的高等教育受到特别关注。

全球化对高等教育以及更广泛的经济和社会都产生了深刻影响。本书主要涉及几个中心主题，其中之一就是全球化在许多方面加剧了高等教育不平等，然而，这一主题通常被那些视全球化为积极现象的讨论所忽视。此外，我们通过考察交流项目、合作学位以及其他方面的事实与动机，来研究高等教育国际化在实践中的运作方式。我们还讨论了学生和学者流动，作为全球化产物的大学排名，英语在科研交流以及世界各地教学中的普遍作用。

中心与边缘仍然是高等教育全球化的一个要素。处于中心的大学倾向于主导科研、学术网络等方面，本书讨论了这些关系的各个方面，其中包括研究型大学的作用以及西方对亚洲大学的影响等。中心边缘理论为研究学术关系提供了分析框架。

---

① 本书英文版于2016年出版，书中相关事实和结论主要基于此前的研究。

② 本书撰写时南非尚未正式加入金砖国家。——译者注

本书在比较视野下讨论了几个关键问题，旨在突出重要主题，并阐明比较视角对于更广泛地理解全球高等教育的重要作用。在这些主题中，私立高等教育是目前全球中学后教育中发展最快的部分，而学术自由是经常被忽视但至关重要的主题。

本书以关于教师和学生的研究作为结尾，他们是世界各地大学的两个核心要素。

个人观点

《全球视野下的高等教育》反映了我在50多年的科研和教学中的学术关注点（Altbach，2014）。20世纪60年代末，在芝加哥大学攻读比较教育博士学位期间，我就确信，理解当今世界教育以及其他大多数事物都需要国际视野。博士学位论文结合了我对印度的长期兴趣以及对学生政治激进主义的强烈关注，聚焦于孟买的学生政治，这也许是对印度学生激进主义的第一次全面研究（Altbach，1968）。这些学术成长经历，以及我对高等教育作为社会经济发展核心要素的信念，促使我的研究一直以来都聚焦于高等教育。

x

虽然全球化在20世纪中叶并不是一个广泛使用的概念，但是我的研究关注的是更广泛的国际社会和经济趋势对教育发展的影响。冷战和殖民主义的创伤在大多数所谓的“第三世界”——这一术语源于第一世界是西方经济发达资本主义国家，第二世界是苏联集团（Soviet Bloc）的工业化国家，第三世界是“其余国家”的观点——极大地塑造了发展中国家的教育现状（Altbach，1977）。在所谓的前全球化时代，国际现状在高等教育中发挥了重要作用。我研究关注的核心问题是高等教育的全球不平等，部分目的在于使学术界和政策制定者更多地意识到全球高校中存在的诸多不平等因素。

在学术生涯的大部分时间里，我一直关注高等教育和全球知识网络不平等的本质。关于发展中国家书籍出版和期刊发行方式的研究，进一步证明了不平等现象的存在（Altbach，1987）。

几十年来，我的许多研究都关注发展中国家以及新兴经济体的高等教育所面临的挑战。我在学术生涯初期并着手研究高等教育问题时，发展中国家与发达国家之间存在巨大的鸿沟。虽然不平等仍然存在且相当普遍，但是新兴经济体已经取得了巨大的进展。经过几十年的发展，中国成为世界高等教育入学人数第一大国，并拥有了十几所甚至更多的令人瞩目的研究型大学。日本、韩国、新加坡和其他亚洲国家的高等教育体系也在50年里发生了翻天覆地的变化。尽管落后于东亚的步伐，拉丁美洲高等教育的进展也很显著。非洲高等教育明显掉队，但也有进步的迹象。这些年来我一直保持特殊兴趣的印度则呈现出相反的景象——该国中学后教育的规模扩张令人印象深刻，但高等教育体系顶端却几乎没有太多改善（Agarwal，2012）。

全球化的现状

在研究比较高等教育的初期，虽然我强调了全球高等教育的国际联系，并撰写了关于全球学生流动的文章（Altbach，Kelly，& Lulat，1985），但是我并没有预测到全球化和全球知识经济的发展。我早期的研究焦点之一是学生政治激进主义——说明20世纪60年代动荡时期及之后学生政治的国际视野。不出所料，学生处于国际化诸多方面的前沿地带。

对于不平等问题的关注，使我不再惊讶于21世纪全球化的差异。现在通常被称为“人才交流”（brain exchange）的人才流失（brain drain）现象持续存在，它是全球大学之间持续不平等的必然延伸。发达经济体的政策加剧了全球教育不平等，它们鼓励最优秀的人才来这里、留下来并为这些国家的高等教育和技术发展做出贡献。包括大规模开放在线课程（MOOCs）在内的大部分全球信息技术基础设施，也主要由发达经济体和跨国公司所控制，这不足为奇。

然而，这种前所未有的大众化进程及其伴随的国际影响令人惊讶，其中包括国际学生流动数量的急剧增加，以及全球学术劳动力市场的兴起。

半个世纪以来，我一直就国际高等教育许多方面进行观察、研究并出版著述，它曾是世界学术界的一个小角落，现在已经走到了舞台的中心。毫无疑问，全球现状以及随之而来的高等教育国际化将继续成为未来几十年学术界的核心部分。

参考文献

Agarwal, P. (Ed.). (2012). *A half-century of Indian higher education: Essays by Philip G. Altbach*. New Delhi, India: Sage.

Altbach, P. G. (1968). *Student politics in Bombay*. Bombay, India: Asia.

Altbach, P. G. (1977). Servitude of the mind? Education, dependency and neocolonialism. *Teachers College Record*, 79 (2), 197–204.

Altbach, P. G. (1987). *The knowledge context: Comparative perspectives on the distribution of knowledge*. Albany: State University of New York Press.

Altbach, P. G. (2014). The complexity of higher education: A career in academics and activism. In M. B. Paulsen (Ed.), *Higher education: Handbook of theory and research* (pp. 1–32). Dordrecht, Netherlands: Springer.

Altbach, P. G., Kelly, D. H., & Lulat, Y. G.-M. (1985). *Research on foreign students and international study: An overview and bibliography*. New York: Praeger.

致　　谢

在考虑出版一本反映多年来所做工作的书时，很难判断应该从何写起。因此，在这里我的致谢范围比通常更为广泛。非常感谢那些提供文章版权许可的期刊和出版公司，“各章出处说明”中提供了详细列表。本书对之前发表过的所有章节都进行了适当的更新和修订。 xiii

自1994年波士顿学院国际高等教育研究中心（Center for International Higher Education at Boston College）成立以来，伊迪丝·星野·阿特巴赫就一直担任该中心出版编辑。在此之前，她曾在纽约州立大学布法罗分校比较教育研究中心（Compartive Education Center at the State University of New York at Buffalo）担任编辑。在此工作岗位上，她参与了本书几乎所有章节的编辑工作。诚挚感谢她对细节的重视和关注，以及她对本书讨论的许多主题的看法。

几十年来，我从许多老师和同事的思想与指导中受益匪浅——由于太多而不能在这里一一感谢。在芝加哥大学研究生学习期间，我尤其受到了爱德华·希尔斯（Edward Shils）和C. 阿诺德·安德森（C. Arnold Anderson）的影响。西摩·马丁·利普塞特（Seymour Martin Lipset）是我在哈佛大学（Harvard University）的博士后导师，我从比较的视角关注他关于学生政治激进主义的研究项目——他教会了我如何思考研究中的“大局”。

在纽约州立大学布法罗分校，我与盖尔·P. 凯利（Gail P. Kelly）共同创建了比较教育研究中心，在那里我担任了20年中心主任。盖尔影响了我的思想，并为我们的各种学术活动提供了宝贵的帮助，包括十年如一日地主编《比较教育评论》（*Comparative Education Review*）。我也同样感谢D. 布鲁斯·约翰斯通（D. Bruce Johnstone）、罗伊斯·韦斯（Lois Weis）和莱昂内尔·S. 刘易斯（Lionel S. Lewis）等同事。

虽然2012年我从教学科研岗位上退休，但是直到2015年底，我仍在波士顿学院国际高等教育研究中心担任管理工作，我是该研究中心的研究教授及创始主任。该研究中心现任主任汉斯·德维特（Hans de Wit）是本书的合著者之一，自我1994年加入波士顿学院以来，我们已是20年的同事和老友。波士顿学院为该研究中心的建立提供了良好的环境，并从中心创建开始就给予了适度的支持。我有幸成为波士顿学院唐纳德·莫南校级讲席教授（J. Donald Monan, SJ, University Professor）。莫南讲席提供了额外的资源，对我和中心都有莫大的助益。尤其要感谢莫南神父（Fr. Monan），他在担任波士顿学院院长期间批准了该中心的建立，并给予我们非常大的自主权来发展中心的项目。

该中心还得益于福特基金会（Ford Foundation）18年来的持续财政支持。这种支持完全归功于福特项目官员豪尔赫·巴朗（Jorge Balán）的远见卓识，他在基金会工作期间对美国国际高等教育领域的建设起到了重要作用。除了资金以外，巴朗还为我们提供了出色的研究思路，并多次直接参与我们的项目，包括本书几个章节所呈现的项目。研究中心的旗舰季刊《国际高等教育》（*International Higher Education*）在福特基金会的支持下得以出版发行。自2010年以来，国际高等教育研究中心的发展也一直得到纽约卡内基公司（Carnegie Corporation of New York）的支持。

在过去4年中，中心的主要研究合作伙伴之一是玛利亚·尤德科维奇（Maria Yudkevich），她在莫斯科国立研究大学高等经济学院（National Research University-Higher School of Economics, HSE）的机构分析实验室（Laboratory for Institutional Analysis）工作。本书第17章关于教师工资和薪酬的研究，源于我们与HSE的一个合作项目。

我在三所大学指导了约九十名博士生，其中许多人已成为我长期的同事和朋友，我经常与他们合作出版。本书的几个章节就体现了这种合作——如伊万·帕切科（Iván Pacheco）、利兹·瑞斯伯格（Liz Reisberg）和劳拉·E. 拉莫利（Laura E. Rumbley）是本书几章的合著者。利兹·瑞斯伯格和劳拉·E. 拉莫利也曾在国际高等教育研究中心工作，我与她们合著并编写了一些书和其他出版物。其他在我自己的工作中有特别影响的学生包括帕蒂·麦吉尔·彼得森（Patti McGill Peterson）、S. 戈平纳斯（S. Gopinathan）、罗伯塔·玛丽·巴西特（Roberta Malee Bassett）和达姆特乌·特佛拉（Damtew Teferra）。

我也从许多其他同事的工作中受益——这里有太多人，无法逐一感谢。简·奈特（Jane Knight）是本书中一章的合著者；贾米尔·萨尔米（Jamil Salmi）和豪尔赫·巴朗与我一起合作编写书籍；国际高等教育研究中心现任主任的汉斯·德维特与我共同撰写了一些文章。

出版本书英文版的约翰·霍普金斯大学出版社自 1999 年以来一直出版我的作品，本书是第四本。感谢该出版社同事的支持和他们的专业精神，特别感谢杰基·韦莫勒（Jackie Wehmueller）和格雷格·布里顿（Greg Britton）。

本书得益于阿丽亚娜·德戈雅尔顿·德弗努瓦尔（Ariane de Gayardon de Fenoyl）的帮助，她不但承担了有价值的编辑工作，而且还帮助更新了一些材料。

各章出处说明

以下是每一章原文出处的详细信息：

1. The Emergence and Reality of Contemporary Internationalization in Higher Education. 本章是本书的原创章节。

2. Tracking a Global Academic Revolution (with Liz Reisberg and Laura Rumbley). *Change*, 42 (March- April 2009), 30-39. © Taylor & Francis Group.

3. The Logic of Mass Higher Education. *Tertiary Education and Management*, 5 (2) (1999), 107-124. © Springer Publishing Company. 转载已获得施普林格出版公司的许可。

4. The Prospects for the BRICs: The New Academic Superpowers? In P. G. Altbach, G. Androushchak, Y. Kuzminov, M. Yudkevich, & L. Reisberg (Eds.), *The Global Future of Higher Education and the Academic Profession: The BRICs and the United States* (pp. 1-27). New York: Palgrave, 2013. © Palgrave Macmillan Publishers. Reproduced with permission of Palgrave Macmillan. 本出版物的完整版可见 www. palgrave. com / page / results / ? STEM = true & SF1 = kword index%2Cidentifi er & SORT = mat-rank-us%2Fd & SF99= lang-toggle & ST99= us & ST1 = The + Global + Future + of + Higher + Education + and + the + Academic + Profession。

5. Internalization and Global Tension: Lessons from History (with Hans de Wit). *Journal of Studies in International Education*, 19 (1) (February 2015),

4-10. © European Association for International Education.

6. Globalization and the University: Realities in an Unequal World. Original title: Globalization and the University: Myths and Realities in an Unequal World. *Tertiary Education and Management*, 10 (1) (2004), 3-25. © Springer Publishing Company. 转载已获得施普林格出版公司的许可。

7. The Internationalization of Higher Education: Motivations and Realities (with Jane Knight). *Journal of Studies in International Education*, 11 (3-4) (Fall- Winter, 2007), 290-305. © Sage Publications. 出版版本可见 http: // jsi. sagepub. com / content / 11 / 3 - 4 / 290. full. pdf + html。

8. Higher Education Crosses Borders. *Change*, 36 (March- April, 2004), 18-25. © Taylor & Francis Group.

9. The Globalization of Rankings. Originally title: The Globalization of College and University Rankings. *Change*, 44 (January- February, 2012), 26-31. © Taylor & Francis Group.

10. The Imperial Tongue: English as the Dominating Academic Language. *Economic and Political Weekly* (September 8, 2007), 3608-3611. © Sameeksha Trust, Mumbai, India.

11. The University as Center and Periphery. *Teachers College Record*, 82 (Summer 1981), 601-621. © Teachers College, www. TCRecord. org.

12. Peripheries and Centers: Research Universities in Developing Countries. Original title: Peripheries and Centres: Research Universities in Developing Countries. *Higher Education Management and Policy*, 19 (2) (2007), 1-23. http: // dx. doi. org / 10. 1787 / hemp-v19-art13-en. © Organisation for Economic Co-operation and Development.

13. Twisted Roots: The Western Impact on Asian Higher Education. *Higher Education*, 18 (1989), 9-29. © Springer Publishing Company. 转载已获得施普林格出版公司的许可。

14. Comparative Perspectives on Private Higher Education. In P. G. Altbach

(Ed.), *Private Prometheus: Private Higher Education and Development in the 21st Century* (pp. 1–14). Chestnut Hill, MA: Center for International Higher Education, Boston College, 1999. © Boston College Center for International Higher Education.

15. Academic Freedom: International Realities and Challenges, *Higher Education*, 41 (1–2) (2001), 205–219. © Springer Publishing Company. 转载已获得施普林格出版公司的许可。

16. The Giants Awake: Higher Education Systems in China and India. Original title: The Giants Awake: The Present and Future of Higher Education Systems in China and India. This is an updated version of a chapter (pp. 179–204) in the OECD publication *Higher Education to* 2030: *Globalisation*, *vol.* 2, *Globalisation*, *Educational Research and Innovation*. Paris: OECD Publishing, 2009, http://dx.doi.org/10.1787/9789264075375-en. © OECD.

17. Academic Remuneration and Contracts: Global Trends and Realities. Original title: Academic Remuneration and Contracts (with Liz Reisberg and Iván F. Pacheco). In P. G. Altbach, L. Reisberg, M. Yudkevich, G. Androushchak, & I. F. Pacheco (Eds.), *Paying the Professoriate: A Global Comparison of Compensation and Contracts* (pp. 3–20). New York: Routledge, 2012. © Taylor & Francis Group.

18. Student Political Activism. In P. G. Altbach (Ed.), *Comparative Higher Education: Knowledge, the University, and Development* (pp. 103–116). Chestnut Hill, MA: Center for International Higher Education, Boston College, 2006. © Boston College Center for International Higher Education.

绪　论

第一章　当代高等教育国际化的兴起与现实

前全球化时代

虽然起源于欧洲中世纪的现代大学在当时已是国际性机构，但是当代 3
高等教育国际化主要始于 20 世纪后半叶，尤其是从经济和高等教育体系的全球化开始。当代高等教育国际化的标志是全球学生流动的急剧增加和区域安排的出现，特别是欧盟，它有着高流动性特征以及建立分校、联合学位项目等高等教育举措以及许多其他干预措施。由于这一现象的许多层面旨在为部分参与者赚取收入，国际高等教育在很多方面俨然已经成为“大生意”。

在 20 世纪 60 年代，“全球化”一词即使在比较教育和高等教育等领域也没有出现过。冷战正值高潮，高等教育国际化主要产生于意识形态斗争和全球强权政治的背景之下。

冷战构筑了许多区域性和国际性的高等教育关系。学生流动在一定程度上受到冷战政治的影响。苏联资助了大批来自友好发展中国家的学生赴本国学习；主要的西方国家，如英国和法国，向其前殖民地学生提供资助；美国向与其冷战优先事项有关国家的学生提供奖学金。合作研究和科学交流也受到了冷战优先级的影响（Chomsky et al.，1997）。总的来说，苏联和东欧大部分地区与西方学术界和全球科学的交流被切断，在 20 世纪 50—60 年代，苏联阵营中俄语是主要的交流语言，而在世界其他地方， 4

英语日益成为科学交流的重要语言。

大学主要存在于国家背景之下。当时没有全球排名，也鲜有区域或全球竞争意识。虽然英语被公认为是使用最广泛的科学交流用语，但是它与德语、法语等其他主要语言共享舞台。在国家背景下，许多民族语言被用于科学研究。国际会议通常使用英语、法语，有时使用德语或西班牙语，提交的会议论文可以使用以上任何一种语言写作，且会议通常没有同声翻译。

“二战”后，随着欧洲大陆分裂为苏联东欧集团与西欧两大阵营，区域集团出现在分裂的欧洲大陆，苏联主导的华沙条约组织以及美国支持的北大西洋公约组织是两个主要的军事联盟。欧盟的前身也是在战后时期建立的，其中包括促进大学合作和学生流动的适度努力。

区域性与国际性的学术项目和组织也在冷战的阴影之下出现，它们通常在某种程度上反映了当时的意识形态斗争。尽管“软实力”这个术语后来才被创造出来，但当时的许多举措，如富布赖特奖学金（Fulbright Program）、英联邦项目（Commonwealth Projects）、俄罗斯人民友谊大学（Peoples' Friendship University of Russia）提供的项目以及许多其他项目，都是冷战期间所属国扩大影响力的一部分（Nye，2004）。这些项目帮助建立了区域性和国际性的高等教育网络，为后来全球高等教育计划的大幅扩张奠定了基础。

与此同时，全球学术权力平衡正在发生改变。虽然德国在“二战”之前是全球学术强国，但纳粹严重破坏了德国的大学。许多顶尖学者离开这个国家，学术自由消失了，意识形态在许多领域取代了科学。战争不但在德国，而且某种程度上也在欧洲的其他地方进一步损害了大学。与此同时，美国经历了经济和学术方面的迅速发展。从20世纪20年代开始，美国最早为大众提供了接受高等教育的机会，并在战后急剧增加。此外，研究型大学的发展受到了联邦政府的资金支持，政府在某种程度上利用科学来应对冷战（Lowen，1997）。学术权力的平衡跨越了大西洋。另外，随着加拿大和澳大利亚等国研究型大学的发展，加之英国一贯的重要地位，英语日益发展成为全球科学语言。

苏联解体和东欧剧变，以及东亚的崛起——首先是日本成为经济强国，最近是中国的崛起——都发生在20世纪的最后几十年。与此同时，随着《马斯特里赫特条约》（Maastricht Treaty）和对高等教育产生了深远影响的《博洛尼亚宣言》（Bologna Accord）的签署，欧盟的地位得以提高。20世纪中期的经济和政治力量塑造了新兴的高等教育国际化，其方式与影响21世纪早期的潮流截然不同。

全球化与全球知识经济

全球化通常被定义为世界经济的日益一体化，它也在很大程度上影响了高等教育（King, Marginson, & Naidoo, 2013）。虽然21世纪的全球化对当代社会和经济产生了许多影响，但是有几个方面对高等教育的影响尤为显著（Friedman, 2005; Wildavsky, 2010）。全球知识经济的出现源于更广泛的全球化趋势，并对大学产生了直接影响。

当然，全球化并非21世纪所独有。有人认为，15世纪的葡萄牙是第一个全球强国，它运用了全球化的一些元素（Page, 2002）。后来，从某些方面来说，英殖民帝国成了一个全球性企业。从历史上看，技术也对全球化产生了巨大的影响。葡萄牙的成功与远洋航行和船舶技术的创新直接相关。之后，电报、以蒸汽为动力的交通工具、飞机、商业银行和许多其他发明使现代互联世界成为可能。像其他机构一样，大学也受到这些创新和发现的影响。21世纪的后工业世界已经把作为知识、研究和创新中心的大学带到了全球化的前沿。

科研（特别是科学技术领域的研究）日益全球化，各国的大学研究人员常常共同工作。由于许多公司跨国运营，科研用户越来越国际化。包括生物工程、信息技术和制药等领域的尖端企业，以及汽车制造商等传统企业在内的许多实业公司，都成为利用来自世界各地知识的跨国公司。研究型大学越来越多地参与全球研究。

科研共同体在本质上也是全球性的。研究人员和学者在流动，通常在远离本国的大学和实验室工作。顶尖大学本身就是面向全球的，它们为世界研究共同体培养了大批成员，吸引着来自世界各地的学生，并聘用来自不同国家的教授。

与其他高等教育机构相比，研究型大学自然更多地参与全球活动。在全球 17000 多所大学中，这类大学可能只有 1000 所，在全球高等教育中仅占很小的比例。然而，研究型大学却招收了世界上相当一部分国际学生，并积极参与全球学术关系和网络。

从精英到大众再到普及高等教育

在过去一个世纪里，学术变革的核心驱动力是高等教育大众化，即让少数传统精英群体以外的人也能接受高等教育。直到 20 世纪 60 年代末期，除了美国和加拿大等少数几个国家之外，大学教育在“发达”世界中仍然是精英的专利，而在其他地方几十年后仍然如此（Altbach, Reisberg, & Rumbley, 2010）。欧洲大多数国家的大学入学率不足适龄人口的 10%，而发展中国家的入学率最多只有几个百分点。马丁·特罗（Martin Trow）1973 年撰文指出，高等教育入学率在各国以不同的速度提高，但不可避免地都会经历从精英化到大众化再到普及化的发展过程（Trow, 2011）。特罗认为，低于 15% 的高等教育适龄人口入学率构成了精英高等教育体系，大众高等教育体系中适龄人口的入学率为 15%—50%，普及高等教育意味着入学率达到 50% 以上。他认为，随着高等教育适龄人口的入学率超过一半，自然增长将会停止，但一些国家的入学率已接近 80%，且全球范围的大众化仍在继续。

截至 2014 年，全球约有 2 亿学生接受中学后教育，据估计，到 2030 年这一数字将超过 4 亿。尽管亚洲和非洲的其他地区还有很大的增长空间，但这种增长将主要集中在两个国家——中国和印度。

大众化对全球高等教育体系产生了许多重要影响。其中包括：私立学校增加以服务于日益增长的入学率；高等教育质量整体下降；远程教育发展；增强对学术生产力的测评；以及并非总是成功的质量保障的尝试。此外，大众化在许多国家催生了高等教育体系，这些系统拥有具备不同使命的多样化的学术机构。

大众化也极大地促进了高等教育国际化。入学人数的增加大大推动了学生全球流动。实际上，在总入学人数接近 2 亿的同时，国际学生人数也 7
在过去十年翻了一番，接近 500 万。大众化通过创造学生流动的"产业"，使得国际高等教育成为一项巨大的事业；国际学生为全球各利益相关方提供的收入可能高达 1000 亿美元。

毫无疑问，自 20 世纪中期以来，大众化一直是全球高等教育的核心驱动力，对国际化的各种表现具有根本性的影响。

信息技术与全球高等教育

信息技术革命伴随着全球化而来，并影响着世界范围内的高等教育。信息技术的影响多种多样，包括互联网在学术交流中的应用、有效地管理大学的工具以及新的教学方法等。

互联网加速了直接联系，使得在真正的全球环境中进行交流成为可能。互联网取代了传统邮件以及所有其他的中间技术，使得知识的传播瞬时完成。互联网也改变了通过期刊和其他手段进行的正式科研交流。虽然版权限制和传统期刊系统对免费访问造成了一些障碍，但是它允许世界各地的研究人员和学者平等地获取知识。

期刊、图书馆、出版机构和其他正式的知识交流基础设施受到信息技术的深刻影响。信息技术极大地加强了网站和网络等非正式结构，使其更具包容性。当然，不平等仍然存在，但发展具有革命性。

大学管理由于大众化以及大学与高等教育体系的扩张变得更加复杂，同时它也得到了信息技术的帮助，收集、分析和交流信息变得更加容易。

互联网允许开发在线课程、在线学位项目，甚至允许开办提供学位和证书的完整虚拟高等教育机构（Losh，2014）。互联网也使大规模开放在线课程成为可能。虽然大多数注册在线课程的学生都是在本国的院校学习，但是跨境学习的人数正在迅速增加；虽然许多学生学习慕课没有学分，但是他们却在全球注册学习。

互联网对世界范围内的教学、学习、课程以及高等教育内容的传递具有重要意义。远程教育技术和方法的迅速发展，增强了互联网在高等教育各个方面的长期作用。但是，挑战依然存在。到目前为止，几乎所有可在互联网上使用的内容都来自美国和少数几个发达国家，虽然在全球范围内的应用日益广泛，但是可能并不完全具有全球相关性。有关这些知识产品的所有权问题仍然存在，有效传递内容的方法仍在讨论之中。简而言之，虽然很明显互联网对高等教育产生了重大影响，但是其发展过程仍在继续。

英语的角色

在 21 世纪全球化背景下，英语已经成为高等教育全球交流的主要语言（Altbach，2016）。大多数国际流通的学术期刊都是英文的，大部分国际科学和学术会议也使用英语进行交流。英语主导了学术和科学网站，用英语出版的学术书籍数量最多。即使是总部设在德国或荷兰的跨国出版公司也大多采用英语出版。

英语在非英语国家的教学中也越来越受欢迎。虽然英语并没有取代本国语言，但它在许多地方都是民族语言的补充。主要或完全使用英语教学的国家有很多，而且还在不断增加。除了美国、英国、加拿大、澳大利亚和新西兰等主要英语国家外，旧时英帝国的大部分领地，包括非洲英语国家和南亚，都主要使用英语教学，这些地区都是世界的重要组成部分。

世界许多其他国家都将英语作为科学和学术交流的主要语言。许多大学奖励用英语而不是本国语言发表学术成果的教师。在中国等国家，越来越多的高校课程甚至学位课程都用英语授课。这些举措不仅旨在吸引更多的国际学生，也面向其国内有兴趣提高英语技能的学生。

随着主要英语国家开发的课程越来越多地在全球范围内使用，英语对课程设置也产生了一定的影响。随着慕课在数量和范围上的发展，这种影响可能变得愈加重要，因为其中大多数课程是在美国与其他一些国家开发和发展。由于主要期刊在英语国家编辑和出版，而且编辑也居住在这些国家，因此英语的观点和方法往往占据主导地位。总之，英语日益成为占据主导地位的学术语言，具有广泛的影响。

全球流动

学生和学术从业者的地域流动是全球化时代的重要特征。2012 年，至少有 400 万学生留学海外；近年来这一数字迅速增长，在未来数十年内可能会翻一番。增长最快的国际学生群体是本科生，而之前许多年一直是研究生和专业学位学生占据主导。国际学生已经成为一个大的产业，为东道国创造了数十亿美元的收入，当然，也给派遣国带来了同样多的成本。由于绝大多数国际流动学生是自费，所以学生及其家庭承担了大部分的费用。

学生选择国际流动的原因有很多，例如，国内教育机会不足，期望获得优质教育，有将来移民的打算，以及期望毕业后提升就业能力。全球流动学生从亚洲流向以英语为母语的工业化国家的人数最多，尤其是美国、英国、澳大利亚和加拿大等国。另一个较大群体则是利用欧盟通过的博洛尼亚进程提供的各种流动计划。前往马来西亚等中等收入国家的流动学生数量也相当可观，到中国求学的学生数量也在日益增加。总而言之，虽然传统的东道国仍然拥有数量最多的流动学生，但是流动模式正在发生改变并增加。

接收国际学生的国家和大学也有这样做的内在动机：校园国际化的意愿，从国际学生身上赚取收入的成就，填补空缺名额的需求，以及吸引优质学生的愿望。

全球流动的学者的数量不得而知，甚至缺乏这一定义。不论是顶尖大学还是不太知名的高校，都存在着庞大的全球学术劳动力市场。大多数国家的顶尖大学都想从世界各地聘请最优秀的人才。美国和其他类似国家的著名大学吸引了更多的优秀学者，但其他大学，诸如中国、韩国、沙特阿拉伯和其他国家最好的大学，也正在积极追逐顶尖人才。一般而言，人才流失是指从那些工资较低、工作条件较差、高等教育体系欠发达的国家，
10 流向那些收入更高且设施更好的国家。人才也会离开那些学术工作稀缺的地方。由于国内就业短缺，一些美国学者正在本国以外的地方任职。暴力或政治和社会不稳定导致的学术危机也可能导致学者向外流动，诸如政治压迫、种族歧视或宗教歧视及其他等长期问题也可能会促使学者移民。在希特勒掌权之后，大批德国犹太学者去美国和其他国家就是这样的例子。

那些面临学生人数大幅增加但当地教学人员短缺问题的国家可能会从国外引进大批学者。沙特阿拉伯大约40%的学者是非沙特人，他们中的大多数来自其他伊斯兰国家。埃塞俄比亚大学聘用了许多外籍教师，其中大多来自印度。

学生和教师的流动与许多因素相关。与世界经济紧密结合的全球化、更加便利的国际交通、信息技术发展以及21世纪其他结构性力量，使得流动更加容易。

结　论

虽然从公元5世纪印度那烂陀大学（Nalanda University）到欧洲中世

纪大学，大学一直是国际性机构，但是21世纪高等教育国际化不同往昔。正如当代全球化比早期更加激烈，对经济和社会的影响更加重要一样，高等教育国际化也更为广泛和深入。国际化已成为全球大多数国家高等教育环境的一部分。此外，它已经超越了海外交流和留学的专属领域，进入到国际分校、联合学位项目、大学合作伙伴关系以及许多其他全球倡议等领域。国际化也已成为大产业，每年创造了数十亿美元的收入。

国际化有许多表现形式，需要进行仔细分析和评价，这对于个人、机构和高等教育体系可能有重要影响。例如，涉及院校合作、政府奖学金计划和教学语言的留学选择和决定会产生重大影响。参与者进入国际化舞台的视角和需求截然不同。例如，一个欧洲国家放宽移民要求，旨在提升高水平大学毕业生的“保留率”，从而提高国家经济竞争力，但这一决定将直接造成中等收入国家或发展中国家的人才流失。

对于所有国家和各个层次的高等教育而言，全球化意味着国际化问题和主题变得更加突出，有关此主题和问题的关系值得关注与深入分析。

参考文献

Altbach, P. G. (2016). *The imperial tongue: English as the dominating academic language*. In this volume.

Altbach, P. G., Reisberg, L., & Rumbley, L. E. (2010). *Trends in global higher education: Tracking an academic revolution*. Rotterdam, Netherlands: Sense.

Chomsky, N., Katznelson, I., Lewontin, R. C., Montgomery, D., Nader, L., Ohmann, R., et al. (1997). *The Cold War & the university: Toward an intellectual history of the postwar years*. New York: New Press.

Friedman, T. L. (2005). *The world is flat: A brief history of the twenty-first century*. New York: Farrar, Straus and Giroux.

King, R., Marginson, S., & Naidoo, R. (Eds.). (2013). *The globalization of higher education*. Cheltenham, UK: Edward Elgar.

Losh, E. (2014). *The war on learning: Gaining ground in the digital university*. Cambridge, MA: MIT Press.

Lowen, R. S. (1997). *Creating the Cold War university: The transformation of Stanford*. Berkeley: University of California Press.

Nye, J. S., Jr. (2004). *Soft power: The means to success in world politics*. New York: Public Affairs.

Page, M. (2002). *The first global village: How Portugal changed the world*. Lisbon, Portugal: Editorial Notícas.

Trow, M. (2011). Reflections on the transition from elite to mass to universal higher education: Forms and phases of higher education in modern societies since World War II. In J. J. F. Forest & P. G. Altbach (Eds.), *International handbook of higher education* (pp. 243–280). Dordrecht, Netherlands: Springer. (Original work published 1973.)

Wildavsky, B. (2010). *The great brain race: How global universities are reshaping the world*. Princeton, NJ: Princeton University Press.

第一篇

全球背景

第二章　追踪全球学术革命[1]

在过去半个世纪，高等教育发生了一场学术革命，其范围和多样性发生了空前的变革。身处其中并理解这个持续、动态的过程并非易事。可以说，近年来的发展至少与 19 世纪的那些变化一样引人注目，彼时研究型大学首先是在德国出现，然后在其他地方逐渐发展，其性质在世界范围内发生了根本上的改变。20 世纪末 21 世纪初，学术变化更为广泛，这是由全球化及其所影响的机构和人员的数量促成的。在我们看来，四种基本和相互关联的力量推动了当前的学术革命——大众高等教育、全球化、知识社会的来临及研究型大学在其中的重要性、信息技术。这些力量反过来又引发了其他变化，如私立院校兴起和高等教育私有化、问责运动（包括今天对衡量高等教育成果的强调）、远程教育以及其他变化。 15

美国在受到这些全球力量影响的同时，也在这场革命中发挥了重要作用。毕竟，美国是第一个为大量学生提供入学机会的国家，并因此发展了大众高等教育。它在“二战”后成为全球科学超级大国，并在很大程度上引发了信息技术革命。虽然美国目前在总入学人数上排名第三，排在中国和印度之后，但它在各方面都是世界学术超级大国。能否保持这种地位取决于美国如何应对不断演变的学术革命。

---

① 本章由菲利普 · G. 阿特巴赫、利兹 · 瑞斯伯格与劳拉 · E. 拉莫利合著。本章所依据的原始报告是菲利普 · G. 阿特巴赫、利兹 · 瑞斯伯格和劳拉 · E. 拉莫利撰写的《全球高等教育趋势：追踪学术革命的轨迹》（*Trends in global higher education*：*Tracking an academic revolution*），此文是为联合国教科文组织 2009 年世界高等教育大会编写的一份报告。

克里斯托弗·詹克斯（Christopher Jencks）和大卫·里斯曼（David Riesman）在1968年创造了“学术革命”一词。他们分析了美国高等教育扩张的一些影响，认为美国高等教育正在被巨大的变革所改变，特别受到当时入学率提高的影响（Jencks & Riesman，1968）。

16 21世纪初期，世界正在经历这场革命。高等教育已成为一个竞争性产业。许多国家的学生必须争取稀缺的大学名额，被各个国家顶尖院校录取变得更加困难。大学争取地位和排名，并常常争取政府或私人资助。虽然竞争一直是学术界的一股力量，可以帮助创造卓越，但它也可能侵蚀学术界、使命和传统价值观。

大众化现象

21世纪高等教育的核心是大众化——过去半个世纪发生在世界范围内的入学人数大幅增长。大众化的“逻辑”是不可避免的，包括为不断增加的人口提供更通畅的社会流动，资助高等教育的新模式，大多数国家高等教育体系的日益多样化，学术标准的整体下降以及其他趋势。正如这里讨论的许多其他主要趋势一样，虽然大众化阶段不是一个全新的时期，但对于正在进行的高等教育革命的“深化阶段”，必须从不同的角度对它加以考虑。在第一阶段，高等教育只是为了应对需求而努力——增加基础设施和扩大教学团队的需要。在过去几十年，高等教育体系已经开始与多样化的影响斗争，考虑哪些子群体仍未被纳入和没有获得适当的服务。

美国是第一个实现大众高等教育的国家，1960年，美国中学后教育适龄人口入学率达到40%。虽然当时一些发展中国家的适龄人口入学率仍不到10%，但是几乎所有国家都大幅提高了高等教育的参与率。西欧和日本在20世纪80年代经历了快速增长，随后是东亚和拉丁美洲。适龄人口入学率分别达到30%和12%的中国与印度，目前拥有世界上最大规模的高等教育体系。它们还将在未来几十年迅速扩张，到2030年，其招生数量可能占到全球新增入学人数的近一半。

在全球范围内，高等教育适龄人口入学率已从 2000 年的 19%增至 2012 年的 32%，其中中等收入和高收入国家增长最为显著。目前全球有超过 1.96 亿的高等教育学生，大约比 2000 年增长了 97%。在低收入国家，高等教育入学率仅略有提高，从 2000 年的 4%增加到 2012 年的 9%。撒哈拉以南非洲地区是世界上入学率最低的地区，仅为 8%。在拉丁美洲，适龄人口入学率达到 43%——这个增长令人印象深刻。全球高等教育入学率增长产生了巨大的影响（见图 2-1）。

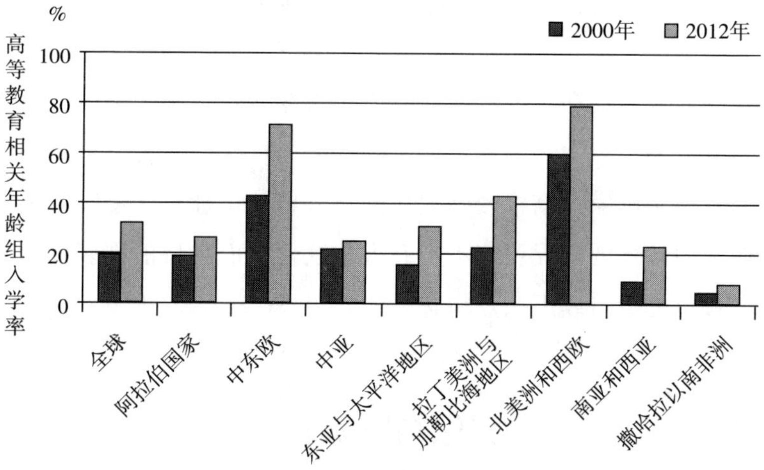

图 2-1 按地理区域划分的 2000 年和 2012 年高等教育毛入学率，显示了高等教育相关年龄组的入学率

资料来源：联合国教科文组织统计研究所。

在未来几十年，人口结构将继续是发展和改革的推动力。改革的模式和地理范围会有所变化，但基本的主旨将保持不变。2008 年，经济合作与发展组织（Organisation for Economic Co-operation and Development，OECD）指出了 2030 年前几个主要的人口发展趋势（Vincent-Lancrin，2008）：

• 学生入学规模将继续扩大，高等教育体系也是如此。只有少数几个国家的高校学生数量会出现萎缩。

• 在大多数发达国家，女性将成为主要的高校学生群体；在世界各地，女性的高等教育参与度将显著提升。

• 学生群体构成更加多样化，国际学生、大龄学生、部分时间制学生以及其他类型的学生数量将会增加。

• 高等教育的社会基础将继续扩大，这对社会群体之间教育机会不平等产生的影响仍存在着不确定性。

• 有关弱势群体获得高等教育机会的态度和政策，以及这一群体本身的意识将会发生改变，这将日益成为各国讨论的重要问题。

• 学术职业更加国际化，流动性更强，但仍将根据国情进行结构调整。

• 学术职业的活动和角色将更加多样化与专业化，并受到各种聘用合同的约束。

• 许多发展中国家对高校教师数量的需求日益增加，这意味着高校教师群体整体素质较低的现况可能不会有太大改善，而且目前许多国家对兼职教师的依赖可能会持续下去。

全球化与国际化

全球化作为 21 世纪的一个重要现实，已经深刻地影响了高等教育。在本书中，我们将关注它如何影响大学。我们把全球化定义为由日益一体化的世界经济、新的信息和通信技术、国际知识网络的出现、英语的作用以及学术机构无法控制的其他力量所塑造的现实。国际化是指大学和政府为应对全球化而实施的各种政策与计划，包括派遣学生出国学习、设立海外分校、课程国际化或参与国际合作等。

大学一直深受国际趋势的影响，并且在某种程度上在一个由更广泛的高等教育机构、学者和研究组成的国际共同体中运营。然而，21 世纪的现实已经放大了全球环境的重要性。自拉丁语主导中世纪欧洲学术界以来，英语作为科学交流主要语言兴起，前所未有。信息和通信技术创造了一种通用的即时联系方式和简化的科学交流方式。与此同时，这些变化有助于将出版商、数据库和其他重要资源的所有权集中在顶尖大学和一些强大的跨国公司手中，而这些机构几乎全部位于发达国家。

对于发达国家的“富人”来说，全球化为学习和科研提供了令人兴奋的不受国界限制的新机遇。而对于许多发展中国家的人而言，这一趋势代表着对民族文化和身份的冲击。毫无疑问两种情况兼而有之。当前，至少有 400 万学生及大量学者、学位项目甚至大学在全球流动，它们迫切需要国际合作和协议。但是，这类协议——如世界贸易组织（WTO）《服务贸易总协定》（General Agreement on Trade in Services，GATS）和保障质量的共同标准的实施——可能会播下深层次的不平等的种子，因为欧洲和北美已建立的学术“权力”倾向于主导相关讨论与政策。

国际学生流动是当代高等教育全球化的核心内容之一。流动仍将继续增强，据估计，2020 年有超过 700 万学生出国留学。国际学生流动虽反映了国家和院校的战略，但主要是全世界学生个体的选择。流动的主要方向是从发展中国家流向北美、西欧和澳大利亚，特别是流向英语国家。亚洲是主要的流出地区。欧盟内部流动以及越来越多的亚洲国家之间流动的也在日益增加。在全球范围内，国际学生流动在很大程度上反映了一种由南向北的现象。 19

国际化在区域和国际层面都表现突出。欧洲的博洛尼亚进程和里斯本战略（Lisbon Strategy）是这一层次国际参与的明证，它在第一阶段吸引了 40 多个国家加入了建立欧洲高等教育区的自愿进程。这已经成为世界其他地区类似计划的参考，例如，拉丁美洲的伊比利亚美洲高等教育质量保证机构网络（Ibero American Network of Quality Assurance Agencies in Higher Education）、非洲联盟高等教育一体化战略（Harmonization of Higher Education Programmes in Africa：A Strategy for the African Union）和其他举措。在过去十年，也出现了国际高等教育运营项目和机构数量的真正爆炸式增长。卡塔尔、新加坡和阿拉伯联合酋长国是将高等教育国际化作为国家政策的范例，它们吸引国外大学在本地建立校园，目标是扩大本国学生群体的入学机会，并使之成为所在地区的高等教育“枢纽”（Knight，2014）。但对于世界上较贫穷和资源较匮乏的院校而言，国际参与机会仍很有限。

过去几十年来，各国高等教育体系之间以及国家内部的不平等现象有所加剧。学术界一直将其特征描述为“中心与边缘”。一方面，最强的大学通常由于其研究实力和卓越声誉被视为中心；另一方面，边缘部分，例如非洲的大学，想要在全球高等教育舞台上找到自己的立足之地则极具挑战性和复杂性。它们很少登上世界院校排名和院校联盟名单，在世界科研产出中只占很小的比例。

围绕“中心与边缘”的动态张力日益增加。发展中国家往往渴望拥有能与处于“中心”的传统大学齐名的世界一流大学。如今，对大学和学位项目进行排名的狂热加剧了这种紧张关系。国际排名青睐那些使用英语作为主要教学和科研语言的大学，这些大学拥有大量的学科和项目，以及来自政府或其他来源的大量研究经费。这些排名存在方法上的问题，但它们仍被广泛使用并极具影响力，且没有消失的迹象（Hazelkorn，2015）。

20 国家和大学的财富在决定大学或高等教育体系的质量与地位方面发挥着关键作用。这使得发展中国家处于明显的劣势，并给大多数高等教育体系造成了特殊的压力，这些系统同时面临着扩大招生与支持高水平研究型大学的两难选择。

入学机会的不平等

尽管近年来采取了许多政策举措，更广泛的高等教育参与并未平等地惠及社会的所有阶层。一项对 15 个国家的比较研究表明，虽然当前高等教育显示出更多的包容性，但是几乎所有国家的特权阶层都保持了相对优势（Shavit，Arum，& Gamoran，2007）。

向一个国家的所有阶层提供高等教育，意味着要面对深深根植于历史、文化和经济结构中的社会不平等，这些不平等影响着个体的竞争能力。地理位置、财富分配不均和资源不均都会导致某些人群处于劣势。生活在偏远或农村地区的人口、少数族裔以及原住民等群体的高等教育入学率往往低于全国平均水平。

一些政府已经采取措施增加这部分群体的入学机会。墨西哥教育部投资于贫困地区以开发更多教育服务项目，并取得了一定成功：录取学生中有 90%是其家庭中第一代接受高等教育的成员，其中 40%生活在经济落后地区。加纳、肯尼亚和坦桑尼亚联合共和国采取措施降低了女性的入学门槛，以提高她们的入学率。印度政府要求大学为弱势种姓、部落和其他群体预留学位，虽然有一些适度的改善，但低种姓人口、农村人口和伊斯兰教信徒的入学率仍然落后于普通群体。巴西要求大学为残疾人和非裔巴西学生预留学位。

即使在入学率很高的国家，不平等现象仍然存在。在美国，种族和少数族裔学生的入学率仍然滞后。社区学院使高等教育更加普及，但研究表明，社区学院学生继续攻读四年制学位的可能性很大程度上取决于其家庭的社会经济状况，而与种族或少数族裔的背景无关。英国持续关注扩大入学机会，特别是其顶尖大学入学机会。

费用仍是入学的巨大障碍。即使有些地方免除了学费，学生也要承担间接费用，如生活费和收入损失等。奖学金、助学金和贷款项目发挥了一定作用，但它们本身无法消除经济障碍。对于家境贫困的学生来说，对债务的恐惧往往会产生更大的威慑作用。按收入贷款计划（还款计划与毕业后的收入挂钩）在澳大利亚、新西兰和南非受到普遍欢迎，但对中层和中下阶层学生更具吸引力。墨西哥推出了贷款计划，使更多学生进入私立大学的机会增加。智利还实施了一项针对低收入家庭学生的贷款计划。 21

教学与课程：持久性和针对性

入学不仅仅是“迈进大门”，真正的进步取决于所有群体的学业完成程度。这方面的数据很少。但显而易见的是，日益多样化的学生群体也带来了建立新的学术支持体系和创新教学法的压力。研究表明，大学教学方式会影响学生的课堂参与度。例如，墨西哥创建了以本土哲学、文化、语言和历史为基础的新型“跨文化大学”。学生的多样性也促进了许多职业导向课程和院校的增加，特别是在工商管理、信息和通信技术领域。然而，在世界上的许多地方，面对要确保当今多元化的学生群体完成学业，并为适应不断变化的经济和劳动力市场所需的技能做好准备的挑战，只完成了部分内容。

质量保障、问责制和资格框架

在许多国家，高等教育质量保障已上升为政策议程的重要议题，并在国际上日益凸显。中学后教育必须为毕业生进入更加复杂和相互依存的世界培养新的技能、宽广的知识基础和各种能力。世界各地高校都在努力跨越国界和文化来理解、衡量和共享这些目标。全球化、区域一体化和学生与学者不断增强的流动性都强调了透明质量保障安排的必要性，并且这种安排可以被不同国家的人所理解。传统院校和新型高等教育提供者——如基于远程学习的项目和私立（包括营利性）学院与大学——的爆炸性增长对质量标准提出了新的问题。很自然地，高等教育“消费者”（学生、家长、学生未来的雇主）要求对院校及其颁发的学历进行某种形式的认证。

虽然质量是一个多维度的概念，但世界大多数国家已经建立了高等教育评估模式。与以往不同，这种新模式往往依赖于同行而非政府当局。对院校的评估通常是依据它们自己的使命，而不是根据监管机构定义的院校模式。在许多情况下，政府和半官方机构的监管职能已经转变为一种确认的作用。高等教育的“结果”越来越受到重视。评估人员正在寻找新的数据和指标，以证明学生已经通过他们的教育达到了特定的目标。这些仍处于初期的新举措也与日益强调问责制有关。它们需要相当大的发展，因为对教育结果的准确定义和衡量相当困难，指标和方法都没有完全形成。

高等教育资助与“公共–私人产品”观念之争

高等教育日益被视为经济发展的重要动力。政府税收跟不上快速上涨的高等教育成本，学生数量的增长对免费或提供高补贴的高等教育的传统体系提出了重大挑战。从财政角度来看，这已成为一种不可持续的模式，使得高等教育体系从根本上重组与整个社会之间的“社会契约”。家长和学生越来越多地承担学费和其他费用。即使是在长期以来一直提供免费公立高等教育的西欧，学费现在也成为许多国家中学后教育经费的一部分。然而，北欧国家和德国依然提供免费的公立高等教育。

传统上，中学后教育被视为一种“公共产品”（public good），通过培养公民、改善人力资本、鼓励公民以参与和促进经济发展的方式为社会做出贡献。在过去几十年，高等教育越来越多地被视为一种“私人产品”（private good），主要受益者是个人，这就意味着中学后教育的很大一部分费用应当由高校及学生个人承担。大众化和政府投入削减造成的资金短缺，也意味着高等教育体系和院校应承担更多责任，为自己创造更大比例的收入。这场争论愈演愈烈，不仅是由于大众化带来的财政挑战，还因为一种更广泛的政治倾向，即把曾经由政府提供的服务进一步私有化。对成本回收、高学费和大学—产业合作的日益强调往往与高等教育的传统社会角色和服务功能相冲突。一些大学赞助出版社、期刊、戏剧团体和非商业广播电台与电视台，并以许多其他方式担任重要的知识中心。这些角色对于社会和文化渠道薄弱、鲜有院校培养自由辩论与对话之风的国家来说尤为重要。

经济危机、高等教育大众化以及民众对私人产品观的普遍接受，导致全球高等教育私有化日益加剧，学习条件恶化，学术职业出现问题，学术界趋于贫困化。撒哈拉以南非洲地区的财政紧缩后果最为严重，对整个发展中世界和转型期国家也造成了严重影响，并且还波及了富裕国家。为了应对这些财政压力，大学和国家已经在成本和需求方面寻求解决方案，诸如扩大班级规模和增加教学工作量，以及用低成本的兼职教师代替全职教师等，虽然这些措施实施困难，在学术上存在问题，并备受争议，但在全球范围内却越来越普遍。

收入方面的政策解决方案包括成本分担——通常与学费和其他“用户费用”相关（Johnstone & Marcucci，2010）。以前高等教育免费或几乎免费的国家开始征收学费（中国 1997 年，英国 1998 年，奥地利 2001 年等）。许多国家，尤其是撒哈拉以南非洲地区以及中东欧国家，也大幅提高了学生的生活费用。

日本、韩国、菲律宾、印度尼西亚、巴西和其他一些国家保持了公立院校的相对选择性和精英性，将大规模招生的负担转移到私立高等教育。

私立高等教育革命

全球私立高等教育发展是过去几十年高等教育领域最引人注目的现象之一。如今，全球约有 30%的高等教育招生由私立高校承担。私立高等教育在许多国家已经存在了几个世纪，并且在日本、韩国和菲律宾等东亚国家一直在高等教育体系中占数量上的主导地位，它当然也是美国高等教育的重要组成部分，但在全球范围内是少数。现在，包含许多营利性或准营利性机构在内的私立高校是全球高等教育增长最快的部分。私立高校入学率超过 70%的国家和地区包括印度尼西亚、日本、菲律宾、韩国以及中国台湾。在拉丁美洲的大部分地区，私立高校为超过一半的学生提供教育。私立大学正在中东欧和之前属于苏联的国家以及非洲地区迅速扩张。中国和印度也有相当数量的私立高校。

总体而言，私立高校的作用是“需求导向”——为那些可能没有资格进入公立高校或由于竞争激烈而无法进入其他大学就读的学生提供服务。虽然存在一些选择性的私立大学，但总的来说，私立高校服务于大众客户，并且通常不享有声望。合法的营利性院校构成了高等教育的一个小型分支，但它在欠发达地区增长较为显著。该类院校主要以商业模式运作，权力和权威集中于董事会与首席执行官，教师几乎没有权威或影响力，学生则被视为消费者和利润来源。

一个相关的趋势是公立大学的私有化。在美国，大多数优秀的公立研究型大学现在只有不到四分之一的经费预算来自州政府，其余收入将从学生的学费、科研、大学—产业合作和其他创业活动中产生，并在许多方面实现私有化。在世界其他大部分地区，公立大学私有化是一种日益普遍的现象。澳大利亚等国明确要求大学通过创造收入来获取更多的运营经费。包括俄罗斯在内的越来越多的国家招收一些由政府资助的学生——通常基于他们的优异表现而招收，并且允许招收额外的高价生以获取所需收入。这些资金来源促进了院校商业化，与大学的传统角色相冲突。

信息和通信技术

显而易见，学术界受到信息和通信技术发展的影响，甚至有些人说它改变了学术界。有人认为传统的大学将被信息技术、远程教育和其他技术引发的创新所淘汰。我们认为，传统大学不会消亡，但是正在发生重大变化，是 21 世纪学术转型的关键部分之一。

互联网确实改变了知识的传播方式。电子邮件已经成为各种学术交流的普遍手段，电子期刊也已普及，传统的书籍和期刊出版机构越来越多地转向互联网来发行出版物。对这一趋势的深层含义进行考察，就会发现它加剧了“富国”与“穷国”之间的分化。尽管信息和通信技术取得了重大进展，世界上某些地区，特别是非洲，高速互联网接入仍然相对不足。韩国和新加坡在提供高速互联网服务方面处于世界领先地位。

在线远程技术的学术应用快速普及。交互式远程教育技术日益复杂，并被院校广泛用于提供课程乃至整个学位教育。大规模开放在线课程是远程教育的典范，将知名大学的课程以虚拟和互动的方式提供给世界各地的学生，目前正在全球范围内增加。

学术职业

学术职业面临前所未有的压力，高等教育大众化导致许多国家高校教师的平均专业资格水平下降。世界上高达一半的中学后教育教师只获得了学士学位，尤其是在发展中国家（在印度只有35%的学者拥有博士学位，尼日利亚低于5%）。在拉丁美洲，多达80%的高校教师是兼职教师，没有就业保障，也没有参与到大学之中；但在美国等其他地方，兼职就业呈增长趋势。现在在许多国家，大学聘用兼职教师，这些教师都在其他院校有全职工作，因此在哪里都无法全情投入，这样的例子有中国、越南和乌干达等国。各国学术人员的工资差异巨大，导致人才流向工资更高、工作条件更好的国家。在许多国家，高校教师无法靠工资生活，必须兼职。最近一项对15个国家高校教师薪酬开展的研究表明，在所研究的国家中，有一半国家的全职高校教师仅仅依靠他们的学校薪酬不能维持生活。即使在那些全职高校教师能够靠学校薪酬生存的国家，他们的收入也不超过本国的平均工资水平。很明显，学术工作没有得到很好的补偿，最优秀和天赋最高者难以被大学教师职业所吸引（Altbach et al.，2012）。

在问责和评估方面，教授已经失去了一些自主权。高等教育权力的钟摆已经从学术界转向了对大学产生重大影响的管理者和政府官员。

科研环境 26

现代大学的三大职责——教学、科研和服务——彼此之间始终存在张力。如果大学享有确定自己的计划和项目的自主权，就必须像政府和其他负责高等教育体系规划的机构一样，在确定优先事项和分配资源方面做出艰难的抉择。

研究型大学处于高等教育体系的顶端，并直接参与全球知识网络。它们需要大量的基建支出，并且维护成本很高。实验室、图书馆、信息和技术基础设施需要保持在最高的国际标准水平。信息技术和生命科学等关键领域的研究成果对国家发展机构以及个体院校的声望都至关重要。近年来，政府对大学基础研究的支持有所增加，以鼓励生物技术和信息学等领域发展。在欧盟，过去几十年来，研发经费在高等教育支出中的份额一直在增加。OECD 国家的所有学术研究中，由政府部门直接或间接资助的研究占 72%。所谓的大学—政府—产业联结的三重螺旋导致了大学内部的重要组织变革。专门的办公室不断发展壮大，并为大学创造了新的收入来源。

知识产权是高等教育中日益严峻的挑战，尤其是研究型大学。谁拥有知识？谁从研究中受益？大学为了寻求收入的最大化，希望保护知识产权——保证研究成果的专利、许可和收入。该话题通常会聚焦于科研和知识生产者与希望控制其生产的知识和利益的赞助者之间的潜在冲突。

包括中国和原苏联加盟共和国在内的许多国家，科学技术研究主要是国家支持的事业，集中于政府研究机构中，大学只扮演次要角色。随着大学获得了更多的科研经费，这种情况发生了一些变化。中国对资助大学的科研特别感兴趣。其他一些中等收入国家和发展中国家正在推进雄心勃勃的议程，以提高其科研活动的数量和质量。在韩国，1998 年的“21 世纪韩国人才计划”（Brain Korea 21 Plan）在传统的顶尖大学中推广了选择和

27 集中研究成果的原则。在拉丁美洲，以大学为基础的研究仍然集中在少数几所大型的公立大学。一些国家的“卓越大学计划”（excellence initiatives）针对研究型大学进行了升级，划拨资金以发展大学的科研能力和研究生教育。中国的几个升级项目尤其令人印象深刻。俄罗斯、哈萨克斯坦和其他国家也实施了此类项目。在工业化国家中，德国和日本提出了旨在促进其若干所研究型大学发展的“卓越大学计划”。

结　论

全球高等教育面临着持续的并且在许多方面都前所未有的挑战。大众化和全球知识经济需求是这一变化的关键驱动因素，但这些压力推动高等教育的发展方向完全不同。大众化要求更多的入学机会，为来自不同社会和经济背景的学生提供教育的更大的能力，以及普遍扩大的高等教育体系；全球知识经济则强调研究生教育、国际化和世界一流的高等教育。在21世纪的复杂现实中，所有这些都是必要的，它们代表了要求高等教育体系进行前所未有变革的新力量。

我们相信，全球高等教育事业具有重要地位，知识经济需要强大的、充满活力的中学后教育机构来支持，全球社会必要的社会流动和经济发展也需要它提供所需的教育。

高等教育作为公共产品的作用仍然至关重要，必须予以支持。之所以强调这一点，是因为在追求收入和声誉的过程中，高等教育的这一方面很容易被忽视。

高等教育的多重和多样化责任最终是现代社会福祉的关键，但这种扩展的功能催生了相当大的复杂性和许多新的挑战。了解高等教育在全球化世界中更广泛的作用是建设性地应对未来不可避免的挑战的第一步。摆在面前的巨大挑战是人力资本和资金分配不均，这将使一些国家能够充分利用新的机遇，而其他国家则面临进一步落后的风险。

参考文献

Altbach, P. G., Reisberg, L., Yudkevich, M., Androushchak, G., & Pacheco, I. F. (Eds.). (2012). *Paying the professoriate: A global comparison of compensation and contracts*. New York: Routledge.

Hazelkorn, E. (2015). *Rankings and the reshaping of higher education: The battle for world-class excellence*. 2nd ed. New York: Palgrave Macmillan.

Jencks, C., & Riesman, D. (1968). *The academic revolution*. New York: Doubleday.

Johnstone, D. B., & Marcucci, P. N. (2010). *Financing higher education worldwide: Who pays? Who should pay?* Baltimore: Johns Hopkins University Press.

Knight, J. (Ed.). 2014. *International education hubs: Student, talent, knowledge-innovation models*. Dordrecht, Netherlands: Springer.

Shavit, Y., Arum, R., & Gamoran, A. (Eds.). (2007). *Stratification in higher education: A comparative study*. Stanford, CA: Stanford University Press.

Vincent-Lancrin, S. (Ed.). (2008). *Higher education to* 2030: *Vol.* 1. *Demography*. Paris: Organisation for Economic Co-operation and Development.

第三章　大众高等教育的逻辑

29 20世纪末，大众高等教育在国际上蔚然成风。许多国家都拥有培养越来越多数量的年轻人和需要大量资源的大规模高等教育体系。中国拥有世界上规模最大的高校学生群体；印度紧随其后；美国位居第三。从世界范围看，接受中学后教育的学生数超过了1.95亿。几乎所有的工业化国家和许多中等收入国家已经建立起了普及高等教育体系，招收超过一半的适龄青年入学，其中许多国家正在向75%或更高的比例迈进。

我们把“大众化”称为这样一个过程，即在多样化的高校体系中，招收大量的、适龄群体中更高比例的学生接受高等教育的过程。即使那些至今仍保持着小规模和精英高等教育体系的国家，也面临着扩大规模的压力。没有哪个国家能够免受高等教育大众化的压力。

美国在高校招生入学方面走在世界的前列，它招收90%以上的适龄青年，并有着允许非传统学生（大龄人士和其他没有标准学历的人）接受中学后教育的传统。但美国也不再是无可匹敌的。西欧和一些亚洲的环太平洋国家的入学率正在接近美国——韩国甚至招收了更大比例的适龄群体。高等教育体系的扩张有几个方面的原因：中学后教育机构的学位越来越被视为经济成功的先决条件；大学和其他中学后教育所传授的技能符合21世纪日益复杂和以技术为基础的经济的需求；学院和大学的学位证书在现代社会中举足轻重；大学学位也被视为社会流动的必要条件。

直到20世纪60年代，全球大部分地区的高等教育规模和范围仍然有
30 限。社会学家马丁·特罗在70年代早期的文章中把世界高等教育体系分

为三类——精英型、大众型和普及型，即接受中学后教育的适龄人群比例分别在15%以下、15%—50%和高于50%，并且认为高等教育必然走向普及（Trow，1973）。他认为，大多数国家的传统大学结构可以容纳15%的适龄人群，但超过这一数字，就需要进行结构性的变革。事实证明特罗既过于乐观，又过于悲观。特罗在20世纪60年代末确定向大众高等教育迈进的国家的入学率已经大幅提高了——大多数西欧国家现在的入学率超过了适龄人群的一半，其中一些国家拥有更高的入学率。一些国家的入学率已经停止了提高，但仍有许多国家持续提高或超过了四分之三。最引人注目的是，一些拉丁美洲国家和韩国、菲律宾等亚洲国家，以及中东欧的一些国家的入学率正在迅速提高。

20世纪90年代，世界许多地方出现了高等教育大众化和普及化。所有较大的西欧国家（德国、英国、法国和意大利）的高等教育规模都已显著扩张，目前这些国家高等教育入学率都达到适龄人群的一半或更高。东欧剧变后，高等教育扩张速度有所放缓，尽管该地区的增长正在恢复，总体上与西欧持平。在20世纪90年代后期，经历过经济快速增长的亚洲中等收入国家的高等教育规模扩张受到金融危机的影响，并在此后取得了令人瞩目的复苏。总体来说，经济周期对这些地区或世界其他地区高等教育的扩张并无显著影响，对入学的需求几乎没有改变。包括中国和印度在内的大多数发展中国家一直在稳步提高入学率，而拉丁美洲则出现了急剧增长。自2005年以来，经济起飞缓慢的撒哈拉以南非洲地区的入学率增长显著，但高等教育发展仍然远远落后于世界其他地区。尽管存在地区差异，但高等教育的扩张是一个世界性趋势。

虽然全球高等教育的扩张和大众高等教育体系的形成已是事实，但不能笼统地概括这些趋势。有些国家的高等教育体系已经成熟，或者受到了阻碍其发展的社会、经济因素的影响。例如，日本高等教育入学率已经达到了很高的水平，但它正面临着大学适龄人口减少的问题，自20世纪90年代以来，日本还遭遇了经济停滞。专家预测，日本高校学生总数将略有下降——非传统学生可能会弥补传统适龄学生数量的下降——而一些不那么知名的私立学院和大学将因入学率下降而关闭。

31 几乎每个国家的非传统年龄学生当前都可以获得接受中学后教育的机会，这促进了入学率增长。在某些地方，例如美国，非传统学生的入学历史悠久，而在世界大多数地区，招收更多非适龄人群是一种新的想法——并且往往进展缓慢。那些可能在年轻时无法获得学位或者需要提升技能的大龄人士有接受高等教育的需求，大多数国家的高等教育体系都已经进行了调整，以适应他们的需要。

全球范围内的大众高等教育体系具有内在的逻辑，它将成为未来几十年塑造高校特征的关键因素。当然，传统的组织和管理模式将继续存在——大学是高度保守的机构，变化缓慢。但是，大众高等教育的逻辑将影响所有的国家和高等教育体系。

在大众高等教育时期，美国高等教育体系为世界上其他国家提供了一种模式。这是因为美国是第一个经历大众高等教育的国家——始于20世纪20年代，到50年代急剧扩张。在美国发展起来的高等教育模式和结构为其他国家提供了可以审视的模型——在某些情况下还可以效仿。直到20世纪中叶甚至之后，大多数其他国家的高等教育体系都是精英性质的，因此不需要接收众多的学生。在发展过程中，这些高等教育体系不得不适应新的现实，这往往被证明是一项艰巨的任务。例如，意大利仍然依赖传统的学术组织结构，这种结构在大规模入学情况下不能有效运行；英国在20世纪80年代对其高等教育体系进行了重组，以解决更多学生的就学问题；在发展中国家，殖民统治所强加的精英模式尚没有根本性改变，而且没有为大众招生服务。世界上许多高等教育体系都在探索在大众高等教育背景下高效运作的新模式。

本章讨论了世界范围内高等教育大众化的一些核心现实（Academic Reforms in the World，1997）。下列论题都与21世纪的高等教育大众化问题密切相关：

- 经费挑战；
- 高等教育中新的组成部分，包括私立高等教育机构、营利性高等教育机构和新的职业院校；

- 远程学习作为应对需求的一种手段；
- 高校的差异性与复杂性；
- 高校的行政化（managerialization），包括“行政阶层”的兴起；
- 学术职业的性质； 32
- 学生群体与学生文化的多样性。

经费的挑战

高等教育费用高昂。高校提供的指导、图书馆、实验室和其他设备所需的成本已经显著增加（Mora，1998），特别是图书馆、互联网资源和实验室都需要大量的资源投入，采用新型通信技术以及跟上知识激增的步伐代价高昂。

过去三十年来，人们关于高等教育经费的观念发生了巨大的改变。以前，大多数国家的一种共识是，高等教育是一种“公共产品”，通过向在大学和其他中学后教育机构中接受教育的学生传授知识和技能，来为社会做出突出贡献。既然高等教育被视为一项公共产品，人们就必然认为社会应该承担大部分费用。到了20世纪80年代，观念开始发生变化，其肇始于世界银行，后来延伸到众多政府中，即高等教育开始被更多地视为一种“私人产品”，个人受益多于社会。这一观念变化的结果是将高等教育的财政负担更多地放在了其“使用者”——学生及其家庭身上。在许多国家，政策要求学生支付的中学后教育成本比重不断增大。

与此同时，许多国家的公共支出观念也经历了不同的转变。第二次世界大战以后形成的一种共识是，政府的职责不仅包括对高等教育的资助，还包括一般的公共服务，相应的政策是为支持这类政府事业而征收重税。到了20世纪80年代，这一共识开始瓦解。英国玛格丽特·撒切尔（Margaret Thatcher）和美国罗纳德·里根（Ronald Reagan）执政期间，两国的公共服务观念受到强烈冲击。即使在瑞典，社会民主党一度失去多数席位，福利国家的教育福利政策也有些弱化。苏联解体和东欧剧变进一步强化了保守观念，最后，世界经济趋势和竞争的冲击迫使许多政府削减公共支出（Kuttner，1997）。澳大利亚和新西兰也一直走在这一趋势的最前沿。智利是从国家支持向市场模式转变最迅速的国家之一（Brunner，1997）。相关政策虽然由军人政府提出，但智利目前的民主政府（中右翼和左翼）仍保留了类似的经济政策，尽管 2014 年上台的中左翼政府致力于取消高
33 等教育学费。其他拉美国家正在遵循市场模式政策的观点。许多分析家已经通过全球化和世界银行及其他国际机构强调的新自由主义原则确定了这些政策，并将其与各地高等教育体系面临的长期资金问题联系起来（Stiglitz，2002）。

因此，在高等教育学生数量显著增加的同时，大多数国家传统的经费来源——政府——更加不愿意向中学后教育投资，这就给高等教育体系带来了巨大的压力。由于公共需求巨大，而且许多欧洲国家承诺招收那些通过中学考试的学生，因此高等教育规模扩张无法停止。高校和高等教育体系不得不用更少的财政资源来容纳更多的学生。

各国对这一状况的应对不尽相同。在西欧，包括英国在内的多数国家，由于政府仍然致力于增加入学机会，高等教育规模扩张得以继续甚至加速。在德国、法国和意大利，高等教育仍然是免费的或收费很低，同时政府的财政资助并没有随着入学人数的增长而相应地增加，结果是大学里人满为患，学习条件恶化，导致一些国家的学生抗议。在经历了相当大的政治动荡之后，英国开始收取学费，作为提供扩招经费和补充政府削减的拨款的手段。缴纳学费是由保守党提出的，得到了工党政府支持，然后由保守党与自由民主党联盟大力推动。

在世界其他地区，例如拉丁美洲、中东欧以及亚洲部分地区，鼓励私立部门满足高等教育日益增长的需求，在总入学份额中私立高等教育的比例正在增加——私立大学特别是营利性大学往往是许多国家高等教育增长最快的部分。

高等教育新的组成部分

随着高等教育规模扩张，大学等传统的高等教育机构得以发展。此外，为了服务于更多的人，为越来越多的不同类型的学生提供更加多样化的教育和培训，增加新型的院校不可避免。大学仍然处于扩张后的高等教育体系的中心。其他形式的中学后教育提供了更多的入学机会和多样性。由于前面讨论的财政压力，也由于私立高校对新需求的快速反应能力，私立高等教育得以迅速发展。

目前在许多国家，非营利性私立大学和学院构成了中学后教育体系的 34
一个重要组成部分。在私立教育以前并不发达的一些国家，这类院校也开始出现——如马来西亚、匈牙利等国（Altbach，1999；Geiger，1986）。私立院校在质量、办学方向、重点以及主办者和财政等方面差异显著。在许多国家，宗教学校是私立高等教育的一个重要组成部分。在拉丁美洲，许多最古老、声誉最高的大学都是由罗马天主教会发起创办的，教会所办的高等教育尤其具有影响力。

至少在数量上，这些非营利性院校已经被新的、更加企业化的私立大学和专门院校所超越。其中不少学校的教育质量令人置疑（Altbach，1998）。在中东欧也存在类似现象，迎合扩张的高等教育市场特定部分的私立院校大量涌现。许多新型私立高校资源匮乏，而且大多集中于高需求的领域，如管理学科、计算机科学和信息技术等。私立院校或许也提供教学成本较低的学科的教学，如一些不需要实验室设施和其他昂贵设备的人文社会科学学科。这些新型院校往往是企业化的——它们利用“市场需求”，宣传它们的“产品”，基本上像私营企业一样运作。

在一些国家和地区，私立高校招收了大部分学生。传统上，日本、韩国和中国台湾地区 80%的学生群体进入私立高校学习；印度尼西亚有 32%的学生就读于私立高校；在几乎所有的拉丁美洲国家，私立高校录取了一半以上的学生；在中欧和东欧，私立高校不断发展；在美国，半个多世纪以来，私立高校入学人数稳定在招生总量的20%左右；西欧的入学率并未出现大幅增长。从全球范围来看，私立高等教育是中学后教育中增长最快的部分，它满足了日益增长的需求。

虽然营利性的中学后私立高校在许多国家存在已久，但它们很少被视为高等教育体系的合法组成部分。在过去几十年中，营利性私立高等教育在许多国家迅速扩展，这取决于该国的法律和监管体系是否允许这些机构存在，它们现在已经构成了中学后教育系统的重要组成部分。传统上，营利性私立高校主要是指那些提供专门技能培训的小规模的职业院校。在许多国家，这类学校不曾获得正式认可并且无权授予学位。营利性高校之间
35 的质量差别极大，而且通常无法评估其标准或质量。对学生而言，这意味着“货物售出，概不退换”——“买家当心”（caveat emptor）。在美国，这类院校几乎完全是提供应用性极强的专门化教学的商业院校，其中部分院校可以利用政府资助的贷款项目。在日本，帮助学生准备大学入学考试的课外补习学校（the yobikos and the jukus）构成了营利学校的主体。在世界许多地方，营利性公司已进入高等教育领域，虽然它们通常处于高等教育质量体系的底端。营利性大学通常开设教学成本低廉的受欢迎专业，如管理专业等。

在过去几十年中，营利性高校有了迅猛的增长。在美国，凤凰城大学（University of Phoenix）已能够授予学位并获得了一家区域认证机构的认可，该校开创了营利性院校授予学位的先例（Sperling & Tucker，1997）。该校在许多州设有分校，是目前美国最大的私立大学。它的股票在证券交易市场流通，它利用信息技术和兼职教师在管理等领域提供适应需求的职业性学位。2013年，包括凤凰城大学在内的一些美国营利性院校因滥用政府贷款计划和低毕业率而陷入困境。其中最大的一所科林斯学院（Corinthian Colleges）倒闭，部分原因是其大量的违法行为。

其他许多国家主要在那些高需求专业领域建立了新型的营利性院校。例如，在软件与计算机产业较发达的印度，计算机科学和信息技术专业学

校已经广泛设立。虽然其中一些营利性院校不能授予学位，在很大程度上不受监管且质量参差不齐，但也出现了新型的授予学位的营利性大学。在印度和其他一些国家，一个突出的问题是如何评估这类新型院校的质量和效益，以及如何确保学生获得关于它们的可靠信息。

在全球范围内，尽管传统的大学仍然是中学后教育的核心机构，但它只是整个中学后教育事业的一个部分。高等教育变得越来越关注职业性，混合型的高等教育机构反映了这一趋向。在美国，社区学院的规模和重要性都有所增长。这类主要进行职业教育的两年制院校目前容纳了美国25%的高等教育阶段学生（Cohen & Brawer，1996）。类似的注重职业教育的机构在其他国家同样存在。在欧洲，这种职业性的不授予学位的院校包括德国的应用科学大学（Fachhochschulen）、荷兰的应用科学大学以及存在于其他欧洲国家的类似院校，它们授予低于大学层次的学位。欧洲和其他一些国家的高等教育发展大部分发生在传统的大学之外。即使在传统的大学 36
环境中，院校之间的差异也在增大，许多大学主要侧重于录取和培养来自更广泛的社会经济和能力不同的群体的学生。

远程高等教育

大众高等教育激起了人们对远程教育的兴趣。种种新技术的出现促使以新的、前所未有的方式来发展远程教育。实际上，远程教育变革尚处于早期阶段。当然，远程教育本身并不是一种新观念，函授课程和不必把学生集中在一起教育的其他方式存在已久。例如，南非大学（University of South Africa）通过函授提供学位教育已有半个世纪。开创当代远程教育的努力之一——英国开放大学（British Open University）也始于（20世纪60年代）新技术出现之前。开放大学采用文字材料、电视和小范围教师直接面授等形式进行教学。从某种程度上说，虽然开放大学的成本没有传统高等教育那么高，但也并不低廉。目前，随着对纯粹远程方法的依赖日益增强，成本不断降低（Mason，1998）。远程教育提供者日益依赖于互联网进行所有的教学和评估——这一概念几乎成为基于互联网技术应用的同义词。

在 21 世纪，许多国家利用新技术发展远程高等教育。截至 2000 年，10 个最大的远程高等教育机构中，有 8 个在发展中国家或中等收入国家。其中最大的土耳其阿达多卢大学（Adadolu University）为 578000 名学生提供服务；其次是中国的中央广播电视大学①，有 530000 名学生（Altbach，2004）。日本放送大学（Open University of Japan）结合包括电视在内的多种方式授课；以色列的全民大学（Everyman's University）也有自己的服务群体；泰国有两所大型远程教育机构，提供覆盖全国的学位计划并招收 50 多万名学生；印度的英迪拉·甘地国立开放大学（Indira Gandhi National Open University）在国内大多数邦面向众多的学生提供教学。可见，远程高等教育最引人瞩目的扩张发生在一些发展中国家。

远程高等教育仍处于发展阶段（Van Dusen，1997）。很少有人对远程
37 教育提供的教学的有效性进行研究，其财务状况也不明朗，有限的数据表明远程教育成本较低但并不十分显著。直接与教师互动（通过视频会议、网络通信或电子邮件）并发放阅读材料的混合式计算机媒体的教学，正在成为教学技术的强大组合的一部分，这些教学技术正在被塑造成有效的学习工具。

许多问题仍与实际成本、各种技术的适当运用以及监测有关。许多人急于将远程教育作为提供入学机会的“权宜之计”，希望这些技术能够满足需求，很少有人关心它的效益与质量（Robins & Webster，2002）。

远程教育非常适合于教育的国际传播。跨国教育很容易，并且已经有了许多基于互联网的教育产品。控制和文化问题，以及可能组成跨境教育的其他偏见尚未得到回应。关于如何在跨文化背景下进行教学和学习，还有许多地方需要研究。

全球范围内已有数百万学生参与远程教育，其中绝大多数来自发展中

① 后更名为国家开放大学。——译者注

国家。不需要修建费用高昂的校园、图书馆和为每间教室聘用若干教师，远程教育就能招收学生入学。远程教育项目虽然并不能导致直接教学成本的陡降，但是确实节省了建校和其他基建开支。

至少在工业化国家，远程高等教育在经济上并不总是能取得成功，也没能持续吸引大量人员入学。例如，英国开放大学在美国建立了一个分校，该分支机构后来被证明是失败的并被关闭。由美国西部一些公立大学系统联合组成的西部州长大学（Western Governors University）没能吸引很多学生，已经被淘汰，美国著名的私立大学财团也是如此。

远程教育的最新创造是大规模开放在线课程。这些课程由世界各地的许多大学以及一些财团和公司提供，有成千上万的学生参与。慕课为学生提供学分，尽管只有极少数学生会追求学分。到目前为止，很少有完全基于慕课的学位课程。

远程高等教育是大众高等教育体系的有机组成部分（Brown & Duguid, 1996）。它可以为偏远地区的学生服务，适于快速的扩张，在课程迅
速变更方面极具灵活性。然而，有一个问题尚不明确，即能否在不需要学 38
生访问图书馆或与教师直接接触的情况下为偏远地区输送最优质的高等教育。从理论上讲，如果尽了最大努力，远程高等教育就可以提供高质量的教育。在泰国或印度等国家提供的这类项目能否真正取得成功，至今仍不明确。

高校的多样化与复杂性

大众高等教育不但包括办学模式和教学方式的变化，还包括现存大学的变革。在多数情况下，高校在规模上得以扩展，提供给学生的教育项目也日益多样化。尽管院校模式有许多变体，但克拉克·克尔（Kerr, 1995）对美国多元巨型大学的描述仍具有国际意义。在大学保持其基本的核心职能和管理结构的同时，院、系在规模和数量上都有了发展，全新的研究所

或其他学术单位可能增加。大学的基本使命可能也会扩展，大学传统的教学与科研职能将延伸甚至直接介入工业生产和其他社会组织，并直接为多数公众服务。在大多数情况下，增长是通过增加职能与责任来实现的——即在不改变院校基础结构的前提下，增加现存院校的职能与责任，并扩大现有单位的规模。

高校增长的这一模式既有长处又有不足。它允许大学扩张以适应社会的需要，并维持其在高等教育体系中的中心地位。与此同时，它也使得大学更加难以管理，并严重地破坏了传统的管理模式。现代大学的规模和复杂性增强了官僚结构，使教师和学生疏离，削弱了参与意识和共同治理的理念。教授治校的传统在中世纪的巴黎大学（University of Paris）被奉为圭臬，几个世纪以来受到保护，现在可能正面临最严峻的挑战。值得记住的是，共同治理（shared govern ance）的理念以及教授治校的强大传统是19世纪德国洪堡思想和形成于20世纪早期的美国大学模式的关键要素（Ben-David & Zloczower，1962）。随着大学规模的扩张，维持这些传统的管理模式变得非常困难。

从这方面来说，西欧正在接近美国高校的管理模式。在管理体制改革上，荷兰是这一趋势的榜样。在美国，由于院校扩张的逻辑和问责的要
39 求，教师的传统权力受到行政控制的侵蚀，尽管研究型大学的教授权力仍然大于其他机构（Hirsch & Weber，2001）。

作为高校扩充的结果，不仅管理发生了变革，大学的使命也得以扩展，出现了各种新的办公室、学系、学院和其他机构，以履行这些新的职能。在美国，通常被称作中心或研究所的有组织的科研机构（organized research units，ORUs）蓬勃发展，反映了顶尖大学研究职能的扩展。这些ORUs通常拥有相当大的自主权，尤其是当它们由校外机构资助时。与工业界的联系被许多大学视为当代中心使命，行政办公室被组建起来以加强大学与工业界的联系。公共服务变得更加重要，一些大学也组建了一些办公室来管理这一领域的工作。再者，随着学生数量的增长，大学往往增加教职人员。总而言之，高等教育增长意味着更多的管理和控制。

随着课程的扩展，新的院系和研究所得以创建。跨学科教学科研的重要性在增加，大学组建了一些学术单位来发展跨学科工作。很多新领域是在过去几十年中发展起来的。例如，计算机科学和信息科学几十年前并不存在，现在它们都是研究机构的重要领域。管理学科获得了重要地位，国际贸易等领域得以发展，生物医学科学的新发现导致了新的院系、研究所和中心的产生。

大众高等教育的逻辑给大学带来了巨大的变化。尽管不同国家的情况和大学历史不同，但有一些世界范围内的模式是可以辨别的。普遍的现实是教授权力的减少和学术管理机构的增多。在现代大众化的大学中，行政人员和职业生涯专家不仅人数日益增加，权力也越来越大。

在世界范围内，识别高等教育差异的途径有许多种，一些范例可以说明不同的模式。在美国，这一体系的确表现出各州公立高等教育的差异。虽然加州高等教育体系（在州内建立多样化的公立高等教育部门）是最著名也可能是最高效的范例，但是几乎每个州都存在多区高校的体系，其主要目的是区分公立的高校。英国根据资助模式进行区分，并评估哪些大学产出最多的研究成果。许多国家将高等教育体系划分为两个或更多类别，如荷兰和德国拥有职业导向的应用科学大学和传统的研究型大学。然而，这些国家并没有在大学之间进行区分——这是它们现在开始面临的挑战。 40

美国大学管理模式包含董事会和直接向董事会负责的权威的校长，这通常能够与大学的扩张相匹配。在西欧，大学正在经历治理和组织变革。荷兰人开创了在其他国家具有影响力的模式：加强行政权力，要求政府承担更大的直接责任，削减教授权力，让非大学人员参与政策制定，以及取消富有意义的学生参与治理等。20 世纪 80 年代撒切尔执政期间，英国高等教育体制变革也带来了治理上的重大变化：校长和其他高管被赋予了更大的权力；随着大学拨款委员会（UGC）的改组，高等教育直接向政府负责；消除大学与多科技术学院并存的二元结构，也使得该体系与政府的联系更加紧密，增强了竞争力（Palfreyman & Tapper，2014；Warner & Palfreyman，2001）。

行政阶层的出现

在美国大学行政权力比较突出，这是美国高等教育的一项传统。学院和大学的校长由董事会任命而不是由教职员选举产生，高级行政管理人员诸如副校长和学院院长等则由校长任命，任命过程通常吸收了相关教师的意见。高级管理人员控制着预算、学术规划机构和学校权力的其他杠杆。各个高校的行政模式各异，最负盛名的大学拥有的学术权力和自主权明显多于处于较低学术层次的高校（Youn & Murphy, 1997）。

随着高校职责的扩展和多样化，大学增加了行政人员。在美国高校中数量增长最快的是学术管理人员。虽然教师的数量相当稳定，但管理人员却在增加（Shattock, 2003）。兼职参与管理和非专业的教员通常难以把握那些极为复杂的新职能，现代大学需要全时投入和诸如会计、法律、管理、卫生服务、统计以及许多其他专业领域的专业人员。问责制也要求增加管理人员的数量，以负责起草向政府当局、董事会和评估机构提交的各
41 种统计资料、报告、财务资料和其他数据。首创于美国、重点为高校内部提供统计和其他数据与分析的院校研究（institutional research）已经传向欧洲，并将不可避免地传播到世界其他地区。法律事务人员负责处理大学与外部组织的法律关系以及学校与学生、教授之间的法律关系。知识产权专家——通常是律师——负责大学研究人员的专利和其他产出。管理人员与教授几乎没有直接联系，也不会将他们的工作归于教师。他们成为大学里的一个新的“阶层”——一个作为大学运行核心的自我延续的群体。

美国模式是处理高校行政工作的一种方式。在德国和欧洲其他一些国家，大学拥有双重行政机构，选举出的校长（rector）主管大学的学术性职务，政府任命的校长（chancellor）纯粹负责学校行政性事务。行政校长是高层管理人员而非学术人员，通常任期很长，而学术校长（academic rector）的任期只有两至三年。随着大学行政结构的扩大和预算的增长，

行政校长的权力日益增大。与此同时，德国各州（以及其他一些国家的省级政府）将部分预算和其他的控制权下放给高校，使其拥有更大的自主权。欧洲的高等教育机构变得更加复杂，但在某些方面自主权更多。中国高校则实行党委领导下的校长负责制。

学术职业

如前所述，学术人员在大学里已经失去了一些权力和自主权。由于教师数量的增长，学术工作也在发生变化。事实上，为了适应新的现实，学术职业本身也在改变。在大学和学院里，新型学术人员的数量正在不断增加——临床教授、科研教授、兼职和附属性的教学人员以及其他种类的人员等都成了大众高等教育体系的组成部分。不受外部力量控制的教学自由思想正在弱化。在许多国家，高校教师工作量增加了，班级规模扩大了，特别是在没有科研任务或科研任务较轻的高校中。

学术工作在某种程度上变得更加专业化。越来越多的高校教师只是被聘用来教学，而不从事科研或促进学术发展。在教师队伍中，研究型大学 42
所聘用的、生产大量学术出版物并获得大部分科研经费的精英教授所占比例持续下降。据估计，在美国，这种“科研骨干”在教授队伍中所占的比例不到五分之一（Haas，1996；Schuster & Finkelstein，2006）。其余大部分的美国教授主要从事教学工作，很少参加科研和社会服务。欧洲大多数国家以及日本和韩国的教授对科研表现出强烈的兴趣，但实际上只有相当少的一部分教授出版论著（Enders，2001）。

学术职业正在发生明显的结构性变化。在许多国家，随着兼职教师数量的增加，专职教师所占的比例下降了。美国的情况也是如此，据估计，目前超过40%的教学工作由兼职教师承担。专职但非终身任职的教师数量在增加。美国高校新聘用的教师只有一半属于传统的预聘长聘系列教师——现在大部分是兼职或全职的合同制教师。这些教师往往比预聘长聘系列教师承担更大的教学工作量，并且没有机会晋升为教授。在拉丁美洲，兼职教师一直是一种常态。在一些国家，由于意识到兼职教师对他们任职的院校缺乏忠诚和责任，已经增加了专职教师的数量。除巴西外，在拉丁美洲大部分地区，大约80%的教师是兼职教师。世界上其他一些地方正朝着拉丁美洲模式迈进，而没有预料其不可避免的后果。

学术劳动力性质的这些变化具有重要影响（Altbach，2003）。一旦那些优秀的年轻人意识到自己无望获得全职教师的职位，那么高校的吸引力就会减小。随着兼职教师和临时性初级教员的增多，教师的平均工资将会下降。随着专注于科研的教授数量的减少，科研兴趣和生产能力将会降低。由于对学院的忠诚和责任意识减弱，参与大学管理的教授人数也将更少。

长聘教职制受到了广泛的批评。在许多国家，教学人员尤其是资深教授拥有长聘任期（tenure）——他们可以有保障地工作直至退休。长聘职位保护了教授的学术自由，而且是吸引优秀人才从事这一职业的一种途径。在许多国家，长聘教职传统上是在经过几年的试用性聘任后才能获得
43 的。例如在美国，获得长聘教职需要服务6年以上，并且通常相当严格。一部分国家采用了长聘教职制的形式但并没有对其进行强有力的保护。教师聘任和晋升在形式方面有很多不同之处，但标准已经制度化，即从试用期开始到获得终身职位结束的一种制度。

批评人士认为，长聘教职制妨碍了正常的评估，并限制了问责。还有人认为它给高校造成了过重的负担，使得高校失去了在扩充其他专业时裁减某些专业的教员或根据财政状况进行调整的弹性。争论者说长聘教职制保护了“朽木”，即那些不称职的、丧失能力的教授。在英国，20世纪80年代，传统的长聘教职制被新的任命制所取代，尽管学术人员仍然是事实上的永久雇员。美国虽然没有根本性的变化，但是“长聘教职后评审”（post-tenure review）已相当普遍，它包括对教授的问责，但没有限制聘期。在德国和大多数其他欧洲国家，虽然传统的长聘教职依然存在，但是很少有长聘教职的初始任命。传统的公务员式聘用也提供了长期的工作保

障，但这种制度在欧洲大学已经基本消失，在沙特阿拉伯等国大学仍继续存在。

大众高等教育削弱了教授的权力和学术自治。传统的教授不再是学术任命的标准。当前有多种选择学术职业的途径，其中大多不像过去那样有利于教授。学术工作的地位和条件正在发生变化，反映了大众高等教育的现实。这些变化可能是不可避免的，但它们也对大学的未来造成了新的问题。例如，在新的环境中，大学教师职业能够吸收到最优秀的人才吗？大学还能够产出适应日益复杂的社会和经济需要的研究成果吗？会有足够数量的教师来秉持大学的精神和参与治理吗？由于大众高等教育的逻辑侵蚀了学术职业，这些问题以及其他一些问题变得十分重要。

学　生

学生是大学的一个核心群体。中学毕业生的增加、社会流动的需求、工业及后工业社会的需要以及对获得文凭和学位的重视都强化了对高等教育的需求。在许多国家，包括一些发展中国家，大学学位是成为中产阶级的必要条件。在发达国家，20 世纪 60 年代到 80 年代经历了学生数量的激
增，而一些国家这一增长有所放缓。对于发展中国家和中等收入国家而 44
言，高等教育扩张势头有增无减。即便是在美国、德国和欧洲大多数其他国家，大学适龄人口涨幅很小甚至没有增加，但中学毕业率的提高和非传统年龄人群的需求都迫使大学持续扩大招生。只有少数国家，如日本，对高等教育的需求停滞不前——然而即使是日本，如果大学招生向非传统年龄人群敞开，很可能还会有较大的增长。

随着大众高等教育的到来，学生群体的构成也在改变。在工业化国家，高等教育入学机会被中产阶级主导了一个世纪之久，随着中产阶级群体的扩大，大学不断发展壮大。虽然大多数国家意识到来自社会经济地位较低的群体以及许多少数族裔的学生在整个学生群体中所占比例较低，但

现在越来越多的工人阶级子女接受高等教育。在发展中国家和中等收入国家，中产阶层甚至工人阶层家庭的年轻人获得越来越多的高等教育机会。在许多国家，年龄较大或那些可能没有正规的中等教育证书的非传统学生现在也能进入高等学校学习。女生比例有了显著的提高——在美国和大多数欧洲国家，以及越来越多的其他国家，女性在大学生中占到一半以上，尽管这一分布在不同学科间存在较大的差异。

学生的学术能力和兴趣也日益多样化，这也对大学产生了影响。在不同的高等教育体系中，根据其兴趣和能力，学生被选拔进入不同类型的院校。为满足那些不适于在传统院校学习学生的需要，各类新型的教育机构应运而生。例如，在美国，两年制职业性社区学院招生条件只要求中学毕业，它们是“开放招生”的院校。

学生选拔不如过去严格所带来的部分结果是大量的学生在中学后教育中退学，或者花费更长的时间攻读学位。这种“浪费”具有财政的及其他方面的影响，但也是大众高等教育现实的一部分。传统的不干预学习和学位完成的教育系统正在提出严格要求并建立学生责任测评制度，给成绩不合格的学生规定期限，进而中止学业。许多国家正在转向美国式的课程学分制，因为它提供了规范的学生评估制度和一种监督学习进度的方式。

45 学生越来越把中学后教育视为改善就业、增加收入和促进社会流动的一种途径。他们很少关心高等教育的内在价值。学生将自身当作教育产品的消费者。这一转变对学生的态度、学生与高校或其他中学后教育机构的关系有着重要的影响。

结　论

大众高等教育还带来了高校与社会关系方面的显著变化。当高等教育服务于少数精英阶层时，大学规模很小，中学后教育预算相对有限，关于大学在社会中的角色存在着一种普遍的共识，并给予大学相当大的自主权。但在当代社会中，大学为以技术为基础的社会中所有必需职业以及工商界和政府部门提供基本的培训。大学还通过科学研究提供新的知识。高等教育成为公众关注的一个焦点，因为它影响到越来越多的人——它不再是精英阶层的专利。此外，从政府预算和学生个人及其家庭不断增长的直接成本来看，高等教育变得越来越昂贵。对许多国家而言，高等教育是政府预算的重要组成部分，因而政府自然更加关注中学后教育的绩效和政策（Neave & van Vught，1994）。随着高等教育从边缘走向中心，它自然而然地受到社会的更多关注，这导致了更多的问责。

在许多国家，大学在大众高等教育面前是被动的。在欧洲大部分地区，法律或传统保障成功通过中学考试的学生有机会进入大学学习，而且越来越多的人通过这些考试并选择进入大学。但是，政府一般不向这些学生提供优质教育所需的资金支持，因此，学习条件已经恶化。在许多发展中国家，中产阶层崛起和经济发展增加了入学需求，高等教育被迫招收越来越多的学生，但同样缺乏足够的资金支持。在高等教育规模最先扩张的美国，公共资金增加，私立高校活跃，以及由质量和目标不同的院校组成的高度多样化的学术体系的发展，促进了合理有效的大众高等教育体系的发展。

挑战巨大而复杂。营利性院校在许多国家的出现、标准的持续降低、为不同目的服务的多样化高等教育体系的制度化问题、为全球知识经济支持顶尖研究型大学的需要以及大众高等教育资金的困难，都加剧了目前的紧张局势。但有一点是肯定的，大众高等教育是世界各国普遍面临的现实。 46

参考文献

Academic Reforms in the World: Situation and Perspective in the Massification Stage of Higher Education. (1997). Hiroshima: Research Institute for Higher Education.

Altbach, P. G. (1998). The anatomy of private higher education. *International Higher Education*, *12*, 9-10.

Altbach, P. G. (Ed.) (1999). *Private Prometheus: Private higher education and development*. Westport, CT: Greenwood.

Altbach, P. G. (Ed.). (2003). *The decline of the guru: The academic profession in developing and middle-income countries*. New York: Palgrave.

Altbach, P. G., et al. (2004). Task Force on Higher Education and Society. *Comparative Education Review*, *48* (1), 70–88.

Ben-David, J., & Zloczower, A. (1962). Universities and academic systems in modern societies. *European Journal of Sociology*, *3* (1), 45–84.

Brown, J. S., & Duguid, P. (1996). Universities in the digital age. *Change*, *28* (4), 11–19.

Brunner, J. J. (1997). From state to market coordination: The Chilean case. *Higher Education Policy*, *10* (3), 225–237.

Cohen, A., & Brawer, F. (1996). *The American community college*. San Francisco: Jossey-Bass.

Enders, J. (Ed.). (2001). *Academic staff in Europe: Changing contexts and conditions*. Westport, CT: Greenwood.

Geiger, R. L. (1986). *Private sectors in higher education: Structure, function and change in eight countries*. Ann Arbor: University of Michigan Press.

Haas, J. E. (1996). The American academic profession. In P. G. Altbach (Ed.), *The international academic profession: Portraits from fourteen countries* (pp. 343–390). Princeton, NJ: Carnegie Foundation for the Advancement of Teaching.

Hirsch, W. Z., & Weber, L. E. (2001). *Governance in higher education: The university in a state of flux*. London: Economica.

Kerr, C. (1995). *The uses of the university*. Cambridge, MA: Harvard University Press.

Kuttner, R. (1997). *Everything for sale: The virtues and limits of markets*. New York: Knopf.

Mason, R. (1998). *Globalising education: Trends and applications*. London: Routledge.

Mora, J. G. (1998). Financing higher education: Innovation and changes. *European Journal of Education*, *33* (1), 5–130.

Neave, G., & van Vught, F. (Eds.). (1994). *Government and higher education relation-*

ships across three continents：*The winds of change*. Oxford：Pergamon.

Palfreyman, D. , & Tapper, T. (2014). *Reshaping the university*：*The rise of the regulated market in higher education*. Oxford：Oxford University Press.

Robins, K. R. , & Webster, F. (Eds.). (2002). *The virtual university? Knowledge*, *markets*, *and management*. Oxford：Oxford University Press.

Schuster, J. H. , & Finkelstein, M. J. (2006). *The American faculty*：*The restructuring of academic work and careers*. Baltimore：Johns Hopkins University Press.

Shattock, M. (2003). *Managing successful universities*. Buckingham, UK：Open University Press.

Sperling, J. , & Tucker, R. W. (1997). *For-profit higher education*：*Developing a world class workforce*. New Brunswick, NJ：Transaction.

Stiglitz, J. (2002), *Globalization and its discontents*. New York：Norton.

Trow, M. (1973). *Problems in the transition from elite to mass higher education*. Berkeley, CA：Carnegie Commission on Higher Education.

Van Dusen, G. C. (1997). *The virtual university*：*Technology and reform in higher education*. Washington, DC：Graduate School of Education, George Washington University.

Warner, D. , & Palfreyman, D. (Eds.). (2001). *The state of UK higher education*：*Managing change and diversity*. Buckingham, UK：Open University Press.

Youn, T. , & Murphy, P. (Eds.). (1997). *Organizational studies in higher education*. New York：Garland.

第四章　金砖四国的前景：新的高等教育超级大国?[①]

48 金砖四国（巴西、俄罗斯、印度和中国）经济正在迅速发展，许多观察家认为，这些国家将在未来几十年成为主导经济体。2001 年，当经济学家吉姆·奥尼尔（Jim O'Neill）首次提出“金砖四国”一词时，这些国家占全球国内生产总值（GDP）的 8%，他预测，到 2011 年，这一比例将增至 14%。事实上，2012 年，金砖四国占全球 GDP 的比例已接近 20%（Liu& Li，2012）。法里德·扎卡利亚（Zakaria，2008）等人对全球影响力从北美和西欧的重大转移发表了评论，金砖四国被视为这一转变的最前沿——尽管到 2014 年，金砖四国的所有经济体发展速度都有所减缓。从逻辑上讲，学术权力会随着经济和政治的发展而扩张（Levin，2010）。这四个国家的高等教育体系确实取得了令人瞩目的发展，并有望在未来几十年内继续扩大。然而，金砖四国能否在高等教育上获得与其经济或政治领域相似的突出成就，这一点并不能保证。如本章所述，每个国家的高等教育都面临着重大挑战。

如果说金砖四国的经济发展长期处于上升轨道，那么高等教育则不能确定如此。正如四国在经济和政治发展细节上存在巨大差异一样，迥异的高等教育传统、当前现实、未来规划和前景可能会使得这四个国家沿着完全不同的学术路径前进。此外，通往全球高等教育主导地位之路异常复

① 感谢伊万·F. 帕切科（Ivan F. Pacheco）的评论。

杂，远不止取决于经济增长模式或国家经济社会的情况。

金砖四国都以不同的方式建立了过渡性高等教育体系。其中三国——巴西、中国和印度——面临入学和招生快速扩张的挑战。与此同时，它们正试图在高等教育体系的顶端建立世界一流研究型大学，通过科研和高层次人才培养为日益成熟的经济做出贡献（Carnoy et al.，2013）。俄罗斯拥有成熟的高等教育体系并提供高水平教育的入学机会，面临着重建研究型 49
大学并提高高等教育体系整体质量的挑战。

中心与边缘

金砖四国陷入了一个非同寻常的悖论。一方面，它们还都不是高等教育超级大国，尽管中国最接近，所有国家都落后于主要的学术中心。另一方面，除俄罗斯外，所有国家的高等教育体系都在迅速扩大，并且都有提高其全球地位和建立一流大学的目标。此外，金砖四国是重要的区域中心，对周边国家产生影响，并在各自区域发挥学术领导作用。到目前为止，巴西、印度和俄罗斯拥有其所在地区内最具成效的高等教育体系。在东亚，虽然日本仍然是主导的学术力量，韩国正在经历学术扩张，但中国的高等教育增速最快，且投入资源最多。

俄罗斯仍然在大多数原苏联国家中保持着学术中心的影响力，在这些国家俄语是主要的教学和科研语言。虽然东欧国家越来越关注西方，英语在很大程度上取代俄语成了学术交流的主要语言，但是俄罗斯仍然保持着一定的影响力。印度拥有迄今为止南亚最大和最具影响力的高等教育体系，并对中东产生了一定的影响。巴西在科研生产率、博士学位产出和其他指标方面可谓是拉丁美洲的科学超级大国，然而它使用葡萄牙语，而其他国家讲西班牙语，这限制了它的影响力。

由于金砖四国均拥有规模大且自给自足的高等教育体系，它们都自视为独立的高等教育体系。与此同时，其中几个国家向主要高等教育权威国家学习有关高等教育发展、研究范式以及其他问题的观念。中国和俄罗斯在某种程度上适应了西方的学术组织和治理理念；巴西似乎基本上不受外部观念的影响；印度高等教育体系建立在英国模式的基础之上，并受到本国政治文化的影响，较少从国外寻找变革的理念。

英语作为主导的科研用语，影响了所有的金砖国家，并对除印度之外的所有国家构成了挑战。印度从其近现代高等教育史开端就一直把英语作为教学和科研的主要语言。1947 年印度独立后，一些本科学院和少数大学开始使用印度语教学，但大多数本科课程和几乎所有研究生学位课程都是用英语授课的。

50

在其他金砖国家，中国和俄罗斯已经设立了少数用英语授课的课程和学位项目，部分原因是为了吸引国际学生。尤其是中国增加了英语教学的学位数量，一些顶尖大学为国内学生开设了部分英语授课的课程。在将英语作为高等教育发展的一个主题时，巴西似乎有些掉队，它在很大程度上拒绝增加用英语授课的学术项目或课程。

金砖四国（巴西除外）向其学者强调了在公认的国际科学期刊上用英文发表论文的重要性，并通常鼓励他们融入全球科学共同体。晋升和声誉日益与此类出版挂钩，许多中国和俄罗斯的大学向在顶级国际期刊上发表文章的学者提供特别奖励。

如何在努力获得全球认可与保持本国和地区的学术文化之间取得平衡，仍然是金砖四国面临的难题。当它们寻求加入高等教育超级大国的行列时，本国的高等教育体系需要支持，并且它们的区域影响力值得关注（Altbach & Salmi，2011）。

金砖四国在全球知识体系中仍然处于边缘地位。与世界其他国家相比，中国和印度派出了数量最多的海外留学生。实际上，这两个国家的留学生占欧盟以外全球流动学生的三分之一以上，而且数量可能还会继续增加。所有金砖国家都有大量的学生净流出。在金砖四国学习的学生大多来自周边国家，突出其作为区域中心的角色。只有中国吸引了大量的国际学生，其中大部分来自邻近的东亚国家。

中国、印度和俄罗斯为全球学术人才流动做出了突出贡献，许多来自这些国家的博士毕业生在其他地方工作。这种人才流失在过去几十年甚至更长的时间里相当严重。尽管近些年学者回国率略有提高，并且出现了一些顶级科学家和学者在多国任职的新趋势，但仍有相当数量的学者选择离开这三个国家。原因很复杂，包括更好的工作条件、基础设施、收入、学术氛围和其他因素。

可以观察到，在人才流失问题上金砖四国之间存在很有意思的差异。巴西的人才流失并不严重，海外留学的巴西人回国率相当高。顶尖大学相对有吸引力的学术环境和有竞争力的薪酬无疑有助于该国的高等教育。俄 51
罗斯具有悠久和杰出的学术传统，但在20世纪90年代苏联解体后，该国的高等教育经费大幅削减。包括许多杰出科学家在内的众多学者离开了这个国家，还有一些人离开了大学，开始了其他职业生涯。直到最近，政府才意识到重建高等教育体系的必要性。虽然薪酬基本上没有吸引力，但是俄罗斯已经开始在研究型大学和一些改善高等教育体系的计划中投入了资金。中国也采取措施鼓励顶尖科学家和学者加入中国大学，包括那些已经在国外定居的中国人。这些措施取得了一定的成功。印度尚未意识到其大量的学术人才流失，也没有任何吸引印度学者回归的项目，尽管许多印度人在各种技术领域已经回归蓬勃发展的高科技部门，但并没有回到大学。

因此，金砖四国处于一个异常的学术地带。它们的高等教育体系规模大，不断发展并日益强大，并且仍在努力占据更重要的地位。与此同时，在许多方面，它们仍然处于广阔的边缘地带（Altbach，1993）。

作为基本现实的大众化

在20世纪下半叶和21世纪初，规模扩张一直是全球高等教育的重要现实（Altbach，Reisberg，& Rumbley，2010）。大众化的“逻辑”影响了所有国家——入学机会的增加，学历证书在就业和社会流动中的重要性，以及总体而言高等教育在日益增长的知识经济中的重要地位。

中国和印度高等教育在过去二十年中经历了大规模的增长，事实上，到 2050 年，这两国将占全球新增入学人数的一半以上。巴西直到 1920 年才建立大学，它比其他国家都要晚些时候才开始迅速扩招。表 4–1 显示了金砖四国 2012 年的高等教育入学率，其中包括美国，以进行比较。

表 4–1　高校在校生总数和毛入学率（2012 年）

国家	高校在校生总数（人）	毛入学率（%）
巴西	7241405	36*（2009 年）
中国	32585961	27
印度	28525722	25
俄罗斯	7983111	76
美国	20994113	94

注：联合国教科文组织的统计数据没有提供巴西的总入学率，表中数字来自《巴西总入学率：全球经济指标》使用的世界银行 2009 年的数据。

资料来源：联合国教科文组织统计研究所；《巴西总入学率：全球经济指标》。

2012 年，金砖四国和美国是高等教育招生规模最大的五个国家，占世界高等教育入学总数的 55%以上。在高校在校生方面，中国和印度拥有世界上规模最大的两个高等教育体系；巴西排名第五，未来几年无疑还将在排行榜上继续攀升；俄罗斯的高校在校生规模很可能不会扩大。当然，中国、印度和巴西不可避免扩招的原因在于，根据国际标准，它们 2012 年的适龄人口入学率较低——印度只有 25%，中国为 27%，巴西 2009 年
52 为 36%。相比之下，俄罗斯高等教育入学率为 76%，与大多数经济发达国家接近。

高等教育快速大众化产生了一些不可避免的后果——包括高等教育质量的整体下降。虽然这并不意味着顶级院校变差了，但是几乎用所有标准

衡量的平均质量确实下降了。进入中学后教育的学生平均质量出现了下降，但同时顶尖大学的竞争却在加剧。之所以出现这种现象，是因为大量资质普通的学生进入了底层的高校，而当申请者意识到高校之间质量和声望的差距时，顶尖大学中有限名额的竞争便更加激烈。随着招生数量的增加，生均高等教育经费也在下降，但政府没有分拨足够的资金来维持大规模招生的质量。因此，无论是通过计划还是市场的力量，高等教育体系分层都加剧了——出现了一小部分顶尖大学，以及一大批为不同背景和能力的学生服务的院校。

金砖四国中有的国家难以为大众高等教育部门的学生提供合理的质量标准。每个国家都在这个领域缺乏投资，造成的部分后果是，私立院校进入大众教育领域，但其质量往往较低，教师学历不足，广泛聘用兼职教师。这会导致学生辍学率很高，许多毕业生面临失业。

很少有国家能够发展并维持一个定义明确的高等教育体系——这一系 53
统既能充分支持大众化的招生，也拥有世界一流研究型大学。金砖四国以各自不同的方式，一直在努力应对高等教育大众化时代的这一重要挑战。

经费的挑战

中学后教育在世界各地都面临着巨大的财政挑战。为更大、更多样化的客户群体服务的成本是问题的核心。世界各国极少政府有财力全面支持一个综合的大众高等教育体系。由于近年来经济上的成功，金砖四国有能力为高等教育提供更多的资金。然而，尽管有明确的需求，但与发达国家相比，其公共投入仍然相对较低。OECD 成员国（通常是富裕国家）的平均教育支出占国内生产总值的比例为 6.1%（公共和私人投入总计）；而美国占 GDP 的 6.9%（公共和私人投入总计）。表 4-2 显示金砖四国这一比例的范围从 2.1%（中国）到 5.9%（巴西）。

表 4-2 教育和研发经费

	教育支出			研发经费	
	占 GDP 百分比（2011 年）	高等教育经费占 GDP 的百分比（2011 年）		国内总支出（购买力平价①美元，以 10 亿计，2013 年）	占 GDP 的百分比（2013 年）
		公立	私立		
巴西	5.9	0.9	—	31	1.3
中国	2.1（2009 年）	—	—	258	1.9
印度	3.41	—	—	42	0.85
俄罗斯	4.6	0.9	0.5	38	1.5
美国	6.9	0.9	1.8	450	2.8

资料来源：高等教育经费占 GDP 的百分比来自《教育概览 2014：OECD 指标》；印度数据来自联合国教科文组织统计研究所（2012 年）；中国数据来自《经济学家的数字口袋世界》。研发支出数据来自贝特利研究所《2014 年全球研发资金预测》。

资金不足对整个高等教育体系产生了重大影响，使得中学后教育难以实现其目标并满足个人和社会的需求。其影响包括学术职业和其他从事高等教育工作人员的收入较低，这一话题将在本章后面讨论。质量在许多方面受到影响，如设施较差且往往过于拥挤，缺乏相关支持人员，实验室陈旧或根本不开放，图书馆和信息技术不合标准，以及无法获得以互联网为基础的知识等。

金砖四国都实施了利用公共资源资助高等教育的特殊计划，并在过去几十年中增加了对高等教育的财政支持。然而分配的数额仍然不足，在四个国家中，为高等教育扩张支付的基础资金尤其不足——导致有的国家高等教育质量低下，不能满足部分寻求接受中学后教育者的入学需求，以及退学率增加等。

① 购买力平价（purchase power parity，PPP），指根据各国不同的价格水平计算出的货币等值系数。——译者注

研发与研究型大学

尽管金砖四国经济快速增长，并且都强调研发是经济发展的基石，但所有这四个国家的研发经费占 GDP 的比例都低于 2008 年 OECD 成员国平均 2. 3%的水平，且远低于美国 2. 8%的水平（见表 4-2）。

虽然研发经费并不是都用于大学，但是更广泛的研发经费与高等教育的科研支持之间存在相关性。在这一领域，金砖四国显然落后于最发达的国家。中国的支出最多，占 GDP 的比例也最大，而印度、俄罗斯和巴西的情况则较糟。专利申请也是如此，它是科学生产力的另一个指标。大多数观察家指出，中国的研发增长（以专利、研究支出和设施衡量）令人瞩目，如果目前的趋势继续下去，中国将在未来十年成为一股重要的研究力量。其余三个金砖国家的增长则不那么引人注目，尽管它们高等教育体系的某些部分令人印象深刻。

金砖四国中的两个国家——中国和俄罗斯——拥有先进的科研体系，这在很多方面削弱了大学的科研实力。在这两个国家，前沿科研组织中有许多是作为科学院系统（Academy of Sciences systems）组成部分的研究所。这些研究所专注于科研，并且按照当地标准，政府投入的资金多于大学。或许最重要的是，长期以来，国家政策赋予大学教学的责任，而对科研的支持较少。科学院传统是俄罗斯和苏联科学政策的核心部分，中国于 1949 年后对其进行了改造。近年来，两国都认识到科学院系统存在的问题，都采取措施加强研究机构与部分大学的整合，并为大学提供更多的研究资源。在某些情况下，院士在大学任职，博士生在研究所工作。印度也有少数科研机构，但它们在科学系统中并不那么重要。 55

在所有高等教育体系中，研究型大学都处于塔尖，它们是金砖四国在高等教育和经济、科学发展中崭露头角的重中之重（Altbach，2007）。其中三国——巴西、中国和俄罗斯——取得的进步令人印象深刻，印度则落后于其他国家。中国旨在建设研究型大学的两项重大举措——“211 工程”和“985 工程”斥资巨大，目前大约有 100 所大学拥有令人赞叹的基础设施，其中一些正在发展成为具有全球竞争力的院校（Levin，2010）。中国政府和顶尖大学的目标是将国家建设成为一个主要的高等教育强国，中国成长中的研究型大学正努力建立与其设施相匹配的学术文化（Altbach，2009；Rhoads，et al.，2014）。

除少数之外，巴西的研究型大学都集中在圣保罗州，该州通过法律为大学分配了大部分税收收入，并且随着时间的推移，已经能够建立起几所拉丁美洲的顶尖研究型大学。其他几所联邦大学也建立了科研框架。

印度没有一所大学出现在任何国际排名的前列，这对于拥有世界第三大高等教育体系的国家来说是一个令人惊讶的事实（Altbach，2014）。只有备受推崇的印度理工学院（Indian Institute of Technology）获得了国际认可，但是它由小型的专业学院组成的。

俄罗斯传统的研究型大学实力雄厚，在国际上享有盛誉，但在 20 世纪 90 年代苏联解体后，这些大学趋于衰退。目前重建工作正在进行，政府已经确定了 15 所国家研究型大学，为其提供额外资金，目标是在俄罗斯建立世界一流研究型大学。传统的重点大学保持了强大的实力，并建立了一些新的院校。现在判断这项举措是否会帮助一些俄罗斯大学跻身全球顶尖大学的行列还为时过早。

虽然金砖四国经济迅猛发展，每个国家都将发展高等教育视为重要任务，但大多都还没有多少所大学能够在全球研究型大学中名列前茅。

高校合并潮流

中国和俄罗斯这两个金砖国家经常利用院校合并来增进效率和提高大学排名。这并不奇怪，因为在苏联时期和 20 世纪 50 年代的中国，苏联模式被广泛效仿，这两个国家的许多大学都被分割为小型、专业的院校。高校合并往往很难成功实施，在大多数情况下，它们源于政府决策，而不是院校自身的决定。通常，合并的目的是提高行政效率或通过院校整合实现规模效益，进而迅速提升全球排名。

学术文化的差异也可能影响合并的成功实施：重叠和冲突的行政结构，校园的地理分隔，管理者和教师的既得利益，以及简单的规模问题。虽然合并在某些情况下可能不成问题，但仍需仔细关注实施的目标和实际挑战。

私立高校与公立高等教育私有化

大众化和对高等教育的公共支持不足是全球私立院校崛起的原因。事实上，私立高等教育是全球高等教育体系中增长最快的部分（Levy & Zumeta，2011）。在每一个金砖国家，私立高校都在迅速扩张。实际上，金砖四国的扩招大部分来自私立院校或公立院校的创收部门。就进入私立大学的学生比例而言，巴西最多，达到约71%。印度拥有最复杂的私立高校系统，它的大多数本科学院都是私人管理的，尽管许多院校的很大一部分资金来自政府。越来越多的“无资助”学院（unaided colleges）（完全私人经费资助的）由公立大学监督，其学位由大学授予。印度的私立大学数量也在增长——665 所大学中有 201 所私立大学。政府允许这些私立大学授予学位，但并未给予公共资金支持。中国和俄罗斯的私立中学后教育机构培养的学生数量不断增长。除了极少数例外，金砖四国的私立高校和世界大部分地区一样，大都是营利性的，且声望较低。

巴西、印度和俄罗斯拥有少数高质量的私立高校。以巴西为例，这些院校主要是传统的天主教大学；而在俄罗斯，近年来出现了一些资金充足的私立经济和商业院校；印度拥有少量的非营利性私立大学，其数量仍在不断增加，这些大学主要由富有的捐赠者建立，其中一些渴望达到世界一流品质；中国目前没有顶尖的私立大学。总体来说，正如发展中国家和新 57

兴经济体普遍存在的情况那样，私立高校为那些无法进入公立大学的学生或者那些对私立高校提供的职业培训感兴趣的学生提供服务。一般而言，质量保障一直是金砖四国高等教育体系面临的挑战，但事实证明，私立院校问题尤甚。

在金砖各国，公立高校拥有较高的声望，如果学生有选择权，他们通常会选择公立大学。随着某些公立高校质量的恶化，以及少数拥有较高声誉的私立高校的建立，这种偏好在一定程度上发生了变化。著名的私立专门学院在工商管理和信息技术等领域尤为突出。随着某些国家公立高等教育质量下降，金砖四国新兴的中产阶层可能愿意为国内外的精英私立高校买单。越来越多的富裕家庭，尤其是中国和印度的父母，已经把孩子送到海外接受本科教育。

一些金砖国家的公立大学也出现了明显的私有化，这种现象正在改变公立高等教育的性质，并以不同的方式影响这四个国家。其中中国和印度的公立大学学费较低，而巴西和俄罗斯实施免费的公立高等教育。在中国和俄罗斯，中央和省级政府按每所公立大学的学生数量为其划拨经费，但数额太低，无法支持学校的全部预算。大学被允许招收“预算外”（extra-budgetary）学生，他们需要交付高额学费，并且通常能够获得与普通学生相同的学位。从这些学生那里获得的资金可以支付教授的额外收入，并且通常能够补充预算。通过这种方式，公立大学扮演着公立和私立高校的双重角色。印度的本科和职业教育越来越多地由私立学院提供，这些院校隶属于公立大学，但没有得到公共资金的支持。在印度，“无资助”学院日益重要是一种突出的新现象。

与世界大部分地区一样，金砖四国的大学都可以通过咨询、出售知识产权和其他一些资源获取收入。中国许多大学投资建设科技园，其中有些已经孵化了创新产业和其他一些商业项目。巴西的公立大学似乎受到私有化压力的影响最小，因为至少到目前为止，巴西一直承诺为其公立大学提供充足的公共经费支持。但是，值得注意的是，有70%的巴西学生就读于私立高校。

毫无疑问，这些因素使全球公立大学的性质发生了重大转变，并以前 58
所未有的方式将市场力量带入了高等教育界。

学术腐败与学术文化创建

金砖四国的大学都面临着巩固兼具精英、协作和竞争性质的学术文化的挑战。如果高等教育体系顶端的研究型大学渴望获得世界一流地位的话，这一需求则更加迫切并与整个系统密切相关。院校内部的文化是履行大学使命的核心，对于学术人员也意义重大。

这里的讨论主要涉及金砖四国的公立大学，大多数正在发展的私立院校几乎没有学术文化。如上所述，大多数私立高校都是营利性教育机构，提供流行的职业资格，且没有开展科研的愿望；大多数教师都是兼职的，很少有教师拥有长期或永久的雇佣协议；缺乏共同治理，高层管理人员掌控着院校的各个方面。当然，也有一些私立高校不同于这一普遍模式，巴西古老的天主教大学，俄罗斯一些新建的、资金充足的商学院，以及印度的马尼帕尔大学（Manipal Academy of Higher Education）、希夫·纳达尔大学（Shiv Nadar University）、共生国际大学（Symbiosis International University）和其他几所院校，都是这种模式的例外。

有效的院校文化通常包括一个共同治理体系，其中学术人员可以有效控制课程的主要组成部分、教师的聘用和晋升、学位授予以及所有大学核心使命的相关方面（Altbach et al.，2004）。与此同时，学术带头人必须掌握领导院校的权力，不受政府的严格控制，也不受教师（或有时是学生）参与每项决定的“无政府状态”的影响。教师自治与行政领导的适当结合是有效治理的必要条件。金砖四国的大学内部治理体系各不相同。中国大学实行党委领导下的校长负责制。印度和俄罗斯都有相当程度的官僚控制。巴西的大学通常由各级选举产生的行政人员管理，学术人员、其他工作人员和学生通常都参与投票。这一内部治理体系助长了大学学术决策的政治化，且经常使得必要但艰难的决定无法实施。

59 学术自由也是全球高等教育的核心价值所在。金砖四国都经历了对于学术自由的一些挑战，在某些情况下，这种挑战仍在继续。尽管在1964—1985年的军事独裁统治期间，巴西的学术自由受到了严重损害，但该国现在却有着良好的学术自由记录，信息获取或出版方面没有限制，教师也没有政治言论表达或参与的障碍。俄罗斯在其社会和经济的许多方面依然受到苏联遗留问题的影响，其中也包括高等教育。这一传统包括对所谓有争议的观点进行一定程度的自我审查，但至少就在相关专业领域发表和出版的自由而言，学术自由目前在俄罗斯受到了合理的保护。印度与许多地区一样情况复杂。学术自由总体上是根深蒂固和受到保护的。然而，在该国的一些地区，在某些领域发表有争议的研究成果存在非正式的限制，如宗教冲突、有关印度历史的解释、种族和民族关系等。印度民族主义者、总理莫迪表达了对印度历史和其他问题解释的一些担忧。然而，从法律的视角来看，学术自由是受到保护的。

学术腐败不是一个适合于仔细研究或公开讨论的话题（Heyneman，2009）。然而，在某种程度上，这个问题存在于许多国家的高等教育体系
60 之中。精准地评价这种现象存在困难，本讨论将简单地提及观察家已经注意到的问题的各个方面。巴西似乎没有根深蒂固的大学腐败行为，尽管它也同所有地方一样，存在涉及个人或特定院校的问题。

在苏联解体后，俄罗斯高等教育经历了多重危机，其中许多危机源于政府经费的大幅削减以及苏维埃时代遗留的腐败文化。这些问题包括学术不端行为的急剧增加。教授们因工资不断下降而无法维持生计，他们向学生收取“补习费”，帮助学生获得高分，出售课程材料。另外，一些学院和机构收取录取费用。近年来，高校教师薪酬的提高——尽管根据国际标准收入仍然很低，工作条件的改善，以及政府和学术权威机构规则的执行，这些都大大减少了俄罗斯大学的腐败行为。例如，实施大学全国入学考试，取消了院校收取的录取费用。

印度大学的学术腐败因院校和地区而异。印度媒体经常曝光的大学学

术腐败做法包括：在任命时索取贿赂，“出售”学术职位；将工作分配给来自特定地区、种姓群体或者一定政治背景的人；学生普遍的考试作弊，以及许多其他行为。媒体可能夸大了问题的严重程度，并且没有准确的数据。然而，像印度理工学院这样的顶级院校，在运作上是廉洁的，涉及其入学的国家考试也没有大的问题。

某些关于学生和教授学术剽窃的报道在中国媒体上引起了广泛的关注和讨论。一些观察家对研究中存在的数据造假、操纵期刊出版流程和其他不正当做法发表了评论。发表研究论文的压力是巨大的。尽管如此，最重要的全国大学入学考试——高考仍然是公平有效的。

大学学术腐败成为相当重要的问题，并且在某种程度上是发展世界一流高等教育体系的障碍。从根本上来说，金砖四国都需要发展一种支持高等教育基本使命的学术文化。虽然这种文化需要一段时间才能逐渐成熟，但它需要一个资金充足的高等教育体系、政府和学术权威强制执行的明确规则以及促进质量提高的工作条件。 61

各国高等教育面临的挑战

上述讨论突出了影响金砖四国的一些关键因素，因为它们都处于21世纪迅速变化的全球高等教育环境之中。审视影响每个国家的一些具体挑战也大有裨益。各国高等教育发展同时受到全球趋势和国情政策的双重影响。本节将重点介绍影响各国的一些最重要的国家因素。

巴　西

巴西的高等教育环境具有较突出的优势，特别是与其他拉美国家相比。该国的公立大学招生虽然只占总数的30%，但却是拉丁美洲的研究重镇。它们培养了拉丁美洲一半以上的博士，并在该洲科研体系中占据很重要的地位。这些公立大学主要雇佣全职教师并支付相对具有吸引力的薪酬。然而，巴西却只有少数几所具有国际竞争力的大学——主要是圣保罗州的三所大学和其他州的一些联邦院校。巴西大多数公立大学以及除少数几所之外的私立院校都是资质平庸甚至低劣的。整个高等教育体系的协调性很差，主要以营利为目的的私立高校主导着巴西的高等教育。公立大学由几个不同的政府实体资助，它们之间几乎没有协调。

私立高校的管理往往掌握在法定所有人及其指定的管理人员手中，这几乎扼杀了独立学术文化出现的可能性。公立院校的运作都遵循着传统的拉丁美洲的大学自治概念，不受政府控制，内部实行民主。这种难以控制的安排使得创造性的学术领导变得困难或无法实现，并导致学术瘫痪。公立大学不能收取学费，且无法从知识产权和其他创业活动中获得大量收入，这一现实也使得大学参与创新计划困难重重。

虽然巴西联邦政府和一些州政府为公立大学提供了相对充足的支持，
62 但只有圣保罗州的三所主要公立大学和其他几所联邦大学作为具有国际标准的研究型大学获得了突出的地位。除了承诺扩大高等教育机会之外，几乎没有任何关于高等教育的国家战略。州政府没有针对州内大学的具体计划，尽管圣保罗州为三所主要公立大学提供一定比例州税收的慷慨资助，使得这些院校能够令人瞩目地发展成为重点研究型大学。为数不多的联邦政策之一是一项大型奖学金计划，旨在将巴西学生送往国外，以期提高他们的学业水平。

与许多国家一样，巴西在少数族裔群体以及社会低收入群体获得入学机会和完成学业方面存在严重的问题，目前巴西正在试验一项为学生提供资金和支持的创新计划。

平均而言，巴西大学的质量水平处于拉丁美洲的前列。巴西并没有遭遇拉美其他国家面对的大量兼职教师的问题，并且该国培养的高级学位人才远多于拉美其他国家。然而，高等教育体系不足以为巴西快速发展和日益成熟的经济提供支持。

俄　罗　斯

总的来说，俄罗斯高等教育面临的挑战与其他金砖国家不同。俄罗斯是一个人口正在缩减的经济体。该国高等教育入学率很高：76%的适龄人口就读于中学后教育机构，高等教育体系不再扩张。众所周知，提高高等教育体系的质量是一项重大挑战，俄罗斯需要重建曾经辉煌的研究型大学。虽然在苏联时期高等教育面临着诸多问题，但顶尖大学因其在科学领域的高质量而受到认可。在苏联解体后，高等教育经费大幅削减，士气一落千丈，许多一流科学家和学者去往其他国家，而留下的许多人也离开了学术界。如前所述，领取低工资的学者需要从事兼职工作，这助长了学术腐败；大学设施陈旧，实验室迅速过时。

与中国一样，俄罗斯也拥有科学院系统，其中大部分科研都是在资金相对充裕且声望卓著的科学院进行的。该系统面临着整合大学和学院的挑战，以最大限度地提高研究的效率，并最有效地利用现有的人力和财政资源。大多数人认为，在苏联解体后，传统的科学院研究质量已经严重下滑。

俄罗斯高等教育国际化已明显滞后。虽然该国有超过 9 万名国际学 63
生，但几乎所有学生都来自苏联国家。大学只有少数几门课程以英语授课，但很少有国际学生准备用俄语学习。在国外学习的俄罗斯学生相对较少，而许多出国的学生并不打算回国工作。

与许多国家一样，俄罗斯的非精英中学后教育机构面临着许多问题，严重的资源限制、低落的士气、过于拥挤的校园以及可能不符合高等教育资格学生的涌入导致辍学率居高不下，许多毕业生不易找到工作。改善这些机构面临重大挑战，关键是将它们更好地整合成一个更加连贯的高等教育体系，并确保良好的教学质量。

在该系统的顶端，已经开始努力重建研究型大学。政府确定了 29 所研究型大学，并为它们提供了大量但仍不充足的额外资源。另一项举措——“5-100 计划”（5-100 Program）——确定了 15 所顶尖大学，旨在促使这些大学能够跻身世界一流大学的前列，并获得较好的全球排名。

俄罗斯仍然面临着建立学术文化的挑战，这种文化强调生产力、学术自由、卓越教学以及学术人员对其大学和最高学术标准的承诺。为了实现这些目标，需要大幅度提高教师薪酬，许多大学的内部治理和氛围需要改善。

印　度

在金砖国家中，印度高等教育面临的挑战最大（Altbach，2009；Altbach，2014）。它的入学率低于其他国家，但其人口增长速度快于其他国家。因此，未来几十年印度高等教育的一个主要现实是为数百万新生提供入学机会（Agarwal，2009）。

印度没有世界一流大学。印度理工学院规模很小，而且不是大学，因为学科数量有限。一些传统的大学，如贾瓦哈拉尔·尼赫鲁大学（Jawaharlal Nehru University）和旁遮普大学（Punjab University），被公认拥有几个杰出的院系和一些顶尖教授，但在排行榜上基本被排除在外。印度可能是唯一没有顶尖大学的大国。

64 印度高等教育资金不足，但却拥有惊人的财政资源用于支付大学教师的薪酬，与其他发展中国家和中等收入国家相比，根据购买力平价指标，大学教师薪酬高得惊人（Altbach et al.，2012）。用于科研的公共资金很少。州政府主要负责资助大学和许多学院，它们很少提供充足的资源，也没有意识到大学研究职能的重要性。虽然中央政府提出了一些旨在提高高等教育体系顶层能力的计划，但所分配的资金杯水车薪。无论如何，未来一段时期内，大部分政府资源会用于应对学生数量的扩张。

在结构上，印度高等教育体系也是问题最多的。目前负责考试、学位授予和某些方面质量保障的大学附属本科学院的安排已不再有效。印度有近36000所学院和665所大学，其中许多大学负责数百所学院，且它们通常远离主校区。几十年来，该系统已被证明难以改革，并且积重难返。当印度成功实施高等教育变革时，它不得不忽略已有的大学，并创办一些全新的机构，如印度理工学院等。此外，虽然印度有一个高等教育质量保障机构，但它是不完善的，而且只能对少数院校进行评估。

近年来，印度私立院校急剧扩张。现在有超过 200 所私立大学——大多数被称为“准大学”（deemed universities）。上千所“无资助”私立学院遍及所有领域，这些学院在公立附属大学的管辖之下，但在某种程度上管理松散。它们中有许多都是营利性的，由当地政治家、非营利宗教团体或种族社团赞助。大多数私立大学专注于热门专业，如管理、信息技术等。

印度为来自弱势种姓、族裔和收入群体的学生提供优待政策，通常被称为“预留制”，现在几乎占大多数学院和大学分配名额的一半。预留制也涉及教学和科研职位的任命。虽然预留政策有着重要的历史、政治和社会渊源，但近年来也广受批评，并且会对整个高等教育体系产生影响。

很难为印度设想一个切实可行的战略，来应对这些结构、政治和经济上的挑战，建立一个具有全球竞争力的高等教育体系，为印度快速发展和日益增长的高科技经济培养所需的人才。

中　　国

在过去几十年中国的高等教育进步非常显著，旨在支持约 100 所研究 65
型大学的“211 工程”和“985 工程”成功地改善了基础设施，并创建了一批令人瞩目的研究型大学，其中有十几所大学正在国际上崭露头角。更加令人赞叹的是招生的增加，中国已将高等教育入学率从几个百分点提高到 27%。①

然而，挑战依然存在。虽然中国在其高等教育体系顶层投入了大量资金并取得了令人瞩目的成果，但是处于高等教育层级底层的院校（公立和私立）往往质量较低，一些大学为了赚取额外收入，增加入学机会，并为

① 书中数据为 2016 年之前的数据，2022 年我国高等教育毛入学率已达到 59.6%。——译者注

教师提供帮补工资的机会，在校园或附属学院招收额外的学生，这种做法往往会分散学者的基本任务，不利于质量保障等。

私立（民办）高校通常专注于职业科目，往往质量较差。它们通常与高等教育体系的其他部分缺乏协调，且几乎没有联系。质量保障问题突出。许多私立高校聘用在公立大学就职的教师，从而使他们无法专注履行核心职责。确保“私立高校服务于公共利益”的挑战巨大。

中国的高等教育体系存在一些矛盾。一方面，它在过去几十年取得了突出成就，最好的大学已经或即将步入世界一流大学行列。中国政府对它们投入了大量资源，其科研产出和影响、专利及其他生产力指标都有了显著改进。另一方面，该体系的部分院校仍然需要进行改革。随着中国高等教育入学率的继续大幅提高，招生持续增长的问题将给该体系带来新的挑战。

66 虽然各国高等教育之间存在着一些共同点，但每个国家都面临着各自的现实和挑战，并且处理问题的方式也不尽相同。有些国家可能相较于其他国家更为成功。富有成效的高等教育体系的核心要求之一是学术职业，因此，考察金砖四国大学教师面临的挑战具有特殊意义。

学术职业

学术职业是大学的核心。没有一支高素质、积极进取和高效的教师队伍，任何高等教育机构都不可能成功。然而，在讨论大学问题时大学教师往往被遗忘，甚至有时被妖魔化为大学困境的制造者。与世界其他地区一样，金砖四国的学术职业在21世纪面临着重大挑战。实际上，在许多国家，大学教师薪酬不足，甚至在某些情况下不断恶化，教学科研条件也很简陋。总的来说，“最优秀和天赋最高者”并没有被大学所吸引。

作为一般规律，在大众高等教育体系中大学教师的整体学历和工作条件会有所下降。拥有博士学位的学术人员比例降低，整体薪酬、工作条件以及教学质量也很可能下降；兼职教师的比例增加，在其他教学、研究职位或非学术工作中兼职的全职教授数量也会增加，这不足为奇。

如果存在学术共同体的话，那么大众高等教育的环境会削弱它。在高等教育体系顶端的研究型大学中任职的少数学者，与在其他院校工作的绝大多数教师的薪酬、工作条件和声望的差异巨大。

审视金砖国家大学教师职业的地位——特别是学术任命、薪酬和合同的条款和条件——具有核心意义，因为这些主要国家高等教育体系的未来在很大程度上取决于其学术职业的状况。

与世界上许多其他地区（包括美国，特别是招生迅速增加的发展中国家）的学术职业不同，金砖四国都没有出现兼职教师过剩的问题。巴西尤为引人注目，因为拉丁美洲其他国家的大部分教学工作都依赖于兼职教师。金砖四国也存在兼职大学教师，且数量似乎在不断增长，但他们并不占据主导地位。然而，在中国和俄罗斯显而易见的一种模式是，普通教师 67
经常为“国家分配名额之外”招收的学生教授额外的课程，以便为自己赚取额外的收入，并为大学增加额外的收入，或者他们会在私立中学后教育机构兼职。

薪资与酬劳

我们的研究揭示了金砖四国中的一些令人惊讶的高校教师薪酬模式（Altbach et al.，2012）。令人意外的是，根据购买力平价指标衡量，在公立学院和大学中，印度和巴西的大学教师薪酬水平名列前茅（见表4-3）。

实际上，印度、巴西大学教师薪酬与美国和其他发达国家相比都具有相当的优势。这两个国家的全职学者可以靠学术薪资生活，而不用去赚取大量的额外收入。相比之下俄罗斯和中国则较为逊色。从平均水平来看，它们的薪酬仅为其他两个国家的五分之一，且远远低于发达国家的薪酬水平。

这些基本的薪资比较对学术职业具有重要意义。如果大学教师不能靠本校薪酬生活，就会从大学内外的其他来源赚取额外收入（Ma，2009）。

表 4-3　大学教师薪酬比较

	薪酬（以购买力平价美元计）			
	起点薪酬	平均薪酬	最高薪酬	最高薪酬与起点薪酬比率（%）
巴西	1858	3179	4550	2.4
中国	259	720	1107	4.3
印度	3954	6070	7433	1.9
俄罗斯	433	617	910	2.1
美国	4950	6054	7358	1.5

资料来源：Altbach et al.，2012.

比较还显示了不同层级大学教师薪酬的不平等。中国资深教授的收入是初级学术人员的四倍以上。其他三个国家的最低级别和最高级别学者之间的薪资几乎翻了一番。美国和其他发达国家大学教师薪酬的等级差异较小。

虽然没有这四个国家的学者获得的薪资总额的数据，但很明显，所有这些国家的学者通常从他们任职的大学获得的收入高于此处报告的基本工资。特别是在中国，学者们因出版、科研和其他学术活动而获得额外报
68
酬；产出高的教师可以获得大量的额外收入。如前所述，在中国和俄罗斯，许多学者通过教授更多课程来赚取额外收入。这些做法在巴西和印度似乎并不明显，尽管印度大学教师可以通过特别拨款（鉴于城市生活成本和其他分类增量）获得额外收入。

令人有些意外的是，按购买力平价指标衡量，印度的学术薪酬在金砖四国中最高，这主要是由于印度大学拨款委员会实施的全面加薪措施，此举得到了中央和州政府的资助。目前的薪酬标准使得印度学者跻身于新兴的中产阶级之列，并达到了较高的生活水平。出乎意料的是，这些大学教师薪酬并没有任何绩效指标，它是根据服务年限逐步递增，而不是根据任何评价标准。巴西大学教师薪酬也相对具有吸引力，这使得大多数全职的

巴西大学教师可以享受中产阶级的生活。在俄罗斯，大学教师无法凭基本的薪酬来享受中产阶级的生活，因此必须赚取额外的收入——这会对学术生产力、工作积极性、教学质量和对院校的忠诚度产生影响。

在金砖四国，加薪分配的基本模式主要基于服务年限和其他行政因素，而不是生产力或绩效。一般来说，可以根据大学教师的等级和服务年限来估计其薪资，其他变量影响不大。缺乏薪资分配的绩效体系，取消了衡量大学教师生产力的一个关键指标。

与大多数国家一样，金砖四国大学教师的薪酬结构与其他领域同等资格专业人员相比没有竞争力，薪酬水平也不具有国际竞争力。如果与发达国家的薪酬进行直接比较，那么就连巴西和印度的学术工资也无法与之相较——尽管印度和巴西的大学教师有可能享受本国中产阶级的生活。对于俄罗斯和中国来说，薪酬水平低于全球标准。这些差异导致金砖四国（特别是俄罗斯、中国和印度）的人才流失。

学术聘用

学术聘用的规章制度和条件对于职业结构与衡量学术人员的生产力至关重要。学术自由在某种程度上取决于学术任命的性质。如果没有有效的学术职业聘用、评价和晋升的方式，就很难吸引并留住这一职业中最优秀的人才。

四个金砖国家都存在相当程度的学术近亲繁殖——聘用本校毕业生担 69
任教职（Yudkevich，Altbach，& Rumbley，2015）。大多数人认为，近亲繁殖限制了大学教师职位的多样化，阻碍了院校之间的学术流动，降低了聘用最优秀人才的可能，并在部门和院系中制造了更多的等级结构。另外，这种做法通常有因可循，包括在大学之外缺乏可聘用的合适人才，当然还包括近亲繁殖传统等。

金砖四国除了其学术等级顶端的少数大学之外，没有全国性的大学教师劳动力市场，且国际聘任的可能性很小，印度甚至还存在聘用永久性外籍员工的法律限制。中国和俄罗斯的一些顶尖大学确实在国际范围招聘教师，并为杰出教授提供远高于全国平均水平的薪资待遇。中国的顶尖大学也非常重视聘用拥有国外博士学位的中国人，以此作为建设高水平教师队伍和减少近亲繁殖的一种手段。

金砖四国的顶尖大学在努力建立较完善的聘任流程，比较透明，职位大多公开招聘并向所有申请人开放。然而，在许多院校教师聘用程序并不明确，往往受到偏袒和其他违规行为的影响。私立高校的教师聘任过程往往问题更多，而且通常很少受到监管。

大多数大学教师都是从初级开始，随着时间的推移晋升到更高的等级。在一些国家存在正教授的数量和比例配额，因此不是每个人都能够晋升至最高级别。高级教授很少有职位空缺。

工作保障

金砖四国没有类似美国高等教育体系的正式长聘教职制度（tenure system），也没有一些西欧国家和日本较为普遍的公务员聘用制。这些安排提供了试用期后的就业保障，如在美国，晋升之前对个人进行仔细评估。长聘教职可以保护学术自由，同时为就业安全提供重要但并非完全的保障（Chait，2002）。

像大多数国家一样，对于金砖四国大多数公立大学而言，学术人员具有相当大的“事实上的”工作保障。一旦被任命为底层的学术人员，就很少被解雇。虽然存在各种正式的就业安排，包括可续展合同、定期审查
70 等，但对学术工作的评价很少，并且用人单位和教师都期望工作在退休前是永久性的。但也有一些例外，例如，许多中国顶尖大学已经对合同续签和晋升制定了较严格的内部评价流程。

“事实上的”工作保障安排对大学有明显的不利之处，对大学教师来说也存在一些缺陷。首先，对大多数大学教师来说长聘教职是一个重要的保障；其次，没有与学术自由相关的工作安全。在所有金砖国家中，大学教师薪酬基本上与等级和服务年限相关，而与工作绩效或市场条件无关，这显然不是确保质量和生产力的最佳选择（Altbach & Jayaram，2006）。只

有中国顶尖大学的一些学者才会根据其学术成就进行评判和奖励。

结　论

由于这四个金砖国家在经济上的重要性日益上升，其高等教育体系如今已成为全球参与者。它们受到了极大的关注，被视为踏上了通往世界顶级高等教育体系之途。四个国家都将高等教育视为未来经济发展的关键因素，并且都为其大学制定了令人瞩目的规划。随着这些国家为过去未得到高等教育入学机会的人群提供了更多的入学机会，它们的目标都转变为提升其顶尖大学的全球排名。全球观察者对金砖四国的前景持乐观态度——他们指出，金砖四国的高等教育发展计划令人印象深刻，而且尤其是中国，高等教育经费不断增加，在科研、专利和出版物方面的表现也不断提升。

尽管如此，上文的分析表明，金砖四国在建设世界一流的高等教育体系方面仍面临着很大的挑战。这些挑战包括：

- 建立一个既能容纳顶尖的研究型大学也能容纳底层的大众入学机会的中学后教育“系统”，并为学生提供适当的衔接；
- 确保私立高等院校服务于更广泛的公共利益并保障教育质量；
- 为中学后教育部门提供充足的资金，以保障质量和入学机会；
- 确保学术人员得到适当培养并获得适当的薪酬；
- 支持有效的大学内部治理，使学者拥有适当的权力，同时又能有 71
效地管理复杂的学术机构；
- 赋予院校充分的自主权，以便学术共同体做出关键的学术决策，同时由政府或其他相关机构进行全面有效的监督。

金砖四国的高等教育成功绝非板上钉钉——风险相当之高，因为这四个主要国家需要有效的高等教育体系来支持其令人瞩目的经济增长。同样重要的是，对于那些在未来几十年中不可避免地发挥全球领导作用的国家来说，大学在其现代社会建设中具有重要作用。

参考文献

Agarwal, P. (2009). *Indian higher education: Envisioning the future.* New Delhi, India: Sage.

Altbach, P. G. (1993). Gigantic peripheries: India and China in the world knowledge system. *Economic and Political Weekly*, *28* (24), 1220-1225.

Altbach, P. G. (2007). Peripheries and centers: Research universities in developing countries. *Higher Education Management and Policy*, *19* (2), 2-24.

Altbach, P. G. (2009). One-third of the globe: The future of higher education in China and India. *Prospects*, *39* (1), 15-27.

Altbach, P. G. (2014). India's higher education challenges. *Asia Pacific Education Review*, *15* (4), 503-510.

Altbach, P. G., et al. (2004) Task Force on Higher Education and Society. *Comparative Education in Review*, *48* (1), 70-88.

Altbach, P. G., & Jayaram, N. (2006). Confucius and the guru: The changing status of the academic profession in China and India. *Journal of Educational Planning and Administration*, *20* (4), 395-410.

Altbach, P. G., Reisberg, L., & Rumbley, L. E. (2010). *Trends in global higher education: Tracking an academic revolution.* Rotterdam, Netherlands: Sense.

Altbach, P. G., Reisberg, L., Yudkevich, M., Androushchak, G., & Pacheco, I. F. (Eds.). (2012). *Paying the professoriate: A global comparison of compensation and contracts.* New York: Routledge.

Altbach, P. G., & Salmi, J. (Eds.). (2011). *The road to academic excellence: The making of world- class research universities.* Washington, DC: World Bank.

Carnoy, M., Loyalka, P., Dobryakova, M., Dossani, R., Froumin, I., Kuhns, K., et al. (2013). *University expansion in a changing global economy: Triumph of the BRICS?* Stanford, CA: Stanford University Press.

Chait, R. P. (Ed.). (2002) *The questions of tenure.* Cambridge, MA: Harvard University-Press.

Heyneman, S. P. (Ed.). (2009). *Buying your way into heaven: Education and corruption in international perspective*. Rotterdam, Netherlands: Sense.

Levin, R. C. (2010). Top of the class: The rise of Asia's universities. *Foreign Affairs*, 63–75.

Levy, D., & Zumeta W. (2011). Public policy for private higher education: A global analysis. *Journal of Comparative Policy Analysis: Research and Practice*, *13* (4), 383–396.

Liu, C., & Li, F. (2012). BRIC key for sustained growth. *China Daily USA Weekly*, 3, 24.

Ma, W. (2009). The prospects and dilemmas of Americanizing Chinese higher education. *Asia Pacific Education Review*, *10* (1), 117–124.

Rhoads, R. A., Wang, X., Shi, X., & Chang, Y. (2014). *China's rising research universities: A new era of global ambition*. Baltimore: Johns Hopkins University Press.

Yudkevich, M., Altbach, P. G., & Rumbley, L. E. (Eds.). (2015). *Academic inbreeding and mobility in higher education: Global Perspectives*. New York: Palgrave Macmillan.

Zakaria, F. (2008). *The post-American world*. New York: Norton.

第五章　高等教育国际化与全球张力：历史经验[1]

73 随着世界上一些地区政治和军事紧张局势日益加剧，当前全球形势不可避免地影响到国际高等教育。民族主义、宗教和意识形态冲突的不断增加，挑战了高等教育国际合作与交流的初衷——促进和平与相互理解以及全球参与。自冷战结束以来，我们尚未习惯这种全球范围的紧张局势和动荡。关于如何在这种新环境中采取行动和做出反应，我们能够从过去吸取什么样的经验教训呢?

大学一直以来都是国际机构，吸引了来自许多国家的学生和教员，并与其他机构进行合作。这种国际主义至少可以追溯到 6 世纪的印度那烂陀大学（Nalanda University），当时它吸引了佛教世界的许多学生和教职员工。半个世纪之后，在博洛尼亚和巴黎建立的第一批欧洲大学也是国际性的，招收来自欧洲大陆的学生，并使用一种共同语言——拉丁语进行教学。作为 20 世纪末发起的欧洲高等教育区（European Higher Education Area）的前身，可以说中世纪的欧洲教育处于全球相对和平和更加关注区域化的时期。伊拉斯谟（Erasmus）是文艺复兴时期欧洲最著名的流动学者之一，欧盟委员会（European Commission）选择这一名称来命名其最重要的流动计划是可以理解的。

18 世纪和 19 世纪的大学之所以在很大程度上变得不那么国际化，是

---

① 本章由菲利普 · G. 阿特巴赫与汉斯 · 德维特合著。

因为它们采用本国语言，有时甚至禁止学生出国留学，并专注于国家优先事项。可以说这一时期的高等教育是本土化和去欧洲化的。与此同时，在某种程度上由于殖民主义的推动，使用欧洲国家模式和欧洲语言的欧式高等教育（European-style higher education）扩展到世界其他地区。

结束所有战争的战争

20 世纪出现了新的国际主义浪潮。过去一个世纪的国际化值得关注，因为它帮助塑造了当代高等教育现实。在 20 世纪，国际化从第一次世界
大战的创伤中产生，人们坚信，学术界可以帮助建立国际团结关系，并为 74
促进和平做出贡献。在第一次世界大战百周年之际，学术界在这些理想主义努力中所起的作用和最终的失败尤其值得注意。

欧洲从“一战”创伤中恢复过来，各方的知识分子和学者都希望欧洲国家之间建立团结关系，以促进和平。使大多数人感到震惊的是，学术界在冲突时期轻易地陷入狂热的民族主义，放弃了启蒙理想的外衣。

创建组织——如 1919 年建立的美国国际教育协会（Institute of International Education），1925 年在德国成立的德意志学术交流中心（Deutscher Akademischer Austausch Dienst），以及 1934 年成立的英国文化教育协会（British Council）——是在国际联盟（League of Nations）的框架下促进和平与相互理解的政治举措。这些努力最终未能阻止欧洲纳粹主义的崛起，以及远东地区日本军国主义的抬头。国际和平与合作的目标再次被负面的全球力量所压倒。

真正的全球灾难及其后果

那些经历过“一战”的人无法想象类似的战争，但仅仅 21 年后，第

二次世界大战就爆发了。当 1945 年战争结束时，一股理想主义的浪潮再次浮现，这一次伴随着联合国的成立——这是在全球安全和发展方面更加强有力的努力，也伴随着殖民帝国解体的开始和发展中国家的崛起。同样，由于高等教育被认为是相互理解的一种方式，在该领域内建立或加强了适度的交流计划，富布赖特项目就是最引人注目的例子。在欧洲，学生和学者从前殖民帝国向西欧的流动是主要的国际高等教育流动，但相当分散和有限。在国家层面，国际合作与交流成为各国之间双边协定和政治原因驱动的发展合作计划中次要的活动。在这些计划中，高校通常是被动的合作伙伴。

冷战与高等教育国际化的政治化

“感觉良好”的时代只持续了短短几年，苏联集团和西方之间的斗争
75 早在 1946 年就开始发展，一直持续到 1991 年苏联解体。意识形态以及强权政治是冷战的主要组成部分，其核心是共产主义与资本主义的争斗以及强权政治斗争。高等教育与文化知识生活普遍成为那一时期意识形态斗争的工具和重要阵地。早在 20 世纪 30 年代，苏联就把知识分子、学生和大学视为他们为在全球斗争中获取优势的努力的一部分，并设立了旨在吸引支持的计划。以美国为首的西方国家显著加快了高等教育的国际化进程。

在此期间，苏联的重点是吸引来自新独立的友好发展中国家和属于苏联阵营国家的学生，并为成上千万的学生提供了教育——其中许多人返回自己的祖国担任领导职务，还有少数人参与了革命运动。1960 年，帕特里斯·卢蒙巴人民友谊大学（Patrice Lumumba Peoples Friendship University）在莫斯科成立，其明确目标是培养来自发展中国家以及俄罗斯的学生。苏联还资助了一些项目，将许多专家学者派往发展中国家的大学，并建立学术伙伴关系。俄语教材也被翻译成许多非西方语言。这些项目通常针对苏联势力范围内或接近其范围的国家，并且往往具有重大的学术影响

和政治影响。毫无疑问，苏联的计划受到冷战政治斗争的推动。

对苏联来说，与西方世界的学术合作不是优先事项，事实上广泛的合作也被禁止。虽然在国家层面存在着科学和文化协定方面的接触，以及在院校层面通过科学院进行的联系，但它们都受到政府的严格控制。无论在中欧、东欧或是其他地方，都更加重视与其他社会主义国家的合作。除了接收大批国家奖学金项目的留学生和邀请大量学术人员之外，中欧和东欧政府还在发展中世界的众多国家开展了许多发展援助项目。

由于意识形态的差异，虽然冷战期间西欧的国际教育与中、东欧截然不同，但仍可以注意到一些相似之处：学生与学者由南向北的流动，与第三世界国家的发展合作，以及伴随着院校薄弱的、主要是被动参与的强大国家参与。

在两次世界大战之间和第二次世界大战之后，理想主义盛行，和平与相互理解是其背后的理论基础，如联合国教科文组织的成立和《富布赖特法案》（Fulbright Act）的制定就证明了这一点。但很快，在冷战的影响 76
下，意识形态而不是理想主义在国际教育中确立了议程，特别是在美苏之间。欧洲受到的影响较小，因为第三世界是国际教育合作的战场——对西方高等教育模式和系统持续的统治地位的争夺，对英语的影响、国外培训的作用以及西方科学产品、思想和结构主导地位的争夺。换句话说，新殖民主义和西方高等教育霸权是这一时期的国际高等教育关系的产物。苏联也同样致力于扩大其影响力。在欧洲，中东欧与西欧阻止了除最基本的高等教育合作之外的所有合作。仅在 20 世纪 70 年代，当西欧从“二战”的影响中充分恢复并开始其一体化进程时，才出现了一种新型的学术合作和交流，它更加注重加强在新兴的欧盟国家内部的合作与交流。东西方关系的适度回暖在一定程度上为学术合作打开了大门。

与苏联一样，西方的学术外交政策也与冷战的优先事项直接相关。英国、法国以及在某种程度上还包括荷兰等前殖民国家，试图通过一系列奖学金项目、大学合作和其他计划保持其在前殖民地的影响力，与苏联直接竞争。甚至在殖民时期，法国就曾资助其殖民地的许多学生赴法学习。这些努力得以继续并加以扩展，目的是帮助非洲法语国家和其他法国殖民地的新兴大学，并保持法国的影响力和法语的地位。即使是现在，法国力图使其国际学生群体多样化，流入法国的国际学生也主要来自其前殖民地。荷兰的殖民地规模要小得多，它参与印度尼西亚（前荷兰东印度群岛）的学术发展，但很快扩展到更广泛的发展中国家，并设立了单独的机构，在更多的定制项目中培训来自发展中国家的学生，如海牙社会研究所（Institute of Social Studies）。英国的项目种类最多，同样聚焦于保持英国在其前殖民地的影响力。英联邦秘书处（Commonwealth Secretariat）主要由英国政府资助，支持了许多奖学金项目。外交与联邦事务部（Foreign and Commonwealth Office）、英国文化教育协会以及负责对外援助的其他政府机
77 构也赞助了一些项目。项目包括赴英学习奖学金、大学合作、支持英语教材、提供测试和其他质量保障机制等。

美国作为冷战时期与苏联制衡的力量，制定了积极而深远的提高高等教育“软实力”的举措。富布赖特项目始于 1946 年，可能是世界上最引人瞩目和最成功的学术计划，它将来自世界各地的成千上万的学生和教授带到美国，并将美国人送往海外。1958 年的《国防教育法》（National Defense Education Act）是对前一年苏联发射第一颗人造地球卫星的直接反应。1965 年的《高等教育法》（Higher Education Act）第六章促进了区域研究、外语中心以及国际研究和国际事务项目的发展。冷战国际化对美国大学最重要的影响之一是区域研究项目的发展，它们为研究世界各地区和国家提供了机会，包括在美国大学里从未教授过的语言，如泰米尔语、孟加拉语和印尼语等。许多由美国国际开发署（U. S. Agency for International Development）和其他组织资助的学术合作项目，将美国大学与许多发展中国家的大学联系起来。这些举措必须放在特定的背景下看待——即美国力图在与苏联的冷战中成为非共产主义世界的领袖。

冷战后：加强国际合作与交流

20 世纪 80 年代，中东欧、西欧以及美国之间加强学术合作的最初迹象显现。不过，学术合作主要是一个政治问题，教育机构和个人缺少自主性。在 20 世纪 80 年代末“铁幕”落下之后，高等教育的国际合作才开始迅速增加，其速度可能快于其他任何时期。欧盟委员会和各国政府都制定了提高高等教育质量和促进合作与交流的计划。1990 年为匈牙利和波兰建立的欧共体大学学习欧洲跨国流动计划（Transnational European Mobility Program for University Studies scheme of the European Community）多年来已扩展至其他中欧和东欧国家。国家倡议的一个重要例子是中欧大学学习交流计划（Central European Exchange Program for University Studies），这是奥地利政府的一个项目。这些举措不仅为将这些国家纳入研究与开发框架计划（Framework Programs for Research and Development）和伊拉斯谟计划（Erasmus Programme）等欧洲常规计划奠定了基础，而且可以被视为这些 78
国家融入欧盟的试验场。毫无疑问，欧盟资助的一系列令人印象深刻的交流、研究与合作计划，无论其受众是“核心”欧盟共同体还是更广泛的欧洲民众，都与欧盟更大的政治和经济目标相关。

与此同时，欧美与世界其他地区，特别是亚洲和拉丁美洲的新兴经济体之间的国际合作与交流在过去的 25 年中得到了发展。可以看出高等教育在全球范围的国际化趋势，其中传统的合作和交流形式与更加商业化的国际化形式日益冲突，如在招收学生、人才与学者的竞争、特许学校和分校的出现以及国际大学排名的影响等方面。

政治与国际高等教育的结合

高等教育国际化不仅仅是一个 21 世纪的现象，它有着丰富而重要的历史基础，并与当代现实息息相关。随着对欧洲一体化的批评日益增多，民族主义、民粹主义运动的发展，以及俄罗斯与西欧、美国之间的紧张局势加剧，我们是否会再次看到欧洲高等教育的本土化和去欧洲化？

在 20 世纪，政治和全球意识形态斗争主导着世界各国的议程。在许多情况下，包括在冷战期间，学术合作与交流一直是国际关系继续存在的主要方式，甚至作为进一步发展联系的中心方式而得到加强。我们必须从这些经验中学习。目前的国际高等教育与早期（包括冷战时期）大不相同。其范围发生了变化，在世界其他地区，特别是亚洲，政治和学术权力中心不断增加。尽管我们应该切合实际，认识到国际合作与交流并不是和平与相互理解的保障，但这些工具仍然是保持沟通开放和对话活跃的必要因素。基于宗教原教旨主义、复兴的民族主义和其他挑战日益增加的全球冲突，是否会损害在国际高等教育合作方面已经取得的令人瞩目的进展？

第二篇

全球化的含义

第六章　全球化与大学：不平等世界的现实

自20世纪90年代以来，全球化已被视为社会和高等教育的一个重要 81
主题。全球化从广义上可定义为影响每个国家的、不可避免的全球经济和技术因素，一些人认为它将解放高等教育并促进必要的变革。互联网等技术革新、市场力量、高等教育中私立部门的扩张以及大众化，使得每个人都能在平等的基础上竞争。一方面，知识的相互依赖将惠及所有人。另一方面，批评者声称全球化加剧了世界范围内的不平等，加强了高校的特权，并倾向于将学术权力归于发达国家的富裕大学手中。总体而言，从高等教育大众化到私立高等教育的发展，当代高等教育的所有压力皆是全球化的产物。这些观点都有一定的道理，但也存在大量的误解。本章旨在揭示高等教育全球化的现实，并着重讨论全球化影响大学的一些方式。

世界各地的学术界受到全球趋势的影响不尽相同（Altbach，Reisberg，& Rumbley，2010）。例如，欧盟国家正在适应新的共同学位结构和其他类型的协调，这是博洛尼亚进程和相关倡议的一部分；使用英语的国家受益于该语言在科学和学术研究上日益广泛的运用。本章特别关注的是全球化如何影响发展中国家的高等教育，这些国家将在21世纪上半叶经历高等教育的大规模扩张（Altbach et al.，2004）。

从一开始，西方大学就是国际性机构，因为它们使用统一的语言——拉丁语，并为国际学生提供服务。当时的教师同样来自许多国家，他们所传授的知识反映了当时西方世界的学术研究情况。长期以来，大学深受全球环境的影响，因此它们受到校园外和跨国界环境的影响。然而，在对21

世纪全球化的分析中，这一现实常常被忽视。用长远的眼光审视大学，能够揭示大学精神和治理方式的深层历史根源。正如克拉克·克尔所指出的那样，1520年之前在西方世界成立的机构中，只有85个至今仍然存在，包括罗马天主教会、英国议会、瑞士几个行政区和大约70所大学。在这些机构中，大学的变化可能最小（Kerr，2001）。

当今全球化至少对高等教育来说不乏先例。从一开始，大学就在协调国家现实与国际压力之间的张力。虽然英语现在已经成为主导研究和学术的语言，但在19世纪，德语作为一种主要的科学语言一度具有很大影响力，就像早期的拉丁语一样。学生到国外学习，学者在国外工作，这一直是一种普遍现象。的确，21世纪的全球化遍及世界——很少有地方能躲避这种当代的潮流，而且在现代技术的推动下，创新和实践似乎可以更快地传播开来。同样，类似的趋势也在历史上的其他时期出现过，尽管可能并不是在真正的全球范围内。

同样的情况是，今天世界上所有的大学，除了开罗的爱资哈尔大学（Al-Azhar University）以外，都有着共同的历史渊源——欧洲中世纪大学，特别是有着教授治校传统的巴黎大学。这就意味着世界范围内当代大学的基本组织模式源于一个共同的传统，这是全球化的一个重要因素。许多非西方国家的欧洲大学模式都是在殖民统治时期输入的——印度、印度尼西亚、加纳以及其他发展中国家的高等教育体系都源自共同的西方根源。即使是那些没有经历过西方列强殖民统治的国家，如日本、泰国、埃塞俄比亚和其他少数国家，也采用了西方的高等教育模式（Altbach & Selvaratnam，1989）。在中国这样有着悠久的本土学术传统的国家亦是如此（Hayhoe，1999）。

美国大学在全球影响深远，其自身也是各种国际影响的混合产物。它最初效仿的是英国殖民地学院模式，并与19世纪德国研究型大学的理念和美国式服务社会的理想相结合，形成了现代美国大学。外国模式通过一些创造性的方式与美国国情相适应。随着欧盟在“欧洲共同高等教育空间”（common European higher education space）中推进各国高等教育体系的协调，外来影响再次凸显——学位结构、课程学分体系以及其他改进中的因素结合起来，产生了不断演变的高等教育模式。正如日本在 1868 年后建立现代大学体系时借鉴了德国的高等教育模式和美国的部分传统一样，欧盟也在着眼于 21 世纪全球范围内的“最佳实践”（best practices）。

鉴于知识经济在 21 世纪发展中的重要作用，高等教育无论在国内还是国际上都表现出了前所未有的重要性，这是由其在培养适应新经济的人才和创造新知识方面的作用所决定的（Altbach，1998a）。全球知识经济已成为一个重要现实，大学尤其是研究型大学正积极参与其中。这些发展表明了大学和知识在当代世界的重要性（Altbach，2002；Knight，2002；Larsen，Martin，& Morris，2002）。

定　　义

在当前有关全球化的讨论中，有必要界定几个术语的定义。对某些观察家而言，全球化意味着一切，这是一种外部影响决定社会发展的不成熟的看法；而对另一些人来说，全球化只给当代带来了负面影响。

本章探讨高等教育的国际环境，并试图分析这种环境如何影响各国高等教育体系和高等教育机构。本章重点不在于高校管理的具体问题，如行政结构或学术任命的变革等，尽管这些可能受到全球趋势的影响。相反，讨论的重点在于发展中国家的社会和大学如何应对大众化入学、私有化和新技术等问题。

在本章讨论中，“全球化”一词被定义为对高等教育有着直接影响的和当今世界不可避免的经济、技术和科学发展趋势。这些现象包括信息技术的广泛运用，科学交流中通用语言的使用，社会大众对高等教育（大众化）与对受过良好教育人才的迫切需求，以及关于高等教育财政的“私人产品”理论。例如，学术界受到跨国出版和互联网公司所有权模式、私营公司和政府对全球研发的投资以及文化传播国际潮流的影响。全球化的这些趋势和其他趋势深刻地影响着 21 世纪经济和社会的本质。全球化绝不是一种新的现象，中世纪大学也受到了当时全球趋势的影响，19 世纪德国模式研究型大学的出现受到了全球工业革命等因素的极大影响。在 21 世纪相互依存的世界中，全球化的作用日益突出，所有国家和高校都受到这些趋势的影响，因此必须将其视为高等教育现实和政策的一部分。

“国际化”一词通常指政府、学术体系和机构甚至是个别部门，为促进学生或教师的交流，参与海外合作研究，提供英语（或其他语言）的学术项目而采取的具体政策和计划或众多其他行动。国际主义（internationalism）并不是一种新的现象，几个世纪以来，它确实是许多大学和高等教育体系工作的一部分。由于有很大的主动权，各院校和政府可以选择各自应对新环境的方式。国际主义构筑了当代学术界应对全球化的方式。虽然全球化的力量无法遏制，但各个国家或院校并不是必然受到全球化力量的控制，也并不完全由其他力量所决定。国际化意味着较高程度的自主权和首创精神（De Wit，2002；Knight，1997，2005；Scott，1998）。

高等教育的另一个新趋势可以称为跨国化（multinationalization），是指一国的高等教育机构或项目在其他国家提供学位、课程、证书或其他资格。这些项目通常与当地机构联合发起，但情况并非总是如此（Teather，2004）。由两个或两个以上国家的院校发起的联合学位项目是跨国学术事业的一种形式，一般称为“联合办学”（twinning）。在境外设立院校机构成为跨国化趋势的一种变式，它可能是以授权形式而设——出售提供高等教育项目或学位的权利（有时也被称为“麦当劳化”），或者仅仅开设分校（Hayes & Wynyard，2002）。保加利亚美国大学（American University of Bulgaria）就是一个范例，它在该国提供美国式用英语授课的学术课程，并在美国获得认证。互联网越来越多地被用于提供跨国学术课程。在某种程度上，跨国化作为国际化的一个部分，指一个机构在两个或两个以上国家提供高等教育项目的成果。

历史表明，当大学切断自己与经济和社会趋势的联系时，它们本身也就失去了生命力，变得无关紧要了。例如，当时欧洲的大学在很大程度上忽视了工业革命，并且不再适应社会需求和当时的知识和科学思想。实际上，法国大革命彻底废除了大学。拿破仑建立了大学校（grandes écoles），培养社会领袖，推动科学技术发展。洪堡（Wilhelm von Humboldt）于1809年重塑了德国大学，将其与普鲁士的科学与工业发展联系起来（Ben-David & Zloczower，1962）。在21世纪，许多最重要的趋势都与全球 85
经济和社会力量有关。高等院校和教育系统在应对全球化和其他社会影响方面拥有很大的自由度，有时可以有效地应对这些变化。而在某些时候，学术界固有的保守主义阻碍了这些变化。因此，那些认为21世纪的高等教育只有一种模式的人显然是错误的。

中心与边缘

关注发展中国家和弱小的高等教育体系就可以立刻发现这种严重的不平等。虽然互联网和全球化的其他表现形式预示着将知识平等地带向世界，但证据表明结果令人喜忧参半。在某些方面，全球化确实打开了通道，使学生和学者的学习与工作变得更加容易。但在更大程度上，全球化只是强化了现存的不平等，并且形成了新的壁垒。高等教育中的讨论反映了对全球化的普遍分析。经济学家斯蒂格利茨（Stiglitz，2002）和罗德里克（Rodrik，1997，1999）等人认为，全球化在某些方面损害了发展中国家的利益，加剧了国际不平等。斯蒂格利茨和罗德里克都不反对全球化，并且他们都认为全球化是不可避免的，他们揭示了全球化进程中常常被忽视的关键问题。

位于中心的强势大学和高等教育体系始终主导着知识的生产和分配。在20世纪后期，主要英语国家和其他一些主要工业化国家的研究型大学构成了这些中心。而那些处于边缘的、薄弱的院校机构和系统则因为资源短缺和学术标准低下而亦步亦趋。学术中心引领着科学与学术以及研究与教学的方方面面，它们在大学的组织结构、使命以及知识传播方面处于领先地位。学术中心一般位于大国和富国，其中最负盛名的大学受益于各种资源，包括资金、基础设施（如科研所需的图书馆和实验室）、具备相应资质的学术人员、强大的传统和支持学术自由的规章制度。学术文化促进了教授和学生以及院校本身达到更高成就水平。这些顶尖大学在教学与科研中使用某种主要国际语言，而且通常得到了政府的有力支持。

世界的学术中心和边缘变得日益复杂。国际学术中心，即北半球领先

的研究型大学，尤其是那些使用某种世界主要语言（特别是英语）的大学，占据了学术层级的顶端。其他地方也存在高质量的大学，如德国、法国、日本和一些较小的欧洲国家。中国、新加坡、韩国以及中国台湾地区的一些大学渴望进入顶尖研究型大学的行列，并正在迅速向这一目标迈进。在21世纪初，即使是处于世界高等教育体系中心的国家（美国、英国、德国、法国，以及某种程度上包括澳大利亚和加拿大在内），也存在许多边缘院校。例如，美国的3200所中学后院校（postsecondary institutions）中，可能只有250所可以被称为研究型大学。这些大学获得了超过80%的政府科研经费，并主导着美国高等教育的方方面面。美国高等教育体系的其余部分则位于学术中心的边缘位置。这些部分包括综合性大学、社区学院和其他机构，它们在高等教育体系和社会中都发挥着重要作用，但它们并不是高等教育体系的领导者。虽然这算不上什么新的发展，但近年来这种分层可能变得愈加明显。

那些试图在大学之间建立相对平等关系的国家正在努力。英国已经建立了一个大学排名系统；作为“卓越计划”（Excellence Initiative）的一部分，德国在2006年决定重点资助几所大学，以便使它们能够达到世界一流水平；包括法国、日本、俄罗斯和韩国在内的其他一些国家也实施了类似的计划。

其他国家高等教育体系也呈现出类似的分层，一些大学作为区域中心扮演着复杂的角色，传播知识并联结着世界顶尖学府。例如，埃及的主要大学在阿拉伯国家担任学术领导的角色，成为联结主要学术中心的桥梁，但其自身对学术的贡献相对有限——虽然海湾国家一些大学的崛起和埃及

的大学的衰落在很大程度上消除了埃及的地区霸权。中国的重点大学是主要服务于国内的重要科研生产者，同时也是联结更广阔的外部世界的纽带。

现在一所大学要成为国际高等教育界的一个重要参与者，也就是获得“中心”地位，比过去更难了（Altbach，1998b）。这是因为进入的门槛提高了。顶尖研究型大学需要大量的资源，许多领域的科学研究都需要实验室和设备方面的大量投资（Altbach，2007）。通过互联网和信息技术建立完备的网络设施需要高昂的费用，图书馆建设以及相关数据库获取亦是如此。在一些国家，大学如果不能获得雄厚的财政资源，就难以跻身顶级院校之列。实际上，一些新建院校都面临着类似的挑战，不管它们置身何处。虽然面临困难，但是建立世界一流大学的任务并非遥不可及。中国、沙特阿拉伯、新加坡和其他国家都有类似的例子（Altbach & Salmi，2011）。一些小国也可以建立世界一流的大学，荷兰就是一个很好的例子。 87

处于边缘的学术机构，乃至发展中国家或一些工业化小国的高等教育体系都依赖于研究中心、知识交流和高级培训。主要学术期刊和数据库都位于主要大学，特别是美国和英国的主要大学之中，因为重要的国际科研学术期刊大都用英语出版。世界上绝大多数高校都是教学型大学（teaching institutions），发展中国家的大学尤为如此，它们必须依靠其他地方获取新的知识和分析数据。值得注意的是，世界上有超过18000所高校，其中只有不到1000所是科研密集型大学。例如，许多较小的发展中国家由于缺乏研究设施，不能提供学士以上的学位，并且也没有经费购置最新的期刊和数据库。在全球学术界，结构性依附（structural dependence）是很普遍的现象。

一种新“新殖民主义”？

冷战时代的特征是超级大国从“身心”上控制着世界各地的人民。苏联、美国和其他一些国家斥巨资于学生交流、教材补贴、书籍翻译、院校建设以及其他活动，以影响世界各地的学术领袖、知识分子和政策制定者。这些目标均与政治和经济利益挂钩，而高等教育则是一个主战场，其基本原理有时表现为冷战时代的意识形态话语，但更多的情况是被包裹在合作的外衣里（Altbach，1971）。一些批评人士将这些政策和措施称为“新殖民主义”：一种通过非赤裸裸的军事或经济力量来统治外国的手段。

许多项目往往以留学奖学金、高质量的教科书、科研设备和其他资源的形式为接受者（recipient）提供可观的收益。这些项目秉持自愿参与的原则，但接受者由于资源短缺，到后来情形就变得难以控制了。接受意味着与援助国及其大学日益紧密的联系以及对援助国的长期依附。例如，为了保证实验室设备的齐全和计算机的充足，接受者不得不在设施、培训以及其他方面长期依赖于提供者。

我们现在处于一个权力和影响的新时代。政治和意识形态让位于利益
88 与市场驱动型政策。跨国公司、媒体集团甚至少数居于领先地位的大学都可以被视为新的新殖民主义者（new neocolonialists），它们寻求占据主导地位不是出于意识形态或政治方面的原因，而是为了商业利益或增加市场份额。政府也没有完全置身事外，它们在国内寻找合作公司，并且仍致力于维持其国际影响，这种影响现在被定义为“软实力”（soft power）（Nye，2004）。政府支持高等教育的商业利益和创收的例证之一是，美国和澳大利亚在世界贸易组织的《服务贸易总协定》谈判中倡导开放市场，支持大学和营利机构轻松进入发展中国家。与冷战时期一样，虽然处于弱势地位的国家和大学并非屈从于那些援助、交流或互联网产品提供者的条款，但是它们自愿参与这些活动的压力变得越来越大。进入一个更广阔的科学和学术界，获得在其他地方无法获得的一些显性利益，这些都具有相当大的吸引力。结果基本是一样的，弱势国家和群体失去了知识和文化的自主权。

英语的角色

英语是 21 世纪的拉丁语。在当前，要进行全球范围的知识交流，英语至关重要，甚至对于那些不使用英语作为高等教育用语国家的教学以及跨国学位课程及其他课程计划来说也是如此。只要全球高等教育努力发挥作用，英语的统治地位就是全球化过程中一个值得分析的因素（Crystal，1997）。

英语是世界上被最广泛学习的外语。在许多国家，英语是学校必修的第二语言，在大多数地方也是第二语言的选择。它是大多数国际通行科学期刊的媒介，许多国家的大学都强调其教授在国际流通的科学期刊上发表论文的价值，而这些论文基本上都是用英语发表的，这进一步强化了该语言的优势地位。致力于科学和学术的网站也主要使用英语。事实上，英语是在线学术和科学交流的语言。此外，赴英语国家大学留学的国际学生群体规模最大。

在那些拥有卓越高等教育体系的国家里，英语是主要的教学语言。这些国家包括美国、英国、澳大利亚、加拿大和新西兰，它们招收了世界上最多的海外学生。新加坡、埃塞俄比亚和很多以英语为母语的非洲国家同样将英语作为基本教学用语。印度、巴基斯坦、孟加拉国和斯里兰卡也往 89
往使用英语教学。其他国家也越来越多地提供英语学术课程，以吸引一些不愿学习当地语言的留学生，同时提升本国学生的英语技能，从而帮助他们在国际舞台上工作。从阿塞拜疆、保加利亚到吉尔吉斯斯坦和马来西亚的许多国家，设立了以英语为教学语言的大学。许多国家，如中国、日本、荷兰、德国和墨西哥等国，都在国内大学开设了英语学位项目和课程。许多欧盟国家也提供英语学习，以之作为吸引欧盟内其他地方学生的途径之一。英语的确是全球高等教育界的一种通用语言。

英语的地位影响着高等教育政策以及学生和学者个人的工作。显然，英语处于科学交流的顶端，给美国、英国和其他富裕的英语国家带来了巨大的优势。许多科学期刊都是在美国编辑的，这一点并不令人奇怪，这就给美国作者以便利，因为他们不仅用母语写作，而且同行评议体系也是由熟悉美国学者语言和方法论的人所主导。其他人如果要与他们交流，就不得不使用外语，并遵守这种陌生的学术规范。如前所述，许多地方的学者面临在国际期刊发表论文的压力，人们认为在最负盛名的科学期刊发表论文是对学术工作的必要检验。越来越多的国际和区域科学会议以英语为专用语言，再次证明了娴熟掌握这门语言的重要性。

各种各样的英语产品主导着国际学术市场，这在期刊和书籍方面表现得尤为明显。例如，以美国或英国的视角编写的教科书销往世界各地，影响着许多国家的学生和学者，并为使用英语作为工作语言的出版商带来了利润。各学科的英文数据库在全世界范围内得到了最广泛的使用。大学必须为这些资源付费，其价格对欧美国家与发展中国家和中等收入国家而言是不一样的，对前者而言相对便宜，对后者而言则异常昂贵。尽管如此，以英语作为教学语言的课程、考试资料和其他产品在这些发展中国家和中等收入国家也拥有稳定的市场。

那些使用“小语种”的国家可能会试图将它们大学的教学语言完全改为英语。荷兰就这一问题进行了一场辩论，辩论的结果是，虽然英语学位课程已经在这个国家蓬勃发展起来，但出于对荷兰语言和文化长期生存的
90 考虑，决定保留荷兰语作为主要的教学语言。也有一些国家提供合作学位课程，如马来西亚，教学语言基本上一直是英语，而不是提供联合学位国家的本土语言。

英语已在很大程度上取代法语、德语和西班牙语等语言，成为国际学术媒介。虽然其他语言不用担心自己会于高等教育界消失，但它们的世界影响已经收缩了。英语的使用，让那些使用英语的人倾向于主要英语国家的学术体系，这进一步增加了这些体系所在国家的影响力。然而，不管结果如何，英语将继续作为主要的学术语言存在。

全球学生和学者市场

中世纪以来，世界上从未出现过如此巨大的留学国外的学生群体
高等教育层次的国际学生数量都超过了 400 万。此前曾有一些人预测，到 2025 年，海外学生的数量将增至 800 万。大量的高校教师和学者为了从事研究或教学而暂时旅居国外，还有相当数量的学者为了追求自己的事业而移居国外。全球化的一些方面，如英语的使用，鼓励了这些流动，而且保证了这种流动持续增长。随着高等教育体系的日益统一，学位逐渐在国际范围内被广为接受，移民规则越来越有利于那些高技能人才，大学本身也越来越向全球优秀人才开放，这一全球市场肯定将继续扩大。

各种层次水平学术人才的流动一般都是从南往北，也就是从发展中国家流向发达国家的高等教育体系。全球近 80%的国际学生来自发展中国家和中等收入国家，而且他们基本上在北方国家留学。这些学生中绝大多数人攻读硕士、博士学位和其他专业学位，他们当中的很多人学成后并没有回到自己的祖国。在中国和印度这两个（美国）最大的留学生来源国中，约 80%的学生在获得博士学位后没有立即回国，他们在美国工作或继续博士后的学习。苏联解体后，大量科学家纷纷从俄罗斯流向西欧和北美。工业化国家的学生留学国外通常不是为了获得学位，而是花一两年时间待在国外，掌握某种语言，或者获得一些他们在本国无法获得的知识。

大多数国际学生都是自费学习，这为东道国创造了可观的收入，同时也是对发展中国家经济的一种消耗。据估计，某些发展中国家学生海外留 91
学的费用比该国所获得的国外援助还要高。2013—2014 学年，美国从国际学生身上获得了 270 亿美元的直接经济收益，2011—2012 学年，英国的非欧盟学生为 GDP 贡献了 73 亿英镑（Universities UK，2014）。这些留学生不仅获得他们专业领域的训练，还吸收了他们置身其中的高等教育体系的规范和价值观。待他们回国后，往往热衷于使用他们在国外习得的方式来

改造大学，而这样的方式往往被证明是不现实和不可行的。留学生起到了国际学术文化载体的作用，但这种文化反映的是主要发达国家大学的规则和价值观，可能并不符合发展中国家的国情。

2002 年，美国大学接收了近 8.5 万名访问学者。虽然没有统计数据，但据估计，全球的访问学者约有 25 万人。尽管主要是由南向北流动，但工业化国家内部和拉丁美洲等一些其他区域的学术流动非常频繁。作为欧盟博洛尼亚进程倡议的一部分，欧洲内部的流动更加频繁。欧盟的伊拉斯谟计划自 1987 年启动以来，支持了 30 多万人的交流。大多数访问学者在旅居结束后回到自己的国家，但也有一些人利用他们的工作机会实现了永久移民。

接受过高等教育的人才从发展中国家大量流向西方，这对第三世界的发展造成了问题。譬如，拥有博士学位的埃塞俄比亚人在国外工作的人数超过了国内，30%的受过最好教育的加纳人和塞拉利昂人在海外生活与工作。许多非洲国家都存在这种情况。南非是一个特例：许多最优秀的学者流失到北方国家，与此同时，该国也从非洲其他国家聘用教师。这种由南至北的移民潮已经严重削弱了发展中国家的高等教育机构。

移民不仅影响了发展中国家。来自发达国家的学者也会到那些提供更具吸引力的机会、薪酬和工作条件的国家工作，这一点可以从目前英国流向北美的为数不多但学术能力相当出色的移民中看出。为了遏制这一趋势，英国当局已经拨付了资金，用以将他们最优秀的教授留在国内。科研活动的中心能够让学者使用最先进的科学设备，这些条件有时也会吸引来自丹麦或芬兰等规模较小但拥有良好高等教育体系国家的学者来到学术中心。在一些领域，如工程和计算机科学专业，在美国大学工作的教授中相当高比例的人都来自国外，在美国这些领域半数以上的博士生都来自外国。高等教育体系的各个层次都有学术移民，尤其是在自然科学、工程、信息技术和一些管理领域。这种移民既发生在高等教育体系的顶端，一些世界著名的学者被高薪吸引到国外；同样也发生在低层次的院校，其较低的工资无法吸引本国申请者，但对国外学者具有吸引力。

92

学术移民遵循着复杂的路径。许多埃及、约旦和巴勒斯坦的学者在阿拉伯湾和沙特阿拉伯的大学工作，这里提供了比他们本国优越很多的薪酬和工作条件。印度人和巴基斯坦的学者同样也被海湾地区和东南亚所吸引。新加坡和中国香港吸引了大批的海外学者。墨西哥和巴西聘用了来自拉丁美洲其他国家的学者。目前，南非、纳米比亚和博茨瓦纳将非洲各地的人才补充到自己的国家。一些来自俄罗斯和中欧国家的最优秀学者与科学家在西欧和北美任职。欧盟内部流动也十分显著，大体上是从小国流向英国、德国和法国等主要“学术强国”。

最重要的“拉”（pull）力因素包括更优厚的工资、更优越的工作条件以及处于世界科学和学术中心的机会（Altbach，2003）。南北方国家之间工资和工作条件方面存在差异，这意味着在大多数发展中国家，学者难以指望获得中产阶层的生活水平，也无法拥有进行科学研究和学术的必要工具。

众多“推”（push）力因素涉及许多发展中国家学术自由的限度。学者们可能会受到各种限制，甚至会因为他们的研究背离官方批准的主题而被捕。学术任命、晋升和其他领域的任人唯亲乃至腐败都会进一步侵蚀大学的环境。在许多高等教育体系中，要想获得工作安全感和稳定感几乎不可能。第三世界国家的大学很大程度上面临着资源短缺和日益增加的学生数量对不堪重负的院校机构和系统造成的压力。虽然学术中心的“拉”力因素将会保持其影响，但“推”力因素是可以缓和的。总体而言，在当前全球化的环境下，学术人才的移民将会继续。

长期以来，人们将学术人才的移民等同于人才流失（brain drain），但是移民的生活故事已经发生了改变（Choi，1995）。目前，许多学者与其原籍国保持着密切的联系，与国内的同事和院校维持着科学与学术关系。随着国内经济和政治环境的变化，越来越多的人甚至在国外建立了自己的事业后选择回国发展。例如，一些来自韩国的学者在其出生地的学术工作条件、薪酬以及对学术自由的尊重得到改善后，就离开了美国，回到自己的原籍国担任高级学术职位。更常见的情况是，海外学者回国进行巡回讲座或咨询工作，与原籍国的同事进行合作研究，或接受客座教授职位。由于互联网络的便利发展，这些联系逐渐被认为是适当且有用的。在中国、印度和南非等高等教育体系发展良好的国家，这种趋势尤为明显。

工业化国家在许多方面促进了学术人才的流动，这些国家从中获益良多。在某些情况下，移民政策的目的是鼓励人才移民和定居。在许多国家，院校机构使外国人很容易进入职业结构。日本和印度等对外国学生设置障碍的国家，可能会发现在全球知识“赌博”中更难取胜。工业化国家受益于一大批受过良好教育的科学家和学者——由发展中国家培养的人才，他们选择到那些出价最高的地方来施展自己的天赋和才能。通过这种方式，发展中国家就为北方发达国家维持其在科学和学术方面遥遥领先的地位做出了贡献。发展中国家和一些较小的工业化国家意识到自己在全球学术劳动力市场上处于不利地位，移民学者与其原籍国之间重新建立联系使得这种情况有所改观。

课　　程

工商管理专业就是以英语为主要语言的高等教育体系主导全球思想的一个例证。在大多数国家，工商管理是在过去几十年建立起来的新学科，旨在培养未来在跨国公司或国际和本地商务公司工作的专业人员。其专业学习的主要模式是 MBA——美国式的工商管理硕士学位。这种学位的缘起是基于美国的课程理念和商业实践，为美国学生进入美国商界做准备。许多 MBA 课程的一个关键部分——案例研究（case study）也植根于美国的土壤。MBA 模式已被其他国家广泛效仿，多数情况下是由本国的院校实施，也有由美国高等院校与本国合作伙伴联合办学，或者是美国方面直接设立海外分校的情况。虽然这些项目有时会根据当地情况进行调整，但基本的学位结构和课程设置仍然是美国式的。

课程输出的另一个例子是建议将一些通识教育（general education）纳

入第一级学位课程。两个世纪以来，作为美国本科课程的一部分，通识教育培养了学生广泛的学科知识基础和批判性思维技能。《发展中国家的高等教育：危机与出路》（*Higher Education in Developing Countries：Peril and Promise*）是由世界银行和联合国教科文组织合作完成的一份颇具影响力的报告，这份报告倡导通识教育，认为它可以作为充斥于世界高等教育领域的专业化本科课程的一种替代品（Altbach et al.，2004）。然而，通识教育作为一项全球性课程改革的前景并不明朗，因为世界上大多数学生都寻求以职业为导向的学位。

受跨国出版公司、互联网和数据库的影响，以及越来越多的教授选择在留学后回国（他们对课程和教学材料有着自己的见解），在世界范围内，共同的教科书、课程材料和教学大纲得到了越来越普遍的使用。这些资料主要来自北方的几个大国（特别是美国、英国和法国）的高等教育体系。

学科和科研领域的全球同质化（globally homogenous）程度并不一致。有些领域如工商管理、信息技术和生物科技等几乎完全由主要的学术中心主导。其他领域，如历史、语言研究以及人文学科则在很大程度上基于本国国情，尽管它们在研究与解释的方法和途径方面受到了外国的影响。课程的影响，如科学研究和知识分配系统，很大程度是由北向南的。

高等教育跨国化

全球教育市场是以一系列跨国高等教育创举的形式出现的，如从不同国家的院校或项目之间的联合办学到一国大学在国外设立分校等（Knight，2008；Kuder，Lemmens，& Obst，2013）。跨境高等教育投资项目包括应用互联网和其他远程教育方式传输课程。许多营利型公司和机构已经积极投资跨国教育，不少传统的高校也在从事这种活动（Observatory on Borderless Higher Education，2004）。跨国化是高等教育国际化的一个部分，因为它源于相关方的具体政策。

历史表明，教育机构的输出以及来自不同国家的院校之间的联系通常
代表着不平等的盟约。例如，早期的“出口模式”包括殖民主义，即殖民
国家只是将其院校模式和课程强加于被殖民国家，而在殖民过程中，这些
制度和课程往往被简化，并被设计为智识上的屈从（Ashby，1966）。在几
乎所有的案例中，来自外部的制度主导着本地制度，或者说新的制度是基
95 于外国理念和非本土价值观。这样的例子比比皆是：英国、法国在非洲和
亚洲，以及荷兰在现在的印度尼西亚。西班牙王室要求罗马天主教会在拉
丁美洲和菲律宾建立大学；耶稣会这样的宗教团体承担了现在所谓的跨国
高等教育活动；19 世纪，美国新教传教士在黎巴嫩、中国、埃及、韩国
和土耳其等地建立了以美国模式为基础的大学，如贝鲁特美国大学
（American University of Beirut）；冷战期间，美国和苏联主要向发展中国家
输出它们的高等教育机构和理念，这些通常与外国援助挂钩，在某些情况
下还建立了反映它们观点的大学，如尼日利亚大学（University of Nigeria-
Nsukka）（Hanson，1968）。

不平等同样也是 21 世纪的特征，尽管殖民主义和冷战政治都不再是政策的推动力量。目前，市场力量、准入需求和货币收益激励着跨国高等教育的举措。当院校或项目从一国输出到另一国时，来自更强大高等教育体系的高等教育模式和课程就会占据上风。因此，澳大利亚和马来西亚院校之间的项目，其目的是在马来西亚建立新的院校机构，但这些项目总是由澳大利亚的专家设计的。虽然中国和印度的大学在老挝与迪拜等国设立了分校（这是一种有趣的新发展），但学术创新很少从边缘向中心传播。

无论是传统的殖民主义还是冷战时期政府资助的教育对外援助项目，都向发展中国家输出了院校模式、实践和课程。在过去十年，以非政府项目为基础的高等教育出口日渐增加，且通常由出口国占据主动。例如，在 20 世纪 80 年代，美国高校将注意力转向日本，将其作为高等教育市场。数百所美国高校拓展日本市场，其中十几所在日本建立了分校，这些分校通常都是与日本的高校或者企业合作的（Chambers & Cummings，1990）。少数日本高校看到了与美国方面建立联系的可行性，有的甚至还在美国设

立了分校。然而，大多数日本教育项目都是把日本学生送往美国学习，而美国的项目则着重于在日本国内为日本的学生提供教育。一般来说，这些参与教育出口活动的美国高校并不是最负盛名的大学。到 2000 年，只有几家分校还在“惨淡经营”。事实证明，在日本，最主要的困难是美国教育项目难以获得日本教育行政部门的认可，双方的合作举措又因为日本经济的持续低迷而大受挫伤。美日之间的教育合作举措在工业化国家之间并不常见。

当前，一些高等教育项目的输出是全球趋势的标志。越来越多的美国 96
大学在世界各地建立分校，通常是开办工商管理等热门专业。例如，芝加哥大学布斯商学院（University of Chicago Booth School of Business）在西班牙建立了分院，后来又搬到了伦敦。芝加哥大学的学位项目面向欧洲学生，采用标准的芝加哥大学课程，着眼于国际视野，授课教师基本上来自芝加哥大学。另外，它还包括一段在芝加哥大学主校区学习的时间。其他一些美国大学也设立了与之类似的项目。英国和澳大利亚的大学也积极在海外设立分校，它们的目的主要是赚取收入，并将学生从分校输送到主校区。

新加坡采取了一种不同寻常但很有趣的跨国高等教育模式，该国邀请包括宾夕法尼亚大学沃顿商学院（Wharton School of the University of Pennsylvania）和总部位于巴黎的欧洲工商管理学院（INSEAD）在内的一些世界著名大学在新加坡开设项目。政府精心挑选国外大学，并提供激励措施，鼓励它们前往新加坡办学。另一个例子是康奈尔大学医学院在阿拉伯海湾地区设立分校（Knight，2014）。

另一个趋势是在吉尔吉斯斯坦、卡塔尔和保加利亚等国建立美国式的大学。这些学校基本上源自本地的倡议，其中许多与美国大学有着密切的联系。其中一些得到了美国合作伙伴的指导，并获得了美国方面的认证。它们使用的教学语言是英语，课程设置也以美国为基础。这些美式复制品的质量参差不齐，有些只是利用了美式高等教育的声望。

为了维持标准的输出模式，工业化国家的大学会应东道国的邀请在国外设立课程项目，但不一定总是在发展中国家。邀请方可能是教育机构，也可能是与教育并不相关的企业，或者是二者的结合。马来西亚有很多这方面的跨境教育项目，以此满足当地学生的需求。来自澳大利亚和英国的大学在马来西亚最为活跃，但一些新项目引发了人们的抱怨——质量低下、疏于指导、举办者和主办方之间沟通不足。在以色列，当政府在20世纪90年代逐步开放市场后，一些规模较小、通常声望较低的美国大学开始在这里提供学位。因为受到的批评太多，以色列后来开始限制这些教育项目，多数项目已经终止。

在另一种教育输出模式中，外国学位项目由本地院校“授权”开办。外国大学出让其名称，并为当地院校或商业公司提供课程，同时提供一些
97 （非常有限的）指导与质量监督。新兴院校有权为本地学生授予外国院校颁发的学位或证书。不幸的是，这些授权协议安排导致了许多弊端和批评。英国媒体刊登了大量文章指责那些名声一般的英国院校参与海外项目，损害了英国高等教育的“好名声”。与此同时，海外的“买方”（付费学生）认为他们获得的是标准的英国学位，殊不知这些学位实际上与英国国内院校的教育水准不可同日而语。

世界范围内有大量的“联合办学”项目。它是指某国高校与另一国的伙伴院校合作办学。通常的情况是，北方国家（发达国家）的大学为南方国家的院校提供基本的课程和办学方向。在这一安排下，学位往往由双方共同授予。合作办学的优势在于，它可以帮助南方的高校开发新的课程，当然这些课程打上了某一所外国大学的烙印。同样，高等教育的“产品”来自北方，往往很少适应当地的需求。

正如这一简要讨论所揭示的，21世纪的跨国高等教育企业、项目和倡议拥有许多受众，通常涉及来自多个国家的院校或其他机构。然而，可以确认其中一些共同的视角和动机。所有利益相关者，尤其是北方发达国家的相关利益者，其核心目标在于营利，这很少有例外。那些为跨国化倡议所吸引的南方发展中国家的院校或许对挣钱也感兴趣，但是它们还关心满足国内不断增长的高等教育入学需求，以及开办本地院校难以提供的新

型学位课程。就像高等教育全球化的其他方面一样，南北院校之间的跨国合作也打上了不平等的印记。

信息技术

虽然传统院校的基本职能不大可能发生转变，但是信息时代潜藏着高等教育的重大变革。信息技术革命正在改变着高等教育，其要素包括传播、存储和知识检索（Castells，2000）。图书馆，这一曾经存储书刊的宝库，现在同样也提供数据库、网站和一系列基于信息技术产品的访问（Hawkins & Battin，1998）。越来越多的学者使用互联网进行研究和分析，并宣传自己的工作。高校开始应用信息技术向校外学生提供学位课程和其 98
他课程。远程教育开始在国内和国际迅速发展起来。信息技术开始重塑教与学，并且影响着高等院校的管理方式。

信息技术是我们分析不可或缺的部分——这种新技术是21世纪全球高等教育环境的核心。与此同时，大学和其他机构利用信息技术来创建或完善其国际计划。它还使得建立跨国项目变得更加容易，因为快速可靠的基于信息技术的通信允许世界各地院校之间建立联系。

同全球化的其他方面一样，信息技术存在着极大的不平等。不可避免的是，基于互联网技术的信息和知识数据库反映了全球知识体系的现状。数据库和检索系统使得发达工业化国家更易获得存储良好的档案和进入先进电子科学系统，这在学术网络并不发达的发展中国家则实为不易。此外，商业利益日益主导着互联网，企业为了利益而出售知识产品。

对于那些缺乏好图书馆的大学及其他高等教育机构的学者和科学家来说，互联网简化了他们获取信息的过程。这一转变能够给科学交流和信息获取施加民主化的影响。然而，与此同时，很多在发展中国家的人们利用互联网的机会很有限（Teferra，2003）。譬如，非洲直到最近才完全接通互联网。

互联网和基于互联网的数据库一般由北方国家的主要大学以及跨国出版商和媒体公司控制。后者已经成为其中的关键参与者，它们拥有众多数据库、期刊和其他信息资源。那些难以为这些资源付费的院校和国家发现自己很难完全融入这一网络之中。基于国际条约和法规而制定出来的严格版权和其他所有权限制，则将进一步强化所有权和访问限制（Correa，2000）。英语在互联网上的主导地位也影响了信息的获取和使用。

远程教育就是高等教育深受信息技术影响而发展起来的一个方面。当然，远程教育并不是一种新现象。例如，南非大学多年来一直通过函授方式提供学位。英国开放大学已经卓有成效地借助远程方式来开展其深受好评的课程计划。这两所大学都为国外学生提供服务。信息技术大大扩展了远程教育所能到达的范围，并提高了其方法的先进性，促进了远程教育机构的发展。在世界上最大的10所远程教育机构中，有7所位于发展中国
99 家，而且它们的教育项目或多或少都采用了信息技术。工业化国家的大学和其他教育提供者开始采用信息技术为其全球范围的学术项目服务，其中相当多的项目都是针对发展中国家的。在某些领域如工商管理，其完整的学位课程都是通过互联网的远程教育提供的，而且绝大多数教育举办者都视国际市场为课程计划成功与否的关键。这些提供者包括一些公司，如一些主要的跨国出版商，以及像桂冠教育公司（Laureate Education Inc.）这样的营利性教育提供商等。现在，一些大学也通过互联网向全球的学习者提供学位和证书课程。微软、摩托罗拉等公司提供与其专业领域相关的能力证书和其他培训项目。

2010年后，慕课的出现为这一领域增添了另一种强大的传播工具。虽然慕课在高等教育获取和传播方面的最终作用还有待观察，但重要的一点是，慕课的主要提供者要么是北方国家的大学，要么是营利性的企业。

正如本章中讨论的全球化的其他方面一样，信息技术的主要提供者包括跨国公司、高校和工业化国家的其他组织。互联网同时进行公共服务（从E-mail到众多免费网站）与商业行为。许多数据库、电子期刊、电子图书和相关知识产品都是营利性公司所有，并由这些公司销售，其价格往

往让发展中国家的用户难以获得。尽管如此，发展中国家还是能够从信息技术中获益。例如，大多数使用远程教育的大型大学都位于发展中国家。非洲虚拟大学（Africa Virtual University）由一些非洲国家发起，旨在利用互联网和其他远程技术满足当地的需求。到目前为止，其成效是有限的，很多课程和项目都是基于北方发达国家的课程。E-mail 则被广泛地用于促进发展中国家科学家和学者之间的交流乃至创建学术网络。信息革命既不会彻底地改变高等教育，也不是满足发展中国家高等教育需求的灵丹妙药。然而，信息技术是高等教育全球化的核心要素之一。

国际协议和框架

在高等教育全球化的新时代，新的国际协议和规则被制定出来管理全球互动。国与国之间的联系从有关学生和教师交流的双边条约到相互认可
学位。例如，美国富布赖特学者交流项目就是在多边协议下运作的。就当 100
前的高等教育国际协议来看，最全面的或许要数欧盟了：全面的博洛尼亚进程框架，旨在引入变革，以协调所有欧盟成员国之间的高等教育体系；以及诸如伊拉斯谟计划和苏格拉底计划（SOCRATES）等这些强调交流和学术计划的协议（De Wit，2002）。相比之下，《北美自由贸易协定》（North American Free Trade Agreement，NAFTA）和东南亚国家联盟（Association of Southeast East Asian Nations，ASEAN）对区域内的高等教育几乎没有产生什么影响。

通过《服务贸易总协定》的条款，将高等教育纳入世界贸易组织框架的讨论，对本章讨论的全球化、国际化和跨国化主题具有重要意义。《服务贸易总协定》和后续倡议旨在为包括高等教育在内的各类知识产品建立“开放市场”。某种理念把知识当作一种商品，认为其应该在世界范围内自由买卖。这种理念的支持者坚持认为，允许思想和知识产品在市场上竞争，知识的自由贸易就会带来普遍的利益。类似的协定，如《跨大西洋贸

易和投资伙伴关系协定》（Transatlantic Trade and Investment Partnership, TTIP）和《服务贸易协定》（Trade in Services Agreement, TiSA）也有类似的协议，它们都促进了高等教育的商业化和商品化。

《服务贸易总协定》和世界贸易组织的相关协议也试图为教育服务的流通和知识产权的保护提供一个具有法律约束力的框架（Knight, 2004）。因此，《服务贸易总协定》和世界贸易组织都非常关心与贸易有关的知识产权保护协议和版权规则（Altbach, 1995）。制定所有这些监管框架的驱动力是使全球知识贸易合理合法化，并确保市场开放，以及保护知识产品所有者的权利。世界贸易组织的相关协议以及具备法律效力的国际版权公约是由法律体制支持的国际条约。这些条约的产生就是为了保护卖方以及供应者的利益，而不是买方和使用者，其必然结果是给发展中国家带来负面影响（Raikhy, 2002）。例如，版权法得到进一步加强，以保护知识的拥有者，而未能通过对发展中国家有意义的“公平使用”（fair use）条款或有关开放知识获取的特殊协议（WTO and Higher Education, 2003）。

那些受惠于《服务贸易总协定》和其他监管框架的群体一般都是卖方和所有者，也就是跨国知识集团、鼓励出口的政府机构及其他利益相关者。譬如，美国教育考试服务中心（Educational Testing Service, ETS）等考试公司、跨国出版商、信息技术和计算机公司，以及营利性教育提供者
101 （如桂冠教育公司）都是致力于全球教育的商业范例，它们都认为《服务贸易总协定》有助于实现自己的利益。在很多国家，政府机构中最关心《服务贸易总协定》的不只是教育行政部门，还有贸易和出口部门。在美国，由商务部而不是教育部来主理《服务贸易总协定》有关教育方面的事务。在英国，则是贸易与工业部处在最前线。美国、加拿大和其他一些国家的教育团体对《服务贸易总协定》条款表示怀疑或反对。譬如，代表绝大多数美国大学校长的美国教育理事会（American Council on Education, ACE）明确宣布反对《服务贸易总协定》；南非等一些发展中国家对《服务贸易总协定》颇为诟病；印度和其他一些具备出口教育产品潜力的国家则态度矛盾。大多数发展中国家尚未就教育和知识产品的自由贸易表达

立场。

虽然现在还没有出台关于《服务贸易总协定》的细节规定，并且其在很大程度上由于2001年启动的世界贸易组织多哈回合贸易谈判的失败而夭折，但是其基本问题一目了然：是否任何形式的教育都可以被视为在市场上交易的商品？其交易规则如汽车和香蕉一样吗？在2002年的一次采访中，美国原财政部长、曾任哈佛大学校长的萨默斯（Lawrence Summers）表示："我很怀疑，用贸易谈判来解决教育问题是否有益……。首先，许多教育机构都是非营利的，它们的动机与我们所了解的贸易领域的商业公司的动机不一样。可能有一些过分的做法需要解决，我还是对使用处理金融服务、保险业务或者国外投资的方式对待教育表示怀疑。"（Naim，2002，p. 38）

在《服务贸易总协定》将发展中国家带入高等教育的全球商业与交流框架的同时，它有可能剥夺这些国家在教育决策方面的某些自主权。自由贸易规则向教育领域延伸，将促使一些国家打开国内市场，向那些《服务贸易总协定》签署国的考试服务公司、远程教育提供者和许多其他机构开放。即使是可能实现的，要对这些国外机构进行监管或控制也很难。工业化国家许多知名高校和教育公司都希望进入国外教育市场。既然发展中国家通常是进口而不是出口教育产品和院校，《服务贸易总协定》也就不大可能推动这些国家的教育输出，尽管埃及和印度等国家可能拥有有限的区域市场。发展中国家是工业化国家的卖家急于进入的市场。大多数发展中国家几乎没有什么教育"产品"可以"出口"，主要是"进口"工业化国家教育提供者的产品。

当前制度安排保障了处于其中的所有国家都能够维持教育进出口的权 102
限，并且服从一些监管条款，如国际版权公约、专利条约、地方认证和许可协议等。尽管如此，正如本章所述，这种制度安排使得大量的国际高等教育交流得以进行。有人坚持认为，国际教育市场已经适度开放，不需要附加条款来促进其进一步的开放。全球范围内的跨境教育交易正在以各种形式如火如荼地进行着。作为国际教育产品和服务的主要进口国，发展中国家将受到《服务贸易总协定》最直接的影响。

结　论

高等教育和科学的全球化是一种必然的发展趋势。从历史观点看，学术界自始至终表现出程度不一的国际化，而且从来就是不平等的。现代科技、互联网、日益便利的交流、学生以及受过高等教育人员的跨境流动，都推动了全球化的发展。没有哪一个高等教育体系可以在21世纪孑然自立。

挑战在于认识全球高等教育环境的复杂性和微妙性——一个日益为市场和商业力量所主导的不平等的高等教育界。在很大程度上，北方国家对南方国家的传统统治地位短期内难以改变。在大众高等教育背景下改善不平等现象并非易事。

参考文献

Altbach, P. G. (1971). Education and neocolonialism. *Teachers College Record*, *72* (1), 543-558.

Altbach, P. G. (1995). *Copyright and development: Inequality in the information age*. Chestnut Hill, MA: Bellagio Publishing Network and African Books Collective.

Altbach P. G. (Ed.). (1998a). *Comparative higher education: Knowledge, the university, and development*. Greenwich, CT: Ablex.

Altbach, P. G. (1998b). Gigantic peripheries: India and China in the world knowledge system. In P. G. Altbach (Ed.), *Comparative higher education: Knowledge, the university, and development* (pp. 133-146). Greenwich, CT: Ablex.

Altbach, P. G. (2002). Knowledge and education as international commodities: The collapse of the common good. *International Higher Education*, *28*, 2-5.

Altbach, P. G. (2003). Centers and peripheries in the academic profession: The special challenges of developing countries. In P. G. Altbach (Ed.), *The decline of the guru: The academic profession in developing and middle-income countries* (pp. 1 - 22). New York: Palgrave.

Altbach, P. G. (2007). Empires of knowledge and development. In P. G. Altbach & J. Balán (Eds.), *World class worldwide: Transforming research universities in Asia and Latin America* (pp. 1-28). Baltimore: Johns Hopkins University Press.

Altbach, P. G., et al. (2004). Task Force on Higher Education and Society. *Comparative Education Review*, *48* (1), 70-88.

Altbach, P. G., Reisberg, L., & Rumbley. L. E. (2010). *Trends in global higher education: Tracking an academic revolution.* Rotterdam, Netherlands: Sense.

Altbach, P. G., & Salmi, J. (Eds.). (2011). *The road to academic excellence: The making of world-class research universities.* Washington, DC: World Bank.

Altbach, P. G., & Selvaratnam, V. (Eds.). (1989). *From dependence to autonomy: The development of Asian universities.* Dordrecht, Netherlands: Kluwer.

Ashby, E. (1966). *Universities: British, Indian, African: A study in the ecology of higher education.* Cambridge, MA: Harvard University Press.

Ben-David, J., & Zloczower, A. (1962). Universities and academic systems in modern societies. *European Journal of Sociology*, *3* (1), 45-84.

Castells, M. (2000). *The rise of the network society.* Oxford: Blackwell.

Chambers, G. S., & Cummings, W. K. (1990). *Profiting from education: Japan-United States international ventures in the* 1980*s*. New York: Institute of International Education.

Choi, H. (1995). *An international scientific community: Asian scholars in the United States.* Westport, CT: Praeger.

Correa, C. M. (2000). *Intellectual property rights, the WTO and developing countries.* London: Zed Books.

Crystal, D. (1997). *English as a global language.* Cambridge, MA: Cambridge University Press.

De Wit, H. (2002). *Internationalization of higher education in the United States and Europe.* Westport, CT: Greenwood.

Hanson, J. W. (1968). *Education, Nsukka: A study in institution building among the modern Ibo.* East Lansing: Michigan State University.

Hawkins, B. L., & Battin, P. (Eds.). (1998). *The mirage of continuity: Reconfiguring academic information resources for the 21st century*. Washington, DC: Council on Information and Library Resources.

Hayes, D., & Wynyard, R. (Eds.). (2002). *The McDonaldization of higher education*. Westport, CT: Praeger.

Hayhoe, R. (1999). *China's universities, 1895–1995: A century of cultural conflict*. Hong Kong: Comparative Education Research Centre, University of Hong Kong.

Kerr, C. (2001). *The uses of the university*. Cambridge, MA: Harvard University Press.

Knight, J. (1997). Internationalisation of higher education: A conceptual framework. In J. Knight & H. De Wit (Eds.), *Internationalisation of higher education in Asia Pacific countries* (pp. 5–19). Amsterdam, Netherlands: European Association for International Education.

Knight, J. (2002). *Trade in higher education services: The implications of GATS*. London: Observatory on Borderless Higher Education.

Knight, J. (2004). GATS, trade and higher education: Perspective 2003-where are we? In Observatory on Borderless Higher Education (Ed.), *Mapping borderless higher education: Policy, markets and competition* (pp. 39–88). London: Association of Commonwealth Universities.

104 Knight, J. (2005). Internationalization: Concepts, complexities, and challenges. In J. J. F. Forest & P. G. Altbach (Eds.), *International handbook of higher education* (pp. 207–242). Dordrecht, Netherlands: Springer.

Knight, J. (2008). *Higher education in turmoil: The changing world of internationalization*. Rotterdam, Netherlands: Sense.

Knight, J. (Ed.). (2014). *International education hubs: Student, talent, knowledge-innovation models*. Dordrecht, Netherlands: Springer.

Kuder, M., Lemmens, N., & Obst, D. (Eds.). (2013). *Global perspectives on international joint and double degree programs*. New York: Institute of International Education.

Larsen, K., Martin, J. P., & Morris, R. (2002). *Trade in educational services: Trends and emerging issues*. Paris: Organisation for Economic Co-operation and Development.

Naim, M. (2002). The world according to Larry. *Foreign Policy*, *131*, 30–39.

Nye, J. S., Jr. (2004). *Soft power: The means to success in world politics*. New York: Public Affairs.

Observatory on Borderless Higher Education (Ed.). (2004). *Mapping borderless higher education: Policy, markets and competition*. London: Association of Commonwealth Universities.

Raikhy, P. S. (2002). Trade in education under the WTO policy regime: Implications for India. In K. B. Powar (Ed.), *Internationalization of higher education* (pp. 127 – 133). New Delhi, India: Association of Indian Universities.

Rodrik, D. (1997). *Has globalization gone too far?* Washington, DC: Institute for International Economics.

Rodrik, D. (1999). *The new global economy and the developing countries: Making openness work*. Washington, DC: Overseas Development Council.

Scott, P. (Ed.). (1998). *The globalization of higher education*. Buckingham, UK: Open University Press.

Stiglitz, J. (2002). *Globalization and its discontents*. New York: Norton.

Teather, D. (Ed.). (2004). *Consortia: International networking alliances of universities*. Melbourne, Australia: Melbourne University Press.

Teferra, D. (2003). *Scientific communication in African universities: External agencies and national needs*. New York: RoutledgeFalmer.

Universities UK. (2014). *The impact of universities on the UK economy*. London: Universities UK.

WTO and higher education. (2003). *Chinese Education and Society*, *36* (5), 3–104.

第七章　高等教育国际化：动因与现实[①]

105 在过去二十年间，大学之间的国际交流活动规模、范围扩展和复杂程度加深显著。这些活动包括传统的留学项目，学生学习他国文化，为本国院校无法满足入学需求的国家提供高等教育。其他一些活动则注重学生的国际视野扩展和技能提升，加强外语课程，为学生提供跨文化理解的途径。

“全球化”与“国际化”这两个概念经常被混淆。我们把“全球化”定义为一些经济、政治、社会的力量，这些力量推动着21世纪的高等教育更好地融入国际化。全球资本首次大举投资于世界范围内的知识产业，其中包括高等教育和高级培训。这一投资反映了“知识社会”的出现、教育作为服务部门的崛起，以及社会的经济增长对知识产品和受过高等教育的人才的依赖（Castells，2000；Friedman，2005；Odin & Mancias，2004）。全球化的这些因素构成了我们分析的基础。

全球化的结果包括：科研一体化，英语作为科学交流的通用语言，日渐繁荣的科学家和学者的国际劳动力市场，传播公司、跨国和科技出版业的发展，以及信息技术的应用。信息技术使得人们之间的交流更加便捷，各种知识的存储、选择和传播更加高效，并使得通过网络提供学术项目成为可能。

---

① 本章由菲利普 · P. 阿特巴赫和简 · 奈特合著。

本章将概括地介绍一些为应对全球化并从中获益的具体教育交流项目、机构、创新和实践。虽然全球化是当今社会不可改变的趋势，但关于国际化的选择却是多样的。全球化倾向于将财富、知识和权力集中在那些已经拥有这些要素的国家身上，国际学术流动同样也青睐发达的教育系统和院校，结果加剧了现有的不平等。教育倡议和项目大多出自北方国家，而接受者却是南方国家。虽然现在南南合作尤其是亚洲和非洲的交流活动越来越多，但北方的院校和公司还是拥有大部分的知识、知识产品和信息技术基础设施。虽然国际化是一条双行道，但大部分交流都是单向的，如学生主要从南方流向北方，它满足了发展中国家的一些需求，但这一过程在很大程度上是由北方国家主导的。 106

本章我们聚焦于学生和高等教育项目与院校的跨境流动：大学和其他高等教育提供者的巨大教育产业，日益壮大的学术和科学人员的国际市场，课程国际化以及国际高等教育商业化，特别是日益扩大的营利性高等教育部门的影响力。首先我们来关注一些背景。

自由贸易环境

当今社会对自由贸易的重视促进了国际学术流动。目前一种观点认为，国际高等教育是一种商品，可以在国家之间自由贸易；高等教育是一种私人产品，而非公共责任。因此，高等教育被置于市场之中，并且导致商业力量在高等教育中拥有了合法的甚至是主导的地位（Altbach，2002；Kirp，2003）。世界贸易组织想要提供一个监管框架，以鼓励教育和服务相关产业的国际贸易作为《服务贸易总协定》谈判的一部分，但该计划很大程度上因 2001 年世界贸易组织多哈回合贸易谈判的失败而告终。《服务贸易总协定》仍在谈判之中，个别国家可能会同意其部分或全部条款。但当世界贸易组织成员实施该协议时，《服务贸易总协定》将重点通过以下方式促进学术流动：

• 跨境服务。这种模式包括远程教育（网络教育）、授权课程或学位等。这种服务并不一定要求消费者或供应者的实际流动。

• 境外消费。消费者到高等教育提供国去接受教育，这种模式包括传统的学生流动。

• 商业服务。服务提供者在国外提供服务设施，包括建立分校以及与当地机构联合办学等。

• 自然人服务。这种模式包括教授、研究者等人员出国提供教育服务。

107

高等教育国际化：动因与来源

学术的国际化有很多原因，理解其最重要的因素是我们分析的前提。

利　　润

赚钱是许多高等教育国际化项目的重要动机，不仅营利性机构如此，一些财政紧张的传统非营利性大学也是如此。营利性高等教育机构，如桂冠教育公司（即以前的森林教育公司）和阿波罗集团（美国现在最大的私立大学——凤凰城大学的母公司），通过在别国建立新的院校、收购现有院校、与别国的公司或教育机构合作等方式参与到高等教育国际市场中来。许多国家开办了与海外机构有合作关系的新型私立大学，其中有一些是营利性机构。这些大学使用美国、英国、德国或其他国家的课程，多数使用英语进行教学，一些大学还在其他国家获得了认证。

传统的非营利性大学也加入国际化市场。根据最近的一项调查，这些大学国际化的主要动因不是财政因素，尽管有很多证据表明商业主义是一个关键的动机（Knight，2006）。相反，它们声称要加强科学研究，扩大知识容量，增进文化理解。其中许多大学所在国家政府缩减公共资金而鼓励学校向海外拓展，如澳大利亚和英国。它们国际化交流的举措包括建立分校、授权学位项目、与当地教育机构合作，其中大部分项目针对发展中国家和中等收入国家。

包括澳大利亚、加拿大、英国和美国在内的许多国家通过招收需支付高额学费的国际学生以获得利润。国外研究生拿着微薄的报酬，却为这些国家提供了大量科研和教学服务。国际学生也在东道国花费了大量的资金，例如在2013—2014学年他们为美国经济贡献了大约270亿美元。

我们无法确定国际化教育交流活动对经济到底能产生多大的影响，但可以肯定的是这个影响一定是巨大的，因为知识产业（尤其是高等教育）正成为整个经济的重要组成部分。我们也很难计算这些国际化活动对参与其中的院校、机构和公司的影响到底有多大，但可以肯定它的影响相当大，而且还在迅速增加。

108

提供入学机会和满足高等教育需求

随着高等教育大众化时代的来临，全世界需要和获得高等教育入学机会的年轻人的比例显著提高。许多以营利为目的的国际高等教育服务机构为那些没有能力满足国内需求的国家的学生提供入学机会。其表现为多种形式：建立分校，授权国外学术项目或学位，设立基于国外高等教育模式的独立机构，等等。

传统的高等教育国际化

许多大学参与国际交流活动已有几十年，有些甚至超过了一个世纪。美国一些声誉较高、选拔性强的院校利用国际项目为其学生提供国际和跨文化视野，提高课程价值。以校园为基础的国际化举措包括提供海外留学经历，通过国际研究专业或区域研究充实课程，加强外语教学，以及资助留学生来校学习，等等（Siaya & Hayward，2003）。传统的高等教育国际化虽然可以增强院校的竞争力、提高声誉并形成院校之间的战略联盟，但很少是一种营利性活动。

欧洲高等教育国际化

作为经济和政治一体化进程的一部分，二十多年来欧盟一直在积极推动高等教育国际化。起初，欧盟推动并慷慨资助了伊拉斯谟项目等，为大量的欧盟大学生提供海外学习机会（Huisman & van der Wende, 2005）。欧洲区域一体化的范围逐渐扩大，现在，博洛尼亚进程协调了欧洲整体高等教育体系，以推动在整个欧盟范围内的学位结构一致、学分互认和学历等同。欧洲高等教育国际化主要集中在欧盟各成员国，虽然一些非成员国也加入了博洛尼亚进程，但仍鼓励学生在欧盟内部国家留学。

欧盟也在推广欧洲的国际化教育项目，特别是在拉丁美洲和亚太地区。目前的举措包括建立地区和院校间的联系以及共同开展教育项目等。

109

发展中国家高等教育国际化

发展中国家向全世界输出了大量的留学生。它们也寻求吸引外国学生到本国大学学习，以改善本国学生群体的质量和文化构成，提高本国高等教育的声誉并获取收入。例如，印度和菲律宾就吸引了大量的发展中国家留学生。印度有 2 万多名留学生，其中 95%来自发展中国家（Bhalla & Powar, 2014）。中国、马来西亚和印度制定了战略，以吸引留学生，并输出教育项目和院校。

个体的国际化

学生个人对留学的目的地和学习领域有着主要的决定权。尽管受到移民规定的限制，学生可以自己决定是留在国内参加外国教育机构提供的项目还是出国留学。在后一种情况下，他们将自行选择是回国还是留在东道国。全球国际学生大多数是自费的。也就是说，他们的学习费用是由他们自己和家庭支付的。因此，国际教育的最大资金来源是学生，而不是政府、院校或慈善机构。

跨境高等教育：发展中的领域

虽然几乎每个国家都有其国际高等教育举措，但是发达国家——尤其是英语国家，其次是较大的欧盟国家——提供了最多的国际教育服务。无论以何种标准衡量，诸如国际学生流动、为外国教育提供者授权教育项目、提供国际资格认证或质量保障或是在合作项目中的控制地位等，这些国家都获得了巨大的经济利益，并掌握了大多数项目。

“购买”国是亚洲和拉丁美洲的中等收入国家，其次是那些发展中世界中较贫穷的、无法满足国内日益增长的高等教育需求的国家。因此，最大的市场是“需求导向”（demand-absorbing）项目，这些项目为那些无法接受中学后教育的学生提供了入学机会。在马来西亚等少数国家，政府的特殊族群优惠政策也可能会影响需求。“需求导向”的教育项目往往是高等教育体系中声誉较低的院校提供的。国外高等教育提供者可以与当地的 110
企业或公私立院校合作，或者建立自己的分校，这些行为的动机往往是营利。

在新加坡和卡塔尔等国的邀请下，欧洲和美国的顶尖大学已经在当地开设了分校。芝加哥大学在西班牙建立了一所商学院，如今已迁往英国。这些学校的学位课程可能需要本土学习或完全的海外教育。因此，高等教育国际市场不仅包括满足那些在本国无法获得入学机会而向国外寻找各种学习手段的学生的需要的教育，还包括针对少数精英学生的高质量教育。

另一部分市场是本科生寻求海外学术或文化经历，而不是为了获得学位和文凭。虽然这主要是一种美国现象——29 万名美国学生到其他国家留学，但其他工业化国家也有相当数量的学生出国留学，通常是通过欧盟的教育项目。

国际教育的境况

国际教育需求的增加在多大程度上导致了学生流动我们不得而知，但可以肯定的是，教育项目和教育提供者的跨国流动将会显著增加。

过去十年，新型的教育提供者、传播方式和合作伙伴关系不断出现。除了传统的私立和公立高等院校之外，还出现了所谓的“新型提供者”，包括商业信息技术与媒体公司、企业大学、专业协会和国际集团等。教育提供者不论是通过面授模式还是虚拟模式向在母国的学生提供教育，都通过授权、联合办学、衔接、认证等形式开展，并且不同国家的教育提供者之间还开展了联合培养或双学位计划。一些教育提供者还通过分校、独立机构、教学和考试中心，以及对当地高等教育机构实施收购或合并等方式发展实体业务。

以上是21世纪头十年全球各个地区宣布或已经建立的项目及其提供者发展的状况（OBHE，2004a）。传统高校仍然占据主导地位，但它们在规模、创新和影响力方面都面临着来自商业提供者和企业大学的急剧增加的压力。

这部分数据具有高度的时效性，因为跨境高等教育是一个快速发展的领域。因此，本部分提供的信息应该作为21世纪头十年发展的例子，它表明了当时的趋势，但可能不完全是最新的。

中　　东

111 中东正在经历迅速发展。波兰将在以色列建立一所新的私立医学院校，学生将先在那里学习三年，再前往波兰的格但斯克医科大学（Medical University of Gdansk）进行为期三年的临床实习，然后学生们将返回以色列实习。沙特阿拉伯正在与外国机构和投资者合作建立新型私立大学。例如，亚利桑那大学（University of Arizona）和联合国教科文组织正在合作助建的苏丹王子大学（Prince Sultan University）。与美国史蒂文斯理工学院（Stevens Institute of Technology）合作、由波音公司和法国泰雷兹防务公司资助的达尔·费萨尔大学（Dar-Al-Faisal University）正在筹建中。

巴林正准备建立一所作为德国汉诺威大学（University of Hanover）分校的新的欧洲大学（Euro University）。八十多年前，埃及就已经建立了开罗美国大学（American University in Cairo）。过去十年，开罗德国大学（German University in Cairo）和埃及法国大学（French University in Egypt）建立了起来，一所新的英国大学分校也正在筹建之中。本国与国外机构采用不同的合作方式发展高等教育，反映了高等教育国际化在合作形式上的创新和多样化。

亚太地区

越南是一个新兴的高等教育国际化活动中心。在这里，澳大利亚皇家墨尔本理工大学（Royal Melbourne Institute of Technoldogy University）独立开办分校，而美国特洛伊州立大学（Troy State University）与其海外合作伙伴国际信息技术与管理学院（International College of IT and Management）共享学位项目。本土与外国机构之间的积极伙伴关系正在稳步发展。例如，越南顺化大学（University of Hue）与夏威夷大学（University of Hawaii）开展了旅游专业学士学位的互认和联合培养计划。河内科技大学（Hanoi University of Science and Technology）目前与来自比利时（1所）、法国（8所）、德国（1所）、新加坡（2所）和美国（1所）大学开办了联合授予硕士和学士学位的项目。越南政府宣布要大力发展越南国际大学，并把它作为增强国内高等教育能力的另一项举措。这所大学的教师有一半是越南人，另一半来自国外大学。外国高校还将进一步加强并扩大与胡志明市国立大学（Vietnam National University，Ho Chi Minh City）已有的合作。

泰国的跨境教育在澳大利亚、中国、埃及和美国的帮助下日益发展。

埃及爱资哈尔大学和中国暨南大学都计划在这里开设分校，而澳大利亚斯
威本科技大学（Swinburne University of Technology）已经于1998年开设分
112 校，不过目前正将重点转向工业培训。特洛伊州立大学在曼谷开设了
MBA项目的教学点：学生只需要缴费并获得签证就可以到美国学习。另
外，泰-德工程研究生院（Thai-German Graduate School of Engineering）、13
所澳大利亚大学和9所英国大学也同样在泰国运行。

澳大利亚的新南威尔士大学（University of New South Wales）在新加坡建立了第一所独立的分校，它得到了新加坡政府的大力支持。这所学校在开始时提供本科和研究生水平课程，但很快就发现需求不足，并在几年后关闭，这一事例表明并非所有的分校都是成功的。其他一些具有良好声誉的外国教育机构也通过联合开发、交换学生和开设分校等方式在新加坡提供教育和培训，包括芝加哥大学商学院（University of Chicago）、斯坦福大学、上海交通大学、德国慕尼黑工业大学（Technische Universität München）和荷兰埃因霍芬工业大学（Technische Universiteit Eindhoven）等。

反过来，新加坡高校也是值得注意的教育输出者。在中国，新加坡国立大学（National University of Singapore）和复旦大学面向中国和新加坡学生开展了MBA联合培养计划。此外，新加坡国立大学还启动了一项针对中国学生的新的研究生院计划。莱佛士·拉萨尔有限公司（Raffles LaSalle Limited）是一家新加坡上市公司，它在亚洲许多国家提供时装和设计方面的课程。它被描述为“一个国际合作的典范，把新加坡公司与在澳大利亚、中国、马来西亚和泰国的分公司紧密结合在一起，得到了澳大利亚州政府和加拿大省政府的认证，与一所澳大利亚大学、一所英国大学和几所国内的大学、学院合作，联合授予学位”（OBHE，2004b）。

印度高等教育部门也从事进出口项目和服务。其中一项举措是卡帕罗集团（Caparo Group，英国一家经营钢铁、工程和宾馆的公司）与美国的卡内基梅隆大学（Carnegie Mellon University）合作在印度建立了一个新校区。在出口方面，印度公立和私立大学在海湾阿拉伯国家设立了几个分

校，并在中东和非洲提供了一些联合学位课程。

非　洲

除了南非以外，非洲的国际和跨境教育计划是最少的。奈耶诺德大学（Nyenrode Business Universiteit）是一所私立大学，它与非洲领袖论坛（African Leadership Forum）合作在尼日利亚建立了一所分校，该论坛是1988年建立的一个非营利组织。这是除南非之外非洲大陆最早的跨境教育活动之一。肯尼亚有两所私立的非营利性大学：巴基斯坦的阿伽汗大学（The Aga Khan University）于2002年在肯尼亚建立了一所分校，专门提供 113
护理教育；美国的阿兰特国际大学（Alliant International University）则提供社会科学和人文学科的教育。

由于南非政府严格的规章和认证程序，在南非开展的外国项目数量有所减少。只有少数外国机构在这里设有分校，包括澳大利亚的邦德大学（Bond University）和莫纳什大学（Monash University）、英国的德蒙特福特大学（De Montfort University）和荷兰商学院（Business School Netherlands）。最近一项针对南非所有的MBA项目的调查发现，有3所外国高校由于认证问题而离开。莫纳什大学（不提供MBA项目）和英国的亨利管理学院（Henley Management College）将主要作为远程教育提供者保留下来。

毛里求斯正试图通过吸引来自西方和印度的外国信息技术公司，将自己打造成一个“枢纽岛”（cyber island）。这个计划的一个主要任务就是要使毛里求斯成为一个“知识中心”，即一个国际化、一体化的教育和培训复合体。已经有50多家外国大学和专业组织在当地提供教育项目，这些项目主要是颁发某个职业领域的文凭或资格证书。通过吸引外国的教育提供者，以满足新的“枢纽岛”教育与培训的需要，将有利于减少人才流失，甚至推动人才流入，但可能会影响当地的教育机构。

欧 洲

俄罗斯的重大经济改革对高等教育部门产生了重要的影响。许多高校，如莫斯科国际斯拉夫学院（Moscow International Slavic Institute）和莫斯科国立工业大学（Moscow State Industrial University）都在国外（如保加利亚等国）开办了一些项目。然而，俄罗斯同时也是一个通过联合或双学位课程、联合培养和学分互认等方式实施教育项目的输入国。例如，俄罗斯高等经济学院（Higher School of Economics）与伦敦政治经济学院就开设了一个双学位项目；斯德哥尔摩经济学院（Stockholm School of Economics）在圣彼得堡建立了分校；奥斯陆大学（University of Oslo'）在莫斯科建立了分校；英国开放大学在俄罗斯境内有 80 个商业培训中心；南昆士兰大学（University of Southern Queensland）与位于符拉迪沃斯托克的远东联邦大学（Far Eastern Federal University）合作开展项目；印度的普纳国际信息技术研究所（International Institute of Information Technology, Pune）计划通过新近在莫斯科成立的俄印高级计算机研究中心（Russian-Indian Centre for Advanced Computer Research）提供硕士和博士课程。

十多年来，印第安纳波利斯大学（University of Indianapolis）一直在希腊积极运作，最初是开办一个语言培训项目，学生先在雅典学习，然后到美国继续完成学业。这个项目现在已发展成一所大学，即雅典印第安纳波利斯大学。

114 桂冠教育公司是一家私营公司，拥有西班牙的马德里欧洲大学（Universidad Europea de Madrid）、瑞士的理诺士国际酒店管理学院（Les Roches International School of Hotel Managanent）与格里昂酒店管理学院（Glion Institute of Higher Education）以及法国巴黎高等商学院（HEC Paris）的部分或全部股权。阿波罗集团将在荷兰开办教育项目，新加坡的莱佛士·拉萨尔有限公司近来与英国的密德萨斯大学（Middlesex University）签署了一项协议，提供时尚与设计方面的学士和硕士学位课程。

北　美

美国的学院、大学和私营企业正在开展数以百计的计划并建立伙伴关系，提供跨境教育课程和项目。美国可能在教育项目和提供者的流动性方面是全球最活跃和富于创新的国家。乔治·华盛顿大学（George Washington University）和纽约州立大学（State University of New York）都在韩国设立分校，因为韩国政府已经修改了相关规定，允许外国教育提供者进入韩国。其他一些美国大学正在与韩国院校和公司建立合作关系。雪城大学（Syracuse University）与首尔世宗大学（Sejong University）合作，为韩国学生提供一个特别设计的 MBA 项目。杜克大学（Duke University）和普渡大学（Purdue University）也在韩国开办 MBA 课程。

美国高等教育机构在中国、印度、马来西亚、菲律宾、新加坡、泰国、越南和中东也资助了类似的跨境活动。例如，位于圣路易斯的密苏里大学（University of Missouri）帮助建立了科威特的第一所私立大学海湾科学技术大学（Gulf University of Science and Technology）和阿曼的现代商业与科学学院（Modern College of Business and Science）。美国的跨境教育活动有越来越多的私营和上市公司参与。根据无国界高等教育观察组织（OBHE）开发的“全球教育指数”（Global Education Index，GEI）对许多提供教育项目和服务的大型、活跃的上市公司进行的分类，在对 50 多家 GEI 公司的调查中，美国公司占据了大多数（Garrett，2004）。一些知名度较高的公司包括之前一直属于《华盛顿邮报》旗下的卡普兰（Kaplan）、阿波罗集团、德弗里（DeVry）、职业教育公司（Career Education Corporation）和桂冠教育公司等。卡普兰在美国拥有 57 所学院，现在又拥有了爱尔兰最大的私立本科学院都柏林商学院（Dublin Business School），这可能是众多收购外国院校中最早的一所。

阿波罗集团拥有美国最大的私立大学——凤凰城大学，并积极寻求扩大海外投资和持股。自 1995 年以来，阿波罗还拥有西部国际大学（Western International University，WIU），该大学通过与印度工业集团——

莫迪集团（K. K. Modi Education Group）的合作，在新德里开设了一个名
115 为莫迪阿波罗国际学院（Modi Apollo International Institute）的分校。WIU 与加拿大商业技术学院（Canadian College of Technology and Business，CIBT）达成协议，允许 CIBT 通过其在北京的三所商学院提供 WIU 课程。

加拿大国际管理学院（Canadian International Management Institute，CIMI）是一家私立中学后教育机构，代表加拿大 10 所大学和学院的招生利益。2004 年，CIMI 与中国国家留学基金管理委员会签署了一份谅解备忘录，为希望获得加拿大大学学位的中国学生提供一个基础学习和学分转移项目。项目为期 5 年，前 3 年学生将在中国进行基础学习、文化适应和语言培训。如果成绩达到要求，后两年他们可以在加拿大或中国继续学业。

位于埃及的阿赫拉姆加拿大大学（Al-Ahram Canadian University）是唯一一所由加拿大大学直接支持创建的新型国外大学。麦克马斯特大学（McMaster University）、蒙特利尔理工大学（Ecole Polytechnique de Montréal）和蒙特利尔的魁北克大学（Université du Québecà Montréal）同阿赫拉姆组织合作（这家公司旗下拥有《埃及日报》），创建这所新型私立大学。

加拿大上市公司塞瑞布拉学习公司（Serebra Learning Corporation）提供通用和定制软件，并开设 1800 多门课程（主要是信息技术方面的课程）。该公司与由 45 所美国浸礼会高校组成的全球教育联盟（Consortium for Global Education）合作，为发展中国家提供高质量的信息技术培训。塞瑞布拉在创建巴基斯坦虚拟大学（Virtual University of Pakistan）方面也发挥了关键作用。

拉丁美洲

圣道大学（University of the Incarnate Word）是位于美国得克萨斯州圣安东尼奥的一所私立大学，它于 2003 年在墨西哥开办了一所新校。其他在墨西哥设立校区的美国高校还包括埃迪柯特学院（Endicott College）、阿兰特国际大学（Alliant Intentional University），以及在墨西哥城设有“大学

中心”的得克萨斯农工大学（Texas A&M University）。2000 年，桂冠教育公司收购了墨西哥河谷大学（Universidad del Valle de Mexico），目前正计划在瓜达拉哈拉建立一所分校，同时它还拥有美洲大学（Universidad Interamericana，一所在哥斯达黎加和巴拿马都设有校区的私立大学）以及智利 3 所私立大学的部分产权。意大利的博洛尼亚大学（University of Bologna）是为数不多的在阿根廷设立分校的外国高校之一。在教育输出方面，墨西哥的蒙特雷理工学院（Monterrey Institute of Technology and Higher Education）由于向许多拉美国家输出其在线教育项目（特别是 MBA 课程）而闻名。

这些不同的活动显示了跨境高等教育中传统高校和新的商业性教育提供者是如何促进、交流、联结和销售的。澳大利亚和美国在参与国名单上占据了主导地位，不过印度和中国也越来越活跃。但是跨境教育活动同样存在风险，质量保障以及与教育提供者、项目、学分和资格的国内和国际认可等相关的挑战都值得密切关注。 116

质量保障与认证

问题一：提供跨境课程或项目的机构、公司和网络是否在所在国和输入国注册并获得许可或认可。许多国家没有设立相应的监管体系来管理或评估国外教育提供者，原因包括缺乏这种能力或政治意愿。即使存在质量保障或认证的监管框架，通常也不适用于本国教育体系之外的提供者。这一漏洞使得外国教育提供者（无论是合法性的还是欺诈性的）不必遵守许多国家的规章，并使得这些国家的监管活动变得困难。外国教育提供者的注册或许可方面的问题层出不穷：教育提供者的运营标准和条件是否取决于能否得到其母国的国家教育系统的认证？营利性的或非营利性的、私立的或公立的、机构的或公司的，这些不同类型的教育提供者适用于不同的规则吗？哪些规定适用于那些仅在国外设立机构但在其本国并没有母体机构的公司？监管机构如何追踪本地与外国机构、公司之间的所有合作关系？在设法建立适当有效的国家或区域性监管制度时，这些挑战显得十分突出。

问题二：监管机构如何确保公立或私立教育机构提供的课程和项目的质量，特别是对于那些新的私营商业公司和供应商，它们通常不被全国的质量保障计划所认可。如何规范参与跨境教育学生的学术体验质量？历史上，国家或地区质量保障机构不会评估教育输入或输出项目的质量。中国香港、以色列、马来西亚和南非等国家和地区是明显的例外，这些地区作为跨境教育输入者，已经建立了针对外国教育供给者的注册和质量监督的制度体系。英国和澳大利亚两国通过它们认证的高等教育机构为输出的跨境教育项目提供质量保障。

问题三：认证的作用。市场力量增加了教育提供者及其课程的知名度和声誉的重要性。机构通常把主要的资金投入市场营销和品牌推广活动，以赢得知名度，增加生源。获得某种形式的认证是这些竞争的一部分，它可以向未来的学生保障项目的高质量。

117 认证过程正在走向国际化和商业化。合法的国内和国际认证机构现正在许多国家开展工作，例如，美国的全国和区域认证机构在超过 65 个国家提供或出售服务。一些专业认证机构，如美国工程与技术认证委员会（Accreditation Board for Engineering and Technology）（工程领域）和欧洲质量改进体系（European Quality Improvement System）（商业领域）等，也为高等教育的国际认证提供服务。

一些机构和组织的新型自我认证网络也为其成员开展认证工作——这种试图改善教育质量的做法是积极的。不过，这些网络和组织不能完全客观地进行评估，它们更感兴趣的可能是生产越来越多的经过认证的“明星”而不是提高质量。另一个相关的且更令人担忧的现象是未经许可或是非法的“认证工厂”的发展，它们在没有任何独立评估的情况下“出售”认证资格。这些“工厂”类似于那些出售证书和学位却没有或只有很少课程的“学位工厂”（degree mills）。学生、输入国和公众应当警惕这些

“认证（和学位）工厂”，它们往往只不过有一个网址，处于政府监管系统的范围之外。

问题四：需要建立国内外高等教育和专业资格的认证机制，以便学生就业和深造。学生、输入国和公众特别需要注意教育项目和学位的质量与有效性问题。关键的问题是：谁授予它们资格，特别是那些合作性的和网络性的组织？教育提供者是否已被认证？如果已被认证，那么是由什么样的认证机构或授权机构认可的？该机构位于哪个国家？资格认证机制必须是全国性的、区域性的或国际性的，以适应学生和专业劳动力的流动。

问题五：政策审查和环境监管的需要。现有的国家级认证和质量保证体系能否解决跨国界、跨文化和跨司法体系的教育流动问题？在教育提供者及输出手段多样化的情况下，国家是否有能力建立并监管输入和输出教育项目质量体系？国家教育质量认证体系是否应加入区域性或国际性的制度框架以补充和加强自身？发展国与国之间的教育相互认证制度是否合理和可行？一套良好的国际质量标准是否有助于确保一个国家的教育质量？

为维持社会对高等教育的信心，需要优先确定涉及质量保障的所有参与者的角色和责任。这些教育参与者包括个体机构和提供者、国家质量保障体系、非政府和独立的认证组织、专业协会以及区域或国际组织。一旦参与者的角色确定后，它们必须通过合作建立一个确保跨境教育的质量和 118
完整性的体系。

这些问题对高校具有特殊重要的意义。质量保障始于输出国内或国际教育项目的提供者。许多高校都具有用于境内流动的足够的质量保障程序，但这些程序并没有涵盖由跨文化、外国制度环境以及与外国伙伴合作而带来的挑战。这些挑战包括学术准入要求、学生考试和评估程序、教师工作量、授课模式、课程的适用性、教学质量保障、为学生提供学术和社会文化支持，以及奖励的名目和级别等问题。在平衡质量问题与财政投资和回报之间的关系时，高等教育提供者必须考虑知识产权所有权、合作伙伴的选择、责任分担、学术和商业风险评估以及国内和国外的审批流程等。

高等教育国际化的未来

大学自中世纪于欧洲产生以来就一直是国际性机构，吸引着来自许多国家的学生与教师。宗教改革后民族主义和民族国家兴起，国家开始关注本国高等教育。

后来，在 20 世纪中叶，殖民主义催生第三世界国家崛起，这些国家建立了国立大学。今天，高等教育重新获得了其国际视野和方向。信息技术，知识经济，学生、教师、教育项目及其提供者流动性的不断增长，以及世界经济的一体化都推动了高等教育国际化。

国际主义仍将是高等教育的一股核心力量，尽管其内涵尚不明晰。澳大利亚专家预测，到 2025 年，可能会有 1500 万学生出国留学，而目前这一数字约为 400 万。这个预测可能过于乐观了。在经历了 10 年的急剧扩张之后，澳大利亚的国际学生人数已经有所下降。美国作为主要的留学生东道国，2004 年入学人数也有略微下降，但自那以后，国际学生的数量一直在稳步增加。尽管长期趋势是强劲和稳定的，还是有一些不确定因素可能影响高等教育国际化的步伐。

- 政治现实与国家安全。恐怖主义可能会影响国际高等教育。美国和其他一些国家收紧签证要求，对可学习科目的安全限制，以及潜在国际学生对恐怖主义的恐惧，都可能会影响跨境学生流动。

119 • 政府政策和学习成本。有关学费、签证和其他文件费用的政策，可能影响国际化的步伐。

- 本国高等教育能力的增强。随着各国接受高等教育的机会增加，特别是硕士和博士项目的增多，学生出国留学或参加国际项目的兴趣可能会下降。

- 英语。英语作为一种科学和教学语言，应用日益广泛，尤其是在研究生阶段，这可能会激发以英语为教学语言的大学提供国际教育项目的兴趣。

● 课程国际化。随着课程逐渐趋向美国和其他工业化国家的开发模式，学生可能会发现国际教育项目的价值。

● 信息化学习。国际上对在线学位的接受将使远程教育发挥更大的作用，尽管未来是会出现国际性的信息化学习学位将越来越普遍的现象，还是国内的信息化学习（通常位于发展中国家或中等收入国家）继续处于支配地位，目前尚不明确。

● 私营部门。私立高等教育现已成为全球高等教育中发展最迅速的部门，尽管其中只有一小部分是国际性的。虽然部分私营机构可能还会进一步扩张，但是私立高等教育提供者是否能在国际市场上获得足够的利润，目前还不清楚。

● 质量保障和控制。教育质量保障是各国所关注的一个主要问题，同时更是一个国际性的问题。观察家批评许多国际高等教育项目标准低下，但质量应该如何评价，现在尚无定论。

● 欧洲的政策。欧盟将会建立壁垒以保护其“欧洲高等教育空间”，还是会欢迎来自世界其他国家的学生与教育项目？它会对非欧盟学生征收学费和其他费用吗？博洛尼亚进程的倡议和欧盟高等教育的协调将如何影响欧盟内部以及欧盟与世界其他地区之间的国际格局？

结　论

以上这些都是国际高等教育发展的动力，也是国际教育机构和项目的前景。我们相信，在一些国家，国际高等教育将会提供大量的接受高等教育的机会；而在另一些国家，国际高等教育将成为一个“有利可图的市场”（niche market）。我们正处在国际化的十字路口——现在新兴的教育项目和实践必须确保国际高等教育造福于公众，而不仅仅以利润为中心。 120

参考文献

Altbach, P. G. (2002). Knowledge and education as international commodities: The collapse of the common good. *International Higher Education*, *28*, 2–5.

Bhalla, V., & Powar, K. (2014). International students in Indian universities. *International Higher Education*, *79*, 23–24.

Castells, M. (2000). *The rise of the network society*. Oxford: Blackwell.

Friedman, T. L. (2005). *The world is flat: A brief history of the twenty-first century*. New York: Farrar, Straus and Giroux.

Garrett, R. (2004). *The Global Education Index*, 2004 *report: Observatory on borderless higher education*. London: Association of Commonwealth Universities.

Huisman, J., & van der Wende, M. (Eds.). (2005). *On cooperation and competition II: Institutional responses to internationalization, Europeanization, and globalization*. Bonn, Germany: Lemmens Verlag.

Kirp, D. (2003). *Shakespeare, Einstein, and the bottom line: The marketing of higher education*. Cambridge, MA: Harvard University Press.

Knight, J. (2006). *Internationalization of higher education: New directions, new challenges. The* 2005 *IAU global survey report*. Paris: International Association of Universities.

Observatory on Borderless Higher Education (OBHE) (Ed.). (2004a). *Mapping borderless higher education: Policy, markets, and competition*. London: Association of Commonwealth Universities.

Observatory on Borderless Higher Education (OBHE) (Ed.). (2004b). *Breaking news stories service* 2002–2004. London: Association of Commonwealth Universities.

Odin, J. K., & Mancias, P. T. (Eds.). (2004). *Globalization and higher education*. Honolulu: University of Hawaii Press.

Siaya, L., & Hayward, F. M. (2003). *Mapping internationalization on U. S. campuses*. Washington, DC: American Council on Education.

第八章　高等教育跨越国界①

2012 年，全世界至少有 400 万留学生，最近的一项研究表明，到 121
2025 年这一数字将增至 800 万。由于种种原因，过去几十年来全球对跨境学生流动的兴趣不断增加。工业化国家意识到，有必要使其学生具备全球意识和国外学习经历，以便参与全球经济竞争。例如，欧盟制定了一些政策，增加了欧盟内部的留学生数量。随着欧盟的扩大和博洛尼亚进程的实施，欧盟国家的高等教育结构将更趋一体化，跨境学生的数量也将大大增加。

此外，在一些国家，对中学后教育的需求超出了其容纳能力。总体而言，国际学生的流向是由南向北——从发展中国家流向发达国家。目前，全世界超过一半的中学后教育学生都在发展中国家，在未来几十年，这一比例还将继续增长。这些人口高增长国家无法满足国内的教育需求，于是它们将越来越多的学生送往海外学习。北方国家有足够的教育容量，其院校在课程和科学话语中享有支配权，在当代高等教育市场中享有不容置疑的声誉和权力。

对于那些留学生输入国而言，国际高等教育堪称一笔大买卖。例如，外国学生每年能为美国贡献 270 亿美元的经济收入，有 2/3 的学生报告，其学习费用由本人及其家庭支付。其他国家也获得了可观的收入：2014 年前后在英国的国际学生对该国 GDP 的贡献超过 70 亿英镑（Universities

① 本书中，发达国家、北方国家、工业化国家为相同概念。——译者注

UK，2014），澳大利亚从其教育出口中获得 150 亿澳元（Group of Eight Australia，2014）。在当前经济紧缩的大环境下，这些国际学生越来越具有吸引力。国际学生不只是填补了空位，还增加了关键领域中训练有素的人才的数量，从而提升了所在国的全球竞争力。在有的国家，工程、计算机科学和其他一些专业中，国际学生在博士生中占据了大多数。

2014 年，美国共吸纳了 886052 名国际学生，是目前为止最大的留学生接收国，占全球留学生总数的四分之一。它吸引的国际学生数量相当于其最大的两个竞争对手英国和法国之和。赴美国际学生大多数来自发展中国家和新兴工业化国家，其中 60%以上来自亚洲（亚洲前五大派遣国家和地区分别是中国大陆、印度、韩国、日本和中国台湾）。

然而，随着时间的推移，赴美学生的输出国也发生了一些重大变化，这反映了世界上重要的经济或政治变革。例如，伊朗曾经是最大的留学输出国之一，但自 1979 年沙阿（Shah）政权垮台之后，就很少有来自那里的留学生。与美国有着密切的政治、经济和学术联系的沙特阿拉伯与科威特，过去留学生人数一直起起落落，但近年来一直在稳步增长。例如，沙特阿拉伯是第四大学生来源国，向美国派遣了 53919 名学生，其中许多人获得了丰厚的阿卜杜拉国王奖学金。在“9·11”事件发生后，阿拉伯联合酋长国留美人数下降了 16%，但此后出现反弹。一些主要的亚洲输出国留学人数持续增长，特别是中国，留学生数量持续稳定增长——现在中国派遣的留学生数量是排名第二的印度的两倍。日本和韩国等一些东亚国家在 2011 年之后出现了赴美留学人数下降的趋势。虽然由于“9·11”事件等影响、澳大利亚和英国等国移民政策的变化、欧盟留学生数量的变化以及其他一些因素，学生总体流动数量出现了变化，但很明显，美国仍继续占据国际学生市场主导地位，而传统主要东道国接收的学生数量依然众多。

“推”与“拉”

许多国家都对国际学生流动感兴趣，但是学生的出国动机是什么呢？学生被各种力量“推”离他们的祖国。由于学位有限，以及有些地方颇具竞争性的入学要求，许多有能力的学生无法进入本国大学学习。这些学生常常发现获得优秀国外院校的入学资格比进入本国大学更容易。世界上许多优秀的学生都在寻求留学海外的机会，因为在世界上大部分地区，特别是在发展中国家，“一流”院校非常之少。当他们在本国无法学习心仪的 123
专业——从天文物理学到动物学时，学生们也会离开母国，这在研究生和专业水平上尤为明显。大多数发展中国家在硕士和博士层次提供的学习机会非常有限，且已有的项目也缺乏国际竞争力。

社会和政治力量也迫使学生离开自己的祖国。在少数情况下，歧视性的招生政策促使学生去海外学习，如马来西亚给予马来语背景的学生而非华裔或印度裔学生以特殊优待。学生出国留学一方面是为了逃避国内的政治或其他压制，另一方面是为了体验学术自由。一些学生试图逃离因学生骚乱、教师罢工、政府当局关闭或其他问题的破坏而受到干扰的高等教育体系。

由于众多原因，学生被“拉”到外国学习。有些学生认为，国外大学尤其是美国大学的学位声望要高于本国学位。与此同时，越来越多的外国学生被声望较低的四年制学院和一些最好的社区学院所吸引，有时候他们发现进入一所选择性不强的美国院校学习要比进入本国大学更容易。因此，“拉力”来自美国高等教育体系的不同部分。而且，学生们也被美国本身所吸引——美国生活的诱惑和美国文化全球传播的影响。

相当一部分国际学生留学海外是为了在东道国谋求职业并定居。由于美国幅员辽阔，经济体系多样化，雇主愿意雇用高技能水平的外国人，以及包括学术界在内的许多领域的高薪，美国成为这类留学生的主要目的地国。这部分动机很难量化，因为很少有国际学生会承认移民是一个主要目标，但来自几个主要派遣国留学生的滞留率已经表明了这一点。例如，据估计，来自中国和印度的留学生在完成学业后选择留在美国的比例分别为66%—92%和77%—88%。

“9・11”事件及其影响

“9・11”事件后，影响美国高等教育在世界上所扮演角色的基本要素并没有改变。美国的高等教育和科研体系仍然是世界上最强大的，全世界的学生仍将美国视为最具学术吸引力的国家。然而，变化是明显的——一
124 些显而易见，一些则很微妙。虽然全世界的国际学生总数在不断增长，但美国的留学生入学人数在2002—2005年处于停滞状态，而与此同时，其他国家的海外学生人数却出现了大幅增长。在此之后，美国吸收的留学生数开始出现反弹并增长。

其他国家，特别是在追求研究生入学方面越来越具有首创精神，它们已经从美国对外国学生不太友好的留学环境中获益。赴美留学变得障碍重重，未来的留学生对涉及签证、向政府机构报告等严格、多变、肆意、有时甚至反复无常的美国政府法规越来越存有疑虑。来自发展中国家的学生，特别是来自伊斯兰世界的学生，报告称在本国没有受到美国官员的尊重。美国大学负责国际学生的管理人员也报告说，有相当数量的学生被拒签或被耽搁很长时间，以致他们无法赴美学习。美国国土安全部的塞维斯（Sevis）计算机跟踪系统以及针对国外学生的新增收费项目被视为另外的障碍。关于这些困难的各种传闻与现实同样具有破坏性。学生和他们的父母在听到这些传闻后，许多人选择放弃赴美。

“9・11”事件后的态度调查也显示，有留学意向的学生认为与澳大利亚和英国等竞争对手相比，美国是一个不太安全的留学目的地，但这种对于安全问题的担心并未完全凸显。虽然美国国际研究中心的管理人员注意

到学生对安全问题日益关注，但目前已经身在美国的外国学生却反映感觉非常安全，可见对安全问题的担忧主要来自外部。“9·11”事件发生后，只有少数外国学生当即离美回国，并且他们中的大多数后来又返回美国完成学业。

国际高等教育界并不是一成不变的。美国的主要竞争对手愈加重视吸引留学生，并将美国对外国学生增加的壁垒视为有利条件。澳大利亚在招募国际学生方面尤为积极，英国和新西兰也不甘落后。所有这些国家都将吸引留学生进入本国高校学习作为主要的收入来源。这三个国家的政府都制定了积极的留学教育政策，作为减少国内高等教育开支的一种途径。但是，英国和澳大利亚不断变化的移民政策降低了这些国家的吸引力，与此同时它们的学费也有所上涨。此外，在澳大利亚，一些针对印度裔学生的 125
种族主义事件导致南亚学生的入学人数在一段时间内有所下降。很明显，与国际学习相关的政策和环境的改变会对学生的流动产生影响。

虽然方向有所不同，但是欧洲由于欧盟的博洛尼亚进程而发生的变化也同样重要。更多的欧洲学生可能会选择在欧盟内部学习，因为这里花费较低，而且“共同学习空间”使跨境学习变得容易。一旦博洛尼亚进程得以全面实施，欧盟可能会转向海外，吸引来自欧洲外的学生，这样既可以赚取收入，又有助于实现欧盟的外交政策目标。

美国留学生

美国学生出国留学的人数也在增长，但数量不多。2012—2013 年，近 29 万美国人留学海外，比上一年增长 10%，延续了过去十年左右的增长趋势。长期以来，美国的学院和大学，尤其是那些声望较高的学院和大学，一直宣称它们重视培养学生的国际意识，并且如果可能的话，将海外经历作为本科教育的一部分。人们至少在表面上承认，在经济全球化时代，美国学生需要了解他们周围的世界。然而，美国本科生在毕业前出国留学的比例仅为9%。

赴海外学习的美国学生的行为不同于赴美留学的外国学生。出国留学的美国学生绝大多数是本科生，他们几乎从不在国外拿学位。相比之下，在美国就读的外国学生多为研究生和专业学生，他们中的大多数（也包括外国本科生）会在美国获得学位。美国学生通常在大三时赴海外进行“文化体验”和语言训练，而不是为了学习专业知识。平均而言，美国学生的海外留学时长缩短了——通常是一个暑期甚至更短，许多批评人士指出，此类项目的学术严谨性不高。与此相反，到美国留学的外国人寻求的是学术和专业训练以及知识和美国学位的声望。

随着时间的推移，出国留学的美国人所青睐的国家始终如一。绝大多数美国人会去往富裕国家（前十大目的地中，只有哥斯达黎加不是工业化国家），其中近50%的人选择去欧洲留学。赴英国、意大利、西班牙、法国和德国的学生占美国海外学生总数的40%，其他如希腊和以色列等少数
126 几个与美国有着密切的移民或其他关系的国家也吸引了一些留学生。只有少数美国学生选择发展中国家这样的非传统目的地。例如，2012—2013年，不到5%的美国留学生去了撒哈拉以南非洲地区。

美国的学院和大学还通过招收其他国家的学生、建立促进校际联系的交流项目和其他一些举措来推动校园的国际化，从而促进跨境学生流动。但是，尽管有大量的国际学生来到美国，他们只占本科生和研究生总数的4%——比例远低于其他主要的国际学生接收国。

新跨国主义

不仅学生在流动，院校也在流动。我们正处于跨国高校时代的开端：一个国家的高校在另一个国家运行，不同国家的大学合作实施高等教育项目，高等教育经由远程技术传送。这些都将影响学生的跨国流动。

课程设置、定位，有时甚至是师资方面，几乎无一例外地由北方国家

的合作机构所主导。教学语言通常是占主导地位的合作伙伴的语言（多为英语），即使它不是另一国常用的教学语言。跨国高等教育中，往往也很少使海外项目适应输入国的需要或传统，它们只是被原封不动地输出。

澳大利亚和英国是跨国高等教育先驱，美国在十年后成为这一领域的主要力量。在某些情况下，跨国合作是在大学和国外的中学后教育机构之间进行的；而在另一些情况下，“合作伙伴”是有意进入新的教育行业的公司或企业家。例如，澳大利亚大学已经与马来西亚高校和私营公司建立了联系，最近又与越南合作，在“海外”提供澳大利亚的学位。学生可以在马来西亚或越南获得澳大利亚学位，而无须踏上澳大利亚的国土。此外，还有授权经营协议，允许当地供应商使用海外机构的教育项目，并授予它们自己的学位。各国政府将跨国教育视为增加高等教育收入的一种方式，就像吸引外国学生一样。在校园层面，国际教育举措也为数量不多但日益增加的院校带来了可观的收入。事实上，许多分校和跨国项目的主要目标是丰富本土校园。近期研究表明，英国新入学的国际学生中有34%有 127
某种类型的跨国教育经历（Higher Education Funding Council for England，2014）。

美国高校在历史上并不是跨国高等教育整体图景的重要组成部分，但它们长期以来一直参与跨国教育事业。一些美国大学——例如波士顿大学（Boston University）和威德纳大学（Widener University）——多年来一直在海外开设分校，一方面是为了服务海外的美国人（包括那些在军队服役的人），另一方面是为服务国际客户。耶鲁大学在新加坡的项目、纽约大学在中国和阿布扎比的分校以及杜克大学在中国的分校，都是美国分校运动的新成员。此外，一些外国机构在美国的认证和赞助下运作，贝鲁特美国大学（American University of Beirut）就是一个突出的例子。20 世纪 70 年代，十余所美国高校在日本开设分校，希望从当时日本蓬勃发展的经济和高等教育市场中获益。但除了一两所之外，在日本办学的美国高校并不是最负盛名的学院和大学。美国分校在获得日本教育当局的认可上遇到了问题，当日本经济“泡沫”破灭时，这些分校也随之遭遇了严重的经济与生源危机。现在，只有一所美国大学还在日本运作。日本的案例表明，海外高等教育扩张可能是一项高风险的业务。

但过去几年，美国高校采取了一种新的、更为复杂的方式来进行全球扩张。芝加哥大学布斯商学院在伦敦设有分校，提供芝加哥大学 MBA 课程，学生可以在芝加哥的主校区学习一段时间。芝加哥大学和宾夕法尼亚大学沃顿商学院都在新加坡设立了分校。在保加利亚、阿塞拜疆、塔吉克斯坦和其他一些国家，美国大学还帮助建立了越来越多的被称为“美国××大学”的机构。这些学校通常寻求并能够获得美国机构的认证。

在某些情况下，美国高校的海外扩张越来越明显地具有创业精神。几年前，当以色列开放教育市场时，一些美国高校与以色列企业家合作设立了教师教育和其他领域的项目，以满足当地的需求。这些美国高校都声望较低，而且在某些情况下，它们都是非常边缘的院校，亟需从海外招生中获得经济利益。自那时以来，以色列当局已部分关闭了对外合作的大门，一定程度上是由于担心质量低劣和缺乏赞助院校的充分监督。桂冠教育公
128 司是一家营利性的高等教育提供商，目前正寻求一种不同的海外扩张战略。它收购了墨西哥、西班牙、智利等国现有的外国院校，在全球已经拥有 86 家院校机构，其中拉丁美洲 30 家、欧洲 24 家。目前尚不清楚这些学校是否会与美国院校建立联系，或者是否会在美国获得认证。毫无疑问，美国的高等教育出口将会增长，并将对高等教育产生不确定的影响。

作为世界贸易组织方案的一部分，《服务贸易总协定》的实施有望在全世界开放高等教育服务贸易，但这些讨论基本上在 2009 年就停止了。

美国政府通过商务部和营利性私立高等教育机构支持《服务贸易总协定》，而美国教育理事会和学术界的组织则普遍反对。他们担心《服务贸易总协定》所带来的对竞争和市场的日益重视会影响美国高校的传统价值观。人们普遍认为，高等教育不像钢铁或香蕉那样是可以在国际市场上交易的商品。一些高等教育人士还担心，《服务贸易总协定》将危及发展中国家的学术自主权，因为它们将无法再控制本国的教育进口。

包括慕课在内的远程教育也被纳入了跨国教育。到目前为止，跨境远

程高等教育只是整体图景的一小部分，但寻求互联网学位学生的数量正在并将继续迅速增长。远程教育学位能在全球就业市场中获得承认吗？如果答案是肯定的，会不会有大量的学生选择通过互联网学习，而不是到海外学习呢？这些问题的答案将有助于确定新兴的远程技术对跨境学生流动的影响。

结　论

美国在迅速扩张的国际教育领域面临着激烈的竞争。竞争对手的优势主要有以下几点：各国都制定了有关国际学习和跨境高等教育计划的国家政策；它们已经制定了目标并落实了政策，鼓励高等院校吸引外国学生。相比之下，美国从来没有全国性的国际高等教育计划，联邦政府也极少提供充分的支持。

国际学生流动已形成这样一幅画面：世界范围国际学生数量显著增长，主要东道国之间的竞争加剧，以及科技对高等教育项目有日益增加但 129
尚不清晰的影响。美国由于其高等教育体系的规模、重要性和卓越性，将继续在这些发展中发挥重要作用，实际上仍然是主导力量。但是，美国能否在较长时期内保持其竞争优势和领导地位则另当别论。

参考文献

Group of Eight Australia.（2014）. Policy note; International students in higher education and their role in the Australian economy. Retrieved from https：//go8. edu. au/sites/default/files/docs/publications/international_students_in_higher_education_and_their_role_in_the_ australian_economy. pdf.

Higher Education Funding Council for England.（2014）. *Directions of travel*：*Transnational pathways into English higher education*. Bristol, London：Author.

Universities UK.（2014）. *The impact of universities on the UK economy*. London：Author.

第九章　大学排名的全球化

130 主要的国际大学排名——世界大学学术排名（Academic Ranking of World Universities，ARWU，也称为软科排名）、QS 世界大学排名（QS World University Rankings）和《泰晤士高等教育》世界大学排名（*Times Higher Education* World University Rankings，简称 THE 世界大学排名）——吸引了国际媒体的持续关注，并日益成为许多世界顶尖大学关注的焦点。《美国新闻与世界报道》（*US News & World Report*）的美国最佳院校排名每年都在美国引发媒体热议：谁排名“上升”，谁排名“下降”？许多其他国家的类似国内排名也被广泛讨论。美国国家研究理事会（National Research Council）2010 年发布了推迟已久的博士学位项目评估报告（Assessment of Research-Doctorate Programs），这是唯一一项对美国研究生项目的综合分析。以上这些只是少数几个有关国家或地区高等教育机构的排名。此外还有欧盟的“多维度全球大学排名”（U-Multirank）项目；在德国，高等教育中心（Center for Higher Education）制定了一套创新性的德国大学排名方法。除此之外，该名单可以扩展使用。学生及其家庭利用排名来决定在哪里学习，一些国家和地区的政府根据排名确定资助的优先次序。本章的讨论将对这些排名以及目前关于排名的普遍性争论提供一些意见。

为什么排名?

就算没有目前的各种大学排名，也会有人发明它们。这是高等教育大众化、中学后教育竞争和商品化的必然结果。潜在客户（学生及其家庭）想要了解如何在众多高校中做出选择，哪些对他们来说是最相关和最有利的？排名为这些问题提供了一些答案。

大众高等教育创造了多元化和复杂化的学术环境，出现了许多新的高等院校和选择。全国排名首先在美国这一最早经历高等教育大众化的国家出现并不令人意外，它成为在越来越多的院校中进行选择的一种方式。学 131
院和大学本身也想要找到一种与同类院校进行比较的方法，排名提供了一种简单的方式，尽管它非常不完美。《美国新闻与世界报道》的最佳院校排名是美国最具影响力和广受批评的排名。还存在许多其他的排名，它们聚焦于一系列的变量，从最划算的学校到最佳派对大学再到最古怪的院校。这些排名中的大部分都没有什么效度，但公众还是以某种严肃的态度看待它们。

随着高等教育国际化程度越来越高，排名也毫不意外地具有了全球性。约 400 万学生留学国外，许多人想去国外最好的大学，他们发现排名非常有用。学术界本身已经变得全球化，各院校都想与世界范围内的同行进行比较，它们之间还经常竞相争取学生和教职员工。高等教育决策者和政府官员有时会使用全球排名来做出资源选择和其他决策。排名事业发展程度的一个标志是国际排名专家组（International Ranking Expert Group, IREG）建立的 IREG-学术排名和卓越国际协会（IREG Observatory on Academic Ranking and Excellence），该机构研究各种大学排名，并鼓励排名的透明和高标准。

谁使用排名，为什么？

年轻人越来越多地使用排名来选择在哪里学习。之所以会出现这种情况，是因为除了大多数国家为数不多的“名牌”院校之外，潜在客户还希望获得在哪里学习的指导，并关心诸如声誉、学位价值和费用等问题。大多数的全国大学和学科排名都是由杂志或其他媒体赞助的，其目标受众是消费者。美国《美国新闻与世界报道》、加拿大《麦克林周刊》（*Maclean's*）、德国《明镜周刊》（*Der Spiegel*）、日本《朝日新闻》（*Asahi Shimbun*）、英国《好大学指南》（*Good University Guide*）以及世界各地的许多其他报刊都是如此。这些排名的质量、关注点和具体方法各不相同，但都在很大程度上依赖于询问不同群体对特定高等教育机构声誉的看法。越来越多的学生也在使用国际排名，他们希望在申请海外留学时可以通过简单的方式判断可供选择的众多项目。

大学、高等教育体系和政府机构越来越多地使用大学排名作为与其他院校和系统进行比较的标准。大学希望了解它们的直接竞争对手的表现，以及它们成功或表现不佳的原因；决策者有时利用排名来帮助决定资源的分配；政府利用排名来衡量国内的大学与其他国家的高等院校相比表现如
132 何。排名已经成为全球知识竞赛中的一个重要工具。包括韩国、沙特阿拉伯、俄罗斯和其他一些国家在内的许多国家都把提高大学排名作为国家高等教育重要的事项，向大学拨款并施加压力，要求它们提高排名。

各种各样的“演员”

虽然杂志和其他媒体在支持排名方面可能是最活跃的，但它们绝不是唯一的。世界大学学术排名是最著名的排名之一，2003 年创建于上海交

通大学，作为该大学在全球范围内进行自我评估的一种方式。它最初的和现在的目的都是集中衡量研究成果。事实证明，它在国际上引起了极大的兴趣：它是目前最具影响力的排名之一，在全球范围内被用于许多从未设想的目的。

1970年，卡内基教学促进基金会（Carnegie Foundation for the Advancement of Teaching）在克拉克·克尔的领导下，创建了卡内基高等教育分类（The Carnegie Classification of Institutions of Higher Education）。该分类的目的是按职能和使命对美国高等教育机构进行分类，而不是以任何方式对其进行排名。但随着时间的推移，许多大学争取在研究型大学的类别中获得认可，研究型大学成了一种排名，这可能会歪曲其基本使命。与此类似的是，英国科研评估考核（The Research Assessment Exercise，RAE），即现在的卓越科研框架（Research Excellence Framework），也开始被视为一种排名，尽管它从未打算用于此目的。RAE始于1986年，自那以后每隔几年评估一次，是政府对各院系和大学科研生产力的评估。它已被用于确定资助模式，并被许多人视为对最具科研生产力的机构进行排名的一种方式。

美国国家科学院（National Academy of Sciences）和德国贝塔斯曼基金会高等教育中心（Center for Higher Education of the Bertelsmann Foundation）分别关注美国和德国不同科学学科与领域的特点。它们各自开发了一套收集大学内部学术部门和项目数据的方法，并在某种程度上对这些数据进行排序。两者都不涉及竞争性排名。德国的方法允许用户选择特定的变量并开发自己的分组。它们关注的都不是大学，而是项目、院系和学科。

政府、大学和其他组织对于评估它们与其他地方高等教育机构之间的
差距越来越感兴趣。例如，中国台湾地区制定了一项全球排名，以衡量其 133
大学水平；西班牙的一家机构专注于全球高等教育机构的网络知名度。在
全球化、问责制和标杆管理的时代，排名已经达到了一种标志性的地位。

排名假设了一个不存在的零和游戏

根据定义，排名前 100 位的大学只能有 100 所。然而，例如，新加坡国立大学的进步并不意味着威斯康星大学麦迪逊分校（University of Wisconsin-Madison）正在衰落——新加坡国立大学排名上升，会使得其他一些院校排名下降。实际上，只要符合这些院校的公认标准，就有足够多的世界一流大学可以进入顶尖学府的行列。的确，随着许多国家和地区认可建设和维持研究型大学以及投资高等教育的需要，优秀研究型大学的数量将不可避免地增长。中国、韩国、新加坡在过去几十年中对高等教育的投资，使这些国家和地区的顶尖大学水平得到了显著提高。早些时候，日本也取得了类似的进步，但最近日本政府缺乏投资，导致一些日本大学的排名下降。

亚洲大学的崛起只在一定程度上反映在排名中，因为要将传统的领导者赶下台并非易事。排名低估了亚洲乃至其他地区的进步。未来进入前 100 名的美国和英国大学必然会减少，但这并不意味着这些国家的大学正在衰落。相反，这意味着其他地方的顶尖研究型大学进步较快。这是一个值得庆祝的事情，而不应该感到忧虑。

也许比排名更好的方法是采用国际分类，类似于美国卡内基高等教育分类标准。卡内基教学促进基金会精心定义了学院和大学类别，然后根据明确的标准对院校进行了分类。该分类没有对这些学校进行排名，而是根据它们的使命进行了划分，这将避免零和问题。许多人认为，一所大学的具体排名没有多大影响，可信的是大学所处的院校类别。比如一所大学的排名是在 15 至 25 之间还是 150 至 170 之间更具参考价值，而不是排名在第 17 位还是第 154 位更有说服力，按范围划分可能会更好地反映现实。大多数全球排名将低于前 100 名的院校归入不同的级别，而不是给出具体的数字，就反映了这一点。

134

教学在国际大学排名中处于什么位置?

简而言之，大学在国际大学排名中基本没有容身之处。任何一所大学的主要职能之一——教学在所有的大学排名中基本上都被忽视了，因为教学的质量和影响难以衡量和量化。此外，衡量和比较不同国家与高等教育体系的教学质量和影响是更加困难的。因此，排名在很大程度上忽略了教学。

新的THE世界大学排名已经认识到教学的重要性，并确定了几个指标来衡量它，包括有关教学的声誉问题、师生比、教职员工获得博士学位的数量和其他一些指标。问题在于，这些指标实际上并不能衡量教学，甚至没有一个指标能近乎评估质量或影响。此外，向一些学者和管理人员代表询问有关教学质量的问题，似乎不太可能得到多少有用的信息。但至少该排名已经认识到这个问题的重要性。

有一些衡量高等教育学习成果的努力，最突出的还是OECD支持的高等教育学习成果评估项目（Assessment of Higher Education Learning Outcomes，AHELO），该项目在15个国家的多个学科中进行了试点。然而，在2013年，该项目的评估结果不太令人满意，因此没有继续。2015年，OECD提议重新启动该项目。以美国为基础的大学学习评估（Collegiate Learning Assessment）是评估高校学生学习的另一种方法，其他几个国家对这种方法也有一些兴趣。然而，这些衡量标准没能得到广泛传播，并不足以在不久的将来对全球排名产生影响。还应明确指出，这些工具并不能够衡量教学质量或提供教学承诺，关于这一主题没有可用的国际标准，也很少有国家标准。

排名衡量什么?

简单地说，大学排名在很大程度上是以各种方式衡量科研生产力。这是最容易评估的东西——实际上，也许是唯一可以较可靠地被测量的东西。几个排名以不同的方式衡量这一主题。一些排名，尤其是 QS 世界大学排名，强调声誉调查：世界各地的学者如何看待一所特定的大学？因此，QS 世界大学排名主要评估自己选择的学者群体对不同大学的看法，以及其他一些非声誉因素。THE 世界大学排名考察了许多因素，其中包括学者的意见。但是，与其数据合作伙伴爱思唯尔（Elsevier）一道，该排
135 名还选择了一系列其他变量：通过引文分析来衡量发表文章的影响、研究经费、科研收入以及其他一些指标。总部位于上海的世界大学学术排名只衡量科研，包括科研影响和资金，而且在衡量特定的变量方面可能是比较精确的。然而，世界大学学术排名主要评估 STEM（科学、技术、工程和数学）领域，在衡量人文学科时较弱，对社会科学重视也不够。这意味着侧重于自然科学的大学的排名要高于其他大学。

科研在各种排列组合中最受重视，因为它相对容易测量，也因为它往往带来最高的声望。世界各地的大学都希望成为研究密集型大学，且最受尊敬和排名最高的大学都是研究导向型大学。这两个因素对加强科研在排名和全球等级中的主导地位起到了强有力的作用。

声誉意味着什么?

大多数国家和全球排名至少在某种程度上都将声誉调查作为数据收集的一部分。在一些排名中，如 QS 世界大学排名和《美国新闻与世界报道》排名，声誉显得相当重要。在包括 THE 世界大学排名在内的其他一

些排名中，声誉虽也包括在内，但并不那么突出。在声誉调查中，只是简单地要求同行和专家对各个院系、教育机构或项目进行排名。在某些情况下，受访者是从相应的同行中精心挑选出来的。而在另一些调查中，受访者的选择似乎没有太多逻辑。因此，经常存在一些方法论上的问题。

还有一个更为根本的问题。随机的一组受访者能否提供关于全球甚至一个国家内的高等教育机构哪些是相对卓越的详细信息？主要关注某个学科的学者是否有适当的知识基础来对大学进行有效的排名？他们或许能够对自己的领域进行排名，但只是根据科研的突出程度。一位教授无法判断另一所大学的教学质量、教学承诺或社会服务。一位来自德国的化学教授能判断出马来西亚和中国最好的大学是哪所吗？一位艾奥瓦州的大学校长是否有足够的专业知识判断南非或泰国的顶尖大学呢？印度大学校长知道挪威最好的大学吗？与排名一样，只有大学中最显眼的产品才会变得突出，而这些产品往往与科研有关。顶级教授、诺贝尔奖、菲尔兹奖或其他荣誉的知名度往往集中在科研和出版物上。

声誉排名很可能有利于英语国家的国际知名大学。那些吸引最多国际学 136
生和学者、拥有最多博士后和访问学者的大学往往排名较高，而这些大学大多位于英语国家和西欧主要国家。此外，正如格拉德威尔（M. Gladwell）对美国大学排名的评论，知名度高的院校往往会获得更多的关注。

中心与边缘

毫无疑问，位于世界知识中心的大学和高等教育体系以及这些机构中的科学家与学者在排名中具有重大优势。主要英语国家（如美国、英国、加拿大和澳大利亚）的高等教育体系具有重要的领先优势。历史传统、语言、财富、吸引世界顶尖学者和学生的能力、强大的学术自由传统、基于竞争和贤能主义的学术文化以及其他因素成就了这些大学的主导地位。

所有的大学排名都对特定类别的科研给予特别优待，从而扭曲了排名榜。有一种对自然科学的偏向——STEM 领域往往有最多的论文、引用和科研经费。排名偏向于使用英语的大学和那些用英语写作的大学的学者。相关数据库中收录的期刊数量最多的是英文期刊，以英语为母语的人最容易接触到顶级期刊和出版商，也最易加入往往主导大多数科学学科的非正式网络。

西欧和日本的大学可以相对容易地获得关键知识网络和研究资金。中国香港和新加坡的高等教育机构拥有雄厚的财政资源，以英语作为教学和科研的语言，并实行聘用积极从事研究工作的国际教员的政策。这一趋势使它们的大学在排名中表现良好。新兴经济体也越来越活跃，它们正在从边缘转向中心。在中东等边缘地区，即使是得到足够支持的大学也难以成为学术中心。一个国家或学术文化的中心或边缘地位与该国大学在排名中的位置之间存在着密切的关系。

在全球化时代，高校更容易通过周密的规划和充足的资源来扭转边缘化的劣势。学者、机构和部门也可以比以往任何时候都能更轻松地留下全球印记。虽然中心和边缘之间的障碍比过去更容易跨越了，但它们仍然令人畏惧。

137

移动“球门柱”

许多大学排名因频繁更改其标准或方法而受到批评，这种变更使得绩效的衡量标准随着时间的推移变得复杂，或与其他机构的比较更加困难。《美国新闻与世界报道》尤其容易以不可预测的方式改变标准，这使得提供数据的学院和大学难以始终如一地提供资料。THE 世界大学排名可能会在某种程度上发生变化，因为它正在努力改进排名方法。随着时间的推移，软科排名是最稳定的，无疑这有助于院校和国家学术排名的相对稳定。

批　判

简要分析主要大学排名可能有助于了解它们的优势，更重要的是，要了解它们的不足。虽然这个讨论既不完整也不基于对排名的全面分析，但它将提供一些批判性思考。

QS 世界大学排名是最成问题的。2004 年至 2009 年间，《泰晤士高等教育》发布了这些排名。在双方合作关系中断后，《泰晤士高等教育》开始发布自己的排名。从一开始，QS 世界大学排名在很大程度上依赖声誉指标进行分析。大多数专家对向一群相当随机的教育者和其他与学术事业有关的人征求意见的可靠性持高度批判的态度。此外，QS 世界大学排名询问雇主的观点，将更多的可变性和不可靠性引入其中。一些人认为声誉在排名中不应该有任何地位，而另一些人则认为声誉只是一个次要的角色。总之，QS 世界大学排名中 40%的指标基于声誉调查。这可能是多年来 QS 世界大学排名位次变化较大的原因。QS 世界大学排名是否应该被高等教育界认真对待是值得怀疑的。值得一提的是，QS 是一家营利性公司，也进行招生和相关活动，它有一个帮助改善高等教育机构形象的项目——授予“明星”奖，并向其中一些获奖者收取费用。

世界大学学术排名是最早的国际排名，始于 2003 年。ARWU 标准一贯且比较透明，它主要衡量科研生产力，其方法陈述清晰并随着时间的推移稳步应用。它使用了六个标准，包括在《科学》和《自然》杂志发表的文章数量，汤姆森科技信息集团测量的高被引研究人员数量，获得诺贝
尔和菲尔兹奖的校友与教员，科学和社会科学引文索引的被引次数以及其 138
他一些标准。ARWU 选择了全球 1000 所大学进行分析。它不依赖于机构自己提交的任何信息。ARWU 的一些标准明显赋予了西方老牌名校特权，尤其是那些培养了或能够吸引诺贝尔奖得主的大学。这些大学往往支付高薪，并拥有优秀的实验室和图书馆。ARWU 所使用的各种指数也主要依赖

于顶级同行评审的英文期刊，这再次为有编辑部和主要评审人的大学提供了优势。尽管如此，ARWU 的一致性、目标明确性和透明度具有较明显的优势。

THE 世界大学排名于 2010 年 9 月首次发布，它是最新的、在很多方面也是最具雄心的一项排名，旨在从之前的排名中吸取教训，提供一个全面而多维的视角。《泰晤士高等教育》做了很多努力，试图将大学的主要功能包括在内：科研、教学、与产业的联系以及国际化。它将声誉纳入研究变量中，并将其与引文分析、出版物数量、学位和其他措施相结合。令人失望且意料之中的是，其中确实存在一些问题。一些评论家对用于统计出版物和引文的方法提出了质疑。在 2010 年的排名中存在很多不一致的问题，由于明显的行政问题，以色列大学没有包括在内，一些不是单一校园而是学校系统的美国大学被涵盖其中，包括马萨诸塞大学（University of Massachusetts）、印第安纳大学（Indiana University）、特拉华大学（University of Delaware）、肯特州立大学（Kent State University）等。这不公平地提升了这些大学系统的排名。例如，如果加州大学（University of California）作为一个系统而不是单独的校区被纳入其中，那么它显然将位居世界第一。此外，2010 年的一些排名明显不准确：为什么土耳其的比尔肯特大学（Bilkent University）和香港浸会大学（Hong Kong Baptist University）排在密歇根州立大学（Michigan State University）、斯德哥尔摩大学（Stockholm University）和荷兰莱顿大学（Leiden University）之前？为什么埃及亚历山大大学（Alexandria University）能进入前 200 名？这些异常现象和其他异常情况不能通过“嗅觉测试”。然而，自那以后，许多异常现象都得到了纠正，2014 年，THE 世界大学排名为提高质量改变了数据合作伙伴。

还应提到的是，美国国家研究理事会对美国博士项目的评估最终在 2010 年发布。多年后，这项研究因方法论上的缺陷，以及它更多是历史产物而非对当前现实的有益分析而受到广泛批评。尽管如此，美国国家研究理事会还是试图采用更为复杂的评估方法，包括考虑与博士项目相关的

20 个关键变量。其他大学排名则倾向于使用许多更为武断的衡量标准和权重，即使没有取得完全的成功，无疑也要从中吸取教训。

《美国新闻与世界报道》的年度排名继续保持较大的影响。由于方法的不断变化、对声誉指标的过度依赖以及对复杂现实的过分简单化，该排名体系在美国备受批评，但它仍然得到了广泛应用，并具有很大的影响力。得分高的学院和大学，即便它们抱怨方法上的缺陷，也会公开它们的排名。至少，《美国新闻与世界报道》将院校按类别进行了区分：全国性大学、文理学院、地区院校等。这种划分承认了高校不同的使命和目标，并非所有的大学都在与哈佛大学和加州大学伯克利分校竞争。

我们处于大学排名的何处?

毫无疑问，从北京到波士顿，大学校长、政府官员以及焦虑的学生和家长都将会分析这里讨论的一项或多项排名，或者其他许多排名。决策将在某种程度上基于排名——包括政府的资金和其他支持，哪些部门和项目需要建设，哪些项目可能要取消，以及在国内或国外就读哪些学院或大学。

在大学排名方面，就像在其他许多领域一样，“买者自慎”是关键的建议：用户必须充分了解排名的方法和问题。通常情况并非如此，大学的具体排名对许多用户具有说服力。这当然是一个错误。错误不仅因为排名本身的局限性，而且因为排名只衡量了高等教育的一小部分。政府不仅应该关注大学的科研排名，也应该关注大学如何适应高等教育体系。学生应该关心自己的兴趣和能力以及学校的声誉。很少有人考虑到大学排名本身的缺陷。

大学对排名的抱怨不会让它们消失。竞争、对标准的需要以及全球化的必然逻辑，使它们成为 21 世纪高等教育领域的长久组成部分。挑战在于了解各种大学排名的差别、使用方式和误用的后果。

第十章 “至尊语言”：作为学术界统治语言的英语

英语正在以前所未有的态势统治着科学、学术和教学。虽然英语不可能像13世纪欧洲大学中的拉丁语那样，成为教学和学术的唯一语言，但是将其与拉丁语类比，在今天还是有一定道理的。回首彼时，拉丁语不但带来了大学的国际化，而且奠定了罗马天主教会对知识和学术生活的统治地位。马丁·路德领导的宗教改革运动以及随之而来的日益增强的民族国家认同感，使得拉丁语的地位受到了挑战，被民族语言所取代。之后，随着民族国家的发展，欧洲大学开始使用本国语言，并且基本上不再是国际性院校。另外，中国和印度历史上有着使用自己语言的积极的学术传统，与欧洲的发展相对隔绝。然而，现在世界上没有任何一个地方隔离于全球高等教育体系。

直到20世纪中叶，大多数国家还在大学教学、科学和学术中使用本国语言。20世纪30年代，德语还是一种被广泛使用的国际科学语言，从1809年德国高等教育改革开始，德国大学和科学家在科学与学术方面的作用得以确立。法语、德语、俄语和西班牙语曾经以及从某种程度上来说至今仍然被用于学术和科学出版，并且有着一定的地区性影响。使用日语、中文、瑞典语和许多其他语言的学术团体也依然存在。

英语是最为接近“国际语言”的一种语言，因为几大主要的高等教育体系，包括美国、英国、澳大利亚、新西兰以及加拿大的大部分地区都在使用它。此外，那些曾经是英国的殖民地、现在正在崛起的国家——特别是印度、巴基斯坦、南非、肯尼亚、尼日利亚以及其他国家——的高等教育体系传统上也一直将英语作为主要的教学和出版语言。但直到 20 世纪 50 年代，英语并没有主导学术交流，国家性的学术团体通常还是使用本国语言。

如今，英语作为主要国际学术语言的地位不可撼动。事实上，各国高
等教育体系热情地接纳英语，以此作为国际化、参与竞争及晋级为“世界 141
一流”的关键手段。然而，英语的统治地位使得世界范围内的科学日益走向以使用英语的主要高等教育体系为主导的霸权统治，并且给不使用英语的学者和大学带来了挑战。

英语霸权地位的成因

我们不难看出，为什么英语会成为学术和科学的统治语言。使用英语的国家，特别是美国，已经成为学术界的超级强国。在决定学术等级次序的过程中，规模和财富是非常重要的衡量因素。仅美国一国就投入了全世界几乎一半的研发经费，它也是绝大多数在全世界最有影响力的排行榜上顶尖大学的所在地。使用英语的高等教育体系拥有世界上一半以上的国际学生，他们中的一部分毕业生带着对英语和外国大学的热情回到祖国。主要的科学和学术期刊以英语出版，因为它们的编辑和大部分的投稿者是英语国家大学的教授。同样，世界上绝大多数的学术性网站和科学网络也都使用英语。跨国出版商和媒体公司，如施普林格（Springer）、爱思唯尔和其他一些公司，几乎完全用英语发行学术资料，因为它们意识到大多数客户想要购买英文期刊、书籍和在线产品。

英语是全世界最被普遍学习的第二语言。这让英语在许多非英语国家占据明显优势，因为说英语的人数众多，而且事实上它也是目前传播最广的语言。例如，在中国学习英语的学生多于美国，在印度说英语的人也比英国要多。另外，英语还是 70 多个国家的官方语言。早在 18 世纪，殖民

主义就促进了英语（及其他欧洲国家语言）的传播——涉及北美、南亚和加勒比地区以及后来的非洲、亚洲其他地区、澳大利亚和南太平洋地区。今天，没有任何一所非洲大学提供非洲本地语言的授课——学术和智识生活以英语、法语、葡萄牙语、阿拉伯语和南非荷兰语为工具。

英语霸权地位的证据

许多事实证明了英语的国际角色及其在世界范围内学术生活中的统治
142 地位。英语科学和学术期刊的权威意味着期刊编辑、编委会成员以及大多数读者的研究范式和学术兴趣主导着这些期刊，并在很大程度上主导了许多学科的研究议程和方法。世界上其他地方的学者若是想在这些有声望的期刊上发表作品，就必须投其所好。随着互联网的不断开放，主要投稿者和使用者的兴趣日趋占据主导地位，而英语也被最为广泛地应用。国际性的科学会议也越来越多地把英语作为唯一的官方语言。

大学课程也日益被主要的英语国家所主导。在全球化世界，这意味着课程的发展趋势是以英语表达的，并且越来越多地来自美国和少数几个其他国家。MBA 在国际范围内的大量涌现就是学术项目传播的一个极好的例证。MBA 是适应美国商业的需要而出现的，且逐渐成为美国高级管理人员所必需的标准资格认证。在过去二十年，英语已在其他国家成为管理岗位的关键资格，这既是由于跨国公司日益增长的影响力，也是由于美国大学的强大力量。现在，美国大学在全世界许多地方颁发 MBA 学位，美国以外的大学也开发了自己的 MBA 项目，这些项目通常使用英语教学，并且基本采用美国的课程。这一进展说明了英语和美国高等教育理念与实践的强大力量。

以英语出版且基本上在美国和英国编辑的学术期刊和书籍日益主导着全球学术界，几乎只有这些是全球发行的出版物。它们是最有声望的期刊，全世界的学者都争相在这些期刊上发表作品。它们被列入《科学引文索引》（Science Citation Index，SCI）及相关的名录。虽然 SCI 的创建目的既不是对期刊进行排序，也不是衡量个别学者或机构的学术生产率，而是为了追踪科学思想如何变得有影响力以及如何被传播，但它实际上起到了排名的作用。全世界各个大学都希望本校教师在名录中的期刊上发表作品，并且对发表作品的教授进行奖励。例如，用英语在公认期刊发表作品的中国、俄罗斯和挪威学者将因此而获得奖励，而他们那些在国内刊物上发表论文的同行获得的奖励较少或根本没有奖励。在韩国和其他一些地区，学者在国际公认的期刊上发表英语论文的压力很大。以英语发表的、登载在国际公认期刊上的论文，以及由国际知名出版商出版的著作，要比发表在其他任何地方的作品都更受重视。

以英语授课的教育项目也在许多非英语国家广为传播。欧洲、亚洲和 143
拉丁美洲的大学在以本国语言授课的同时，也提供英语授课的学位项目。少数仅用英语授课的新型私立大学也建立起来，其中一些自称为“美国××大学”，以利用英语的声望优势和普及性，尽管大部分与美国高等教育并无关联。有时，这些大学会试图在美国获得认证，且其中一些机构已经获得了承认。

世界范围内大学海外分校在很大程度上使用英语授课。美国、澳大利亚和英国在建立分校的运动中最为积极，因此，用英语授课也不足为奇。非英语国家大学海外分校也同样使用英语——荷兰和德国大学的海外分校通常提供英语项目。世界上共有 219 所海外分校，主要由北方国家的大学发起主办，在南方国家运行。海外分校运动不仅输出语言和课程，还将新的理念引入东道国，并可能取代本土教育模式。

许多观察家将世界范围内英语在高等教育中的影响视为一种积极的趋势——对全球化做出贡献，并促进国际学术文化交流。全球性的学术环境需要一种共用的沟通媒介，而英语是一种最有可能的语言。此外，英语有时也为全世界高校带来了新的理念，但是，英语的新霸权地位也存在着一些重要的不利影响。

不利方面

英语的影响力增强了使用英语的主要高等教育体系的影响，尤其是美国和英国高等教育体系。这些国家拥有世界上多数的顶尖大学，产出大部分的科学发现和知识，并且构成了科学交流的中心。这些中心在学术交流中的规范、价值、方法论和倾向上支配着处于学术边缘的世界上其他地区。

在以英语为主导的全球环境中，各国的科学交流遭遇了什么呢？本土和全球的科学与学术之间总是存在一种张力，因为知识就其本质来说是无国界的。本国语言的使用、国内期刊和出版物的存在受到全世界决策者和
144 学术管理者的质疑。知识根据是否为国际学术圈所认可而被排序，否则，即使一本国内出版物与本国需求密切相关，它也会被认为不具有那么高的声望，而这又可能影响学者的学术生涯或收入。富有进取心的学者们自然会寻求在国际出版物上发表文章，以提升影响力和发展职业生涯。为获得国际认可，他们可能会忽视诸如本国史或地区性健康问题之类的研究主题。

这些因素将使研究人员和学者倾向于他们认为对全球学术界具有吸引力的主题，而这往往是以牺牲地区或国家受众可能感兴趣的、基本的但更具地方性的主题为代价的。此外，其所选择的研究方法将遵循国际主流，无论这些方法是否与正在研究的特定主题相关。

不久前，荷兰教育部长提议，荷兰大学应当把教学语言从荷兰语转变为英语，这样可以提升荷兰对国际学生的吸引力，并且更好地融入全球学术界。荷兰议会就此问题展开了讨论，最终决定不改变教学语言，理由是，如果荷兰语不再用于知识和学术生活，那么荷兰将会失去其独特的文化。尽管做出了这一决定，英语在荷兰还是被广泛应用于学术目的——而且一些中学后教育机构完全用英语授课。在其他地区也有类似的争论。如

果最有价值的知识旨在国际学术界且以英语传播，那么这将会对各国的科学和知识体系产生负面影响。

在许多国家，各种类型的学术奖励往往都会授予那些使用英语并参与全球科学网络的学者。这些学者作为代表被邀请参与国际会议，获得国际和国内出资者的研究基金，并且通常被视为其科学团体的领军人物。大学和政府经常使用SCI或相关的系统来评判其学术领域和大学的影响力与价值。SCI成为“质量”和“生产率”的代名词，国际大学排名系统也采用类似的衡量标准。然而，这势必会为那些用英语写作并计划接触国际读者群体的学者提供特权。

这些因素导致了全球知识的同质化。英语不但成为统治语言，而且还与国际科学与学术主导潮流密切相关并形成强大合力，导致研究问题和方法的多样性日益减少。

我们能做什么？ 145

如果说全球化决定了世界经济、科学及其他方面发展的潮流，那么在可预见的未来，科学和学术界使用英语作为全球通用语言将会是一种必然。诚然，科学日趋国际化，学生和教授的全球流动是一个长期的事实。国际性的知识网络不仅包括了科学和学术，还越来越多地将人纳入其中。这一网络主要以英语运行，并且为使用英语的主要高等教育体系所统治。

此处的争论在于，尽管这一国际性的网络势不可当，并且很大程度上是积极的，但本国及本地的科学团体和高等教育体系也必须受到保护。这些团体值得尊重和支持，因为它们为科学和学术带来了有价值的视角与多样性。国际化也许有着积极的意义，但伴随着同质化，我们失去了对本土和区域问题的关注，也失去了对国际主流之外的思想的关注。一个完全开放的市场将会弱化这些团体，正如当今世界的主导语言不断地扼杀弱小语言一样。以本国语言进行的科学和学术活动理应得到支持。对于学术价值的评价，不应该仅仅根据SCI或其他国外机构的排名——也就是说，不应将评价的权力交予外国人。虽然基于本国的评价并不容易，但是很有必要。在国内与国际的发表活动之间保持适当的平衡，将有助于培育活跃的科研群体。

最根本的是，要对本国科学和知识群体的重要性有正确的认识。创造一种国内和国际的平衡状态或许并非易事，然而知识自主性却取决于此。

第 三 篇

中心与边缘

第十一章　作为中心与边缘的大学[①]

本章讨论高等教育的复杂性和困境，探究处于不同发展阶段的国家的大学之间的关系。关于发展阶段，人们一度只考虑工业化国家与曾经被称为第三世界的国家（这些国家通常被认为是“发展中国家”）。但在 21 世纪，发展阶段的矩阵要复杂得多。像中国这样的国家，在不到三十年前被认为是“发展中”国家，现在是一个中等收入国家，不久将成为世界上最大的经济体之一，拥有几十年前无法想象的高等教育体系。大众化为几乎所有国家带来了高等教育发展，使得大多数国家拥有质量过关的大学。然而，高等教育仍然存在严重的不平等现象。本章的目的是了解处于不同经济和技术发展水平的国家的大学在国际知识体系中是如何相互联系的。大学同时在几个不同的环境中发挥作用：它们根植于本土文化，受国情的影响；它们是国际知识体系的一部分；它们还是本国知识的生产者和传播者，在技术发展的社会中发挥着日益重要的作用；它们也与国外的院校和思想进行互动，因为知识没有国界。 149

本章的基本观点是，虽然发展中国家和大多数中等收入国家的大学在本国社会中发挥着关键作用，但是它们发现自己在国际知识网络中处于不利地位。同时关注内部和外部带来很多问题，特别是伴随着直接促进国家

---

① 感谢已故学者凯利（Gail P. Kelly）对本章早期文稿所做的评论。其中一些主题在我与凯利合编的《教育与殖民经历》（*Education and the colonial experience*, New Brunswick, NJ: Transaction, 1984）一书中进行了阐述。本章内容最初发表于 1981 年，收录时做了更新，但所讨论的一些主题反映了当时的关切，今天可能已不那么重要了。

发展和参与国际体系的巨大压力时更是如此。本章讨论这一劣势的性质及其对国际知识体系的影响，以及第三世界大学的多重角色，提出一些可能改善这种状况的措施。

人们通常认为，“国际新秩序”是基于更加平等的国际体系而建立的，
150 它应当使世界贫困地区的教育机构享有更大程度的自治与平等。但国际知识系统的不平等现象非常严重，这种不平等不但具有强大的制度支持和深厚的历史根源，而且往往符合当权者军事、经济、知识或技术等各方面的利益。即使有由联合国决议或教科文组织的计划支持的最佳意图，也不可能颠覆各国之间的基本权力关系，特别是当那些在工业化国家掌握权力的当权者在过去没有表现出任何放弃权力的倾向时。然而，也出现了一些变化的迹象，特别是在第三世界（尤其是中等收入国家）的区域研究中心和高等教育的发展方面。

本章讨论的核心是中心与边缘的观点（Galtung，1972；Shils，1975），附带主题是新殖民主义（neocolonialism）的观点（Altbach，1977；Arnove，1980a）。中心与边缘的概念已被用于分析各种社会关系，但直到最近才被应用于教育。将它应用于分析大学的国内和国际角色时，理解这一概念的细微差别非常重要。当前的国际教育有机体存在着某些院校和知识的“中心”，它们指出方向、提供参照模式、开展研究，一言以蔽之，它们处于学术体系“金字塔”的顶端。与之相对的是那些处于“边缘”的大学，它们照搬国外大学的发展模式，很少产出原创性成果，而且一般不涉足知识的前沿。

那些处于中心的大学以科研为导向并享有盛誉，它们是国际知识体系的重要组成部分。这些大学拥有规模较大的图书馆和设备精良的实验室。它们获得了大量的科研经费，培养了大多数博士研究生，是公认的学术领袖。虽然这些中心大学也承担教学职能，但从某种意义上说，它们是知识的创造者，是获取和传播知识的主要机构。作为全球科学语言的英语日益成为主要的交流语言。最重要的科学产品出版商和著名学术期刊等多数都设在这些中心大学，它们还拥有重要的互联网站。学者们往往被吸引到这

些大学从事高级研究和接受博士教育。中心大学几乎无一例外地位于那些人均收入高、科技水平高、学术传统深厚的国家，这些国家使用某种主要的世界性语言，并且拥有满足知识生活所需的所有基础设施。这些位于中心的大学主导着全球排名，例如，北美、西欧、日本和澳大利亚在2013—2014 年 THE 世界大学排名的前 200 所大学中占据了 175 席。

处于边缘地位的大学为数众多，它们基本上是知识的传播者，传播的主要途径就是培养学生，以及从某种程度上说，重复进行在中心大学已开
展过的研究。它们在很大程度上依赖中心大学为其提供革新模式并指出发 151
展方向。总的来说，它们的设施不够完善，教师薪酬不高，声望也较低。它们没有多少支持其办学的优良传统，一般位于较贫困的国家，缺乏受过良好训练的师资，总之还没有达到追求学术卓越的起点。这些处于边缘的大学通常（但并非总是）位于边缘国家，它们很少把重点放在研究上。

中心与边缘的概念（或如某些人所说的“首府和外省”）在许多学术领域被用来描述国际环境下的不平等现实。高尔顿（Galtung，1972）在试图建构一种帝国主义的结构理论时明确表述了这一概念，他的部分论著参照了列宁对帝国主义所下的定义，以及当代依附论者科克罗夫特、弗兰克和约翰逊（Cockcroft，Frank，Johnson，1972）的理论。希尔斯（Shils，1972）最早将中心与边缘理论引入对第三世界国家知识人员作用的研究之中。希尔斯倾向于把这种中心与边缘的关系视为不平等的“必然”结果，而高尔顿及其他人则强调工业化国家有必要维持第三世界国家的边缘地位。正是依据这一论点才形成了新殖民主义的概念（Altbach，1977；Mende，1973）。在这一背景下，新殖民主义论者认为工业化国家应实行一系列政策，以维持其对第三世界国家的支配地位（Altbach，1977）。从多种学科和理论中借用而来的分析框架目前尚有争议，但在帮助我们理解一种复杂现象时却是有裨益的。

中心与边缘不仅仅存在于国与国之间，也存在于一国内部的大学体系中，这一概念的意义超越了国际比较。正如里斯曼（Riesman，1958）所指出的，美国少数一些精英大学为其他大学奠定了学术基调。他关于曲折

的学术进程的概念——趋同（isomorphism 也称同型）与本讨论相关。在美国，一小部分公认的中心大学主宰着绝大部分高校，相对而言，很少有其他高校提出另外的模式或朝截然不同的方向发展。有关大学本科课程的讨论通常由哈佛大学或其他顶尖学府牵头，而且往往会波及其他院校。就像过去在法律和商业教育方面所做的那样，当精英大学认可一种新趋势时，其他高校通常也会效仿。此外，中心大学能获得绝大部分研究经费，拥有研究型师资，等等。在美国，排名前 100 位的大学获得了 80%的联邦政府科研经费。边缘大学不仅仅是中心大学的追随者，而且很少在科研上开辟新的道路，即使在财政和其他约束方面不像大多数第三世界国家那么
152 严重的美国也是如此。在英国，牛津大学与剑桥大学对中学后教育的影响很大。在法国，巴黎的大学则主宰着整个国家的高等教育体系。因此，中心与边缘的观点在国内环境中同样也发挥作用，它与许多因素有关，而不仅仅与遍布全球的经济不平等有关。另外，在国家内部和全球范围内，存在大量的趋同现象——整个大学体系都渴望追随顶级院校。

在国际背景下，发展中国家和新兴经济体的大学通常处于边缘，尽管到 21 世纪初，中国、韩国、新加坡以及其他一些国家已经出现了少数备受尊重的研究型大学（Altbach & Salmi，2011）。然而，边缘大学总是向工业化世界的高校看齐，特别是向美国、英国和其他几个主要的欧洲国家寻求模式、科研和发展方向。相对而言，很少有第三世界的大学能培养出顶尖的学者和研究人员，因为它们的图书馆和实验室等基础设施往往较为落后，无法助力先进学术成果的生产。此外，它们通常缺乏学术研究的方向。第三世界的大学往往不把自己视为中心院校，因此，对中心大学存在的心理依附与缺少必要的设施和传统，共同决定了第三世界大学只能是边缘大学。

然而，在许多情况下，发展中国家的顶尖大学是本国的重要机构，从这个意义上说，它们对本国社会的重要性可能超过了哈佛大学、牛津大学等重要的国际大学。这些发展中国家的顶尖大学培养出现代国家所必需的训练有素的精英，它们经常处于本国政治旋涡之中，开展文化评论和批

评。在一些国家，这些大学对界定公共生活和公共话语做出了重要贡献。政府经常征求这些大学的教授的意见，并常常有教授身居政府要职。通过激进主义运动，这些大学的学生发挥着重要的政治作用，并在一些时候推翻了政府。学术界的“道德权威”是社会中的一股力量，没有许多清晰的可供商榷的替代来源。从这个意义上说，第三世界大学面临着一个奇怪的悖论：从国际意义上来说它们处于边缘地位，在许多方面依赖于外国大学，但同时它们又在本国社会中处于中心位置。

一所在全球范围内处于边缘的大学能够成为中心大学吗？这是人们经常讨论的一个复杂问题。这一观点假定全世界所有的大学都应该追求工业化国家杰出的研究型大学所确定的那种中心地位。甘地（Gandhi）、尼雷尔（Nyerere，1968）和伊里奇（Illich，1970）等理论家都认为，教育（包括高等教育在内）应当走不同的道路，要为国家需求服务，而不是试图在发达国家强加的规则下进行国际竞争。但公认的高等教育卓越的标杆仍然 153
是处于中心位置的主要研究型大学，许多其他高校渴望达到这种中心地位。有一些个别机构和高等教育体系的主要部分正在向国际学术等级的中心地位迈进的例子。德国大学在 19 世纪就做到了这一点，20 世纪初，受德国影响的美国大学紧随其后（Ben-David & Zloczower，1962）。同样是在 20 世纪，受德国和美国学术模式影响的日本大学也朝这个方向发展。在 21 世纪，世界上许多其他地区的大学，特别是东亚、中东、拉丁美洲和其他地区的大学，都加入了建设世界一流研究型大学的行列。另外，全球大学排名进一步促进了这些努力（Hazelkorn，2015）。

第三世界大学要在现代世界中移向中心地位是很困难的，但绝不是不可能的。科学与学术的复杂性使中心地位的获得比以往要困难得多，但正如稍后将指出的，问题不仅仅在于资金。例如，尽管科威特做出了巨大的努力，却未能建立起一所功能齐全的研究型大学。毋庸置疑，在第三世界国家，资源匮乏的确是一个主要因素，因为学术发展所需的基础设施成本很高。本章后面将会讨论学术依赖的具体因素。虽然的确有大学、高等教育体系甚至个别的部门或院校从边缘位置转向了中心地位，但毕竟是少数。《通往卓越学术之路：一流研究型大学的形成》（*The Road to Academic Excellence*：*The Making of World-Class Research Universities*）对发展中国家和新兴经济体的案例研究表明，这一发展是可能的（Altbach & Salmi，2011）。

面向第三世界的国外教育援助项目、技术援助及其他方面的援助往往有着复杂的动机以及各种各样难以预料的结果。捐赠国在提供资助时往往怀有好几种目的，其中之一便是教育结构和政治结构的渗透，这种渗透能确保稳定和普遍的“亲西方”趋向（Arnove，1980b）。虽然本章主要不是关注新殖民主义和外国援助，但这些现象是我们所关注的第三世界与工业化国家之间关系的重要组成部分。

第三世界的现实

第三世界大学的作用是复杂多样的。由于殖民地发展的差异、经济政治现实的改变，以及关于高等教育在现代社会中作用的不同观念，很难对
154 大学的作用一概而论。殖民地传统对高等教育的基本特征产生了各不相同而又经久不衰的影响。最显著的殖民地影响便是语言——以前在英国控制下的国家通常继续使用英语（至少在教育体系的上层是如此），而前法国殖民地仍与法国保持着语言上的联系。另外，不同的殖民政权制定的教育政策也各不相同。在印度，英国人对教育机构的设立相对宽容，而在非洲，殖民者由于担心大学可能会滋生不满情绪，不愿意投入资金或允许地方政府办学。

在殖民地建设高等教育方面，法国的政策更加严格，尽管有大批学生前往宗主国接受教育（Kelly，1978）。此外，法国在越南和西非的政策也有所不同。荷兰人和葡萄牙人对殖民地的教育不太重视，他们大多反对在殖民地建立大学。比利时人的政策最为严厉——他们禁止在殖民区域发展中学后教育。即使美国在菲律宾的殖民时期相对较短，但也有其独特的教

育方式，他们比其他殖民列强更加重视教育，并努力按照本国的观念建立教育制度。美国殖民教育政策的一个结果是，现当代菲律宾是第三世界国家中年轻人接受中学后教育比例最高的国家之一（Constantino，1978；Foley，1978）。

各殖民势力采取的教育政策一般反映了宗主国的教育理念，但通常是打了折扣的形式。因为担心大学会引起政治上的反对，并产生一批失业的城市知识分子，殖民者在教育上并没有投入太多资金，他们不允许大学层次的院校迅速发展，也不愿意把钱花在高等院校扩张上。所开办的高等教育一般是为了培养能够管理殖民地官僚机构的忠诚的公务员，而不是为了发展科学研究或促进现代化。殖民教育传统至今根深蒂固，具体体现在许多大学仍偏重于人文学科，教育和知识话语仍使用欧洲语言，以及在教育系统的组织上仍采用宗主国模式。

目前发展中国家和新兴经济体之间的差异也是巨大的。一些国家，如中国、印度、菲律宾、埃及和墨西哥，拥有规模大且多样化的高校体系，不仅生产科研成果和培养学者，还为本国大部分城市人群提供教育。中国和印度拥有世界上最大的两个高等教育体系——过去 20 年，中国在科研生产力方面的进步令人瞩目。其他国家和地区的高等教育体系仍然高度精
英化，只有极少数城市的上层阶级才能进入。截至 2014 年，印度中学后 155
教育招生规模居世界第二，学生人数超过 2000 万，但即使是像印度这样的国家，年轻人接受高等教育的比例仍然低于所有的工业化国家。高等教育大众化对发展中国家产生了巨大影响，这些国家的入学人数迅速增加，但在年轻人接受中学后教育的比例方面，几乎所有国家都落后于发达经济体。这些国家的大学仍然主要是城市机构，人们普遍认为大学在地理位置及知识上都与广大的农村人口相脱离。殖民者在殖民地的首府建立了大学，这些院校一直与宗主国的中心大学保持着紧密的联系。

发展中国家大学的教学语言有时仍旧采用一种欧洲语言，也有许多国家使用本土语言，尽管它们往往依赖于来自工业化国家的教材和其他知识产品。某些大学仍与西方国家的大学保持密切联系，而其他的大学则较为

独立。在某些国家，学术职业不仅报酬丰厚而且很受尊敬，在有些国家待遇则差一些。在某些国家，本国的精英人才主要在国内培养，而在有些国家，他们则被送往国外留学。在大学的自主权方面，各国情况也相去甚远。在某些国家，大学享有很大的自由度，而有些国家的大学则受到严格的控制，有时甚至受到压制。这些差异的原因很难一概而论，因为政治取向和经济体制并不是造成这些差异的全部原因。

对不平等的剖析

高等教育国际不平等的原因错综复杂，但一些主要因素仍值得探讨，因为它们对于理解第三世界大学的状况至关重要。以下因素在不同程度上造成了这种情况。

大学的历史传统是西方的产物，与第三世界的知识或教育传统几乎没有关系（Ashby，1964，1966）。虽然许多亚洲和非洲国家曾经有着先进的本土教育理念和制度，但在创建现代学校时所遵循的制度模式本质上都是仿照西方的。采用一种从根本上来说是外国的教育模式所造成的影响是相当大的，从院校模式到课程设置、教学方法和有关高等教育在社会中的作用的基本观点都是西方的。虽然所仿效的特定的西方制度模式与殖民统治
156 有关，但即使那些从未或完全沦为殖民地的国家，如泰国、日本、中国和埃塞俄比亚等国也参考了西方模式。然而，在后一种情况下，选择至少取决于所涉及的国家。

虽然一些国家已经做出了大量努力来调整课程以适应国家的需求，但也仅取得了部分成功。教材和科学背景的缺乏，以及大多数第三世界国家的学术人才是按照西方模式培养出来的事实，都使得这种努力困难重重。

在许多第三世界国家，高等教育所使用的是某一种西方语言。殖民政权在殖民地举办高等教育时无一例外地要求使用欧洲语言。该教育政策与使用西方语言达成行政、商业和法律方面的目的有关。使用西方语言带来

的影响曾经是相当大的，现在仍然如此。这些语言成为权力和财富的象征，也是声望的象征。欧洲语言的使用范围也相当有限，只有一小部分人能够使用殖民者的语言——在印度，到 1950 年左右，大约只有 1%的人会说英语。现在这一比例明显提高，可能高达 20%，但仍只占该国人口的一小部分。印度的大部分高等教育活动把英语作为教学语言。在以英语为母语的非洲国家，几乎所有高等教育活动都是用英语进行的。事实上，在非洲大陆，没有中学后教育使用土著语言进行（除非有人把南非荷兰语视为一种当地语言）。所有高等教育都是用英语、法语、葡萄牙语或阿拉伯语进行的。即使那些没有受到殖民统治的发展中国家也深受欧洲语言的影响：19 世纪，日本就教育体系的某些部分是否可能使用英语进行过论辩。

在讨论第三世界的高等教育发展，甚至民族国家发展时，语言的重要性十分突出。在欧洲语言继续占据高等教育主导地位的国家，正如它继续支配着许多第三世界国家的高等教育一样，大学自然而然地脱离了大部分人，并不可避免地朝着欧洲或北美的中心方向发展。虽然印度尼西亚做出了相当大的努力，印度、巴基斯坦和其他一些国家也进行了一些尝试，但是欧洲语言仍然在这些国家的高等教育中占据着重要位置，尤其是在精英阶层。当然，拉丁美洲是个例外，因为西班牙语或葡萄牙语是绝大多数人 157
口的母语。作为一种维持社会地位的手段和获得精英地位的途径，语言具有社会和心理的意义。应当补充的是，特别是在多语言的社会中，以任何目的有效使用本土语言的方式都是复杂的，而且往往与变化无常的政治息息相关。

第三世界国家在很大程度上是知识的“消费者”，它们在科研、对科学进步的解释以及信息方面通常依赖工业化国家。世界上绝大部分的科学研究是在工业化国家进行的，因为它们拥有充足的研究经费和先进的研究设施。随着知识的迅速增长，以及许多领域的研究需要更精密和更昂贵的设备，第三世界与工业化国家在科研方面的差距正在拉大。由于科研市场成本太高，大多数发展中国家和中等收入国家无力负担。少数国家，如金砖四国——巴西、俄罗斯、印度和中国，拥有资金和受过良好教育的人才，参与知识竞赛（Carnoy et al.，2013）。联合国科学技术会议的一项重要提议是把更多的资金用于发展中国家的研究和发展，这或许具有重要意义。工业化国家并不赞成这些建议，尽管以世界科研标准衡量，这一资金数量相当之小。

虽然大多数人认为科研能力很重要，但是发展第三世界的科研能力存在一些特殊的困难，因为工业化国家进行的许多研究对第三世界的意义有限。例如，作为进步的标准，高等院校一般只把有限的重点放在科研和出版上，一些第三世界国家选择在大学之外建立单独的研究实验室，从而限制了高校获得重要资金和人才的机会。第三世界的科学家通常不愿意从事“应用性”工作，他们认为国际学术界更看重“基础研究”（Eisemon，1980）。此外，第三世界有限的科学发展在许多情况下得到了西方的鼓励和资助，这可能会扭转它的发展方向。总之，科研能力发展是一个与第三世界自身人才和财力资源，工业化国家科研的迅速发展和研究成本的不断提高，以及由西方科学观念和方向所支配的第三世界发展本土科研模式的困难等相互关联的多维问题。

工业化国家掌握了主要的知识交流途径。重要的学术杂志、网站、出版社、文献库及图书馆都在欧洲和北美。这一简单的事实决定了知识的流
158 向，还意味着第三世界国家的许多学术需求并没有得到满足。学术杂志主要面向本国读者而对第三世界的科研进展几乎不予关注。出版商，甚至期刊编辑对发展中国家的作者和关注发展中国家的研究基本上不感兴趣。或许最严重的是，第三世界知识分子取得的学术成就、创造性的著述和研究很少有发表渠道（Altbach，1975a；Smith，1975）。控制交流网络的影响是相当大的，而且往往使第三世界的高等教育体系发展向工业化国家倾斜。

互联网呈现出一幅复杂的图景。一些人认为这项技术将使“穷国”摆脱对工业化世界的依赖。在某种程度上，这是可能的。但即使是现在，互联网接入也并不普遍，带宽仍然是个问题。此外，由于网络的运用而产生的互联网、数据库和其他产品大多为工业化国家所拥有，而这些网络和产

品反映了这些国家的需要。出版物的获取也可能相当昂贵。主要的跨国期刊出版商，如施普林格、爱思唯尔和泰勒-弗朗西斯（Taylor & Francis），对使用它们的数据库收取高额费用，即使给发展中国家的图书馆打折，价格也超出了这些图书馆的支付能力。

大量来自第三世界国家的学生在工业化国家留学。众多国际学生在美国学习，其中大多数来自发展中国家和新兴经济体，来自中国和印度的人数最多。另外，还有成千上万的学生在英国、法国、德国和欧洲其他国家留学。目前大约有400万名学生在海外学习，而且这个数字还在迅速增长。虽然很难对留学海外的影响做出评价，但显然，在工业化国家接受训练使留学生适应了“东道国”的教育体制、知识方向、科研方法论、工作习惯和专业期望等。虽然有许多留学生学成后不回祖国，导致了被热议的人才外流现象，但相当多的留学生还是选择回国，其中许多人以自己在工业化国家接受教育的经历来引导未来的发展方向。对第三世界而言，在西方获得的专业技能是重要的，但国外训练往往还会带来“非预期”结果。

依附与新殖民主义

上述所有因素可能都是基于深刻的历史和当代不平等的国际制度的必然结果。这些因素和其他因素结合起来强化第三世界大学的边缘地位，它们还使得这些大学在不同程度上依赖工业化国家的教育和知识结构。要改 159
变这种现实几乎是不可能的。另外，除了由国际体系带来的这些不可避免的结果之外，工业化国家和第三世界国家的政策强化了有时甚至加剧了这种不平等。国外援助项目、文化交流项目及类似的政策常常促成了这种依附关系的继续存在。使用西方“专家”也往往使学术研究、课程及高等教育其他方面的西方模式得到了强化。西方教材的使用可能有同样的结果（Altbach，1975b）。工业化国家提供专业知识，部分原因是维持它们对第三世界大学的影响力，部分原因是利他动机，或许还有部分原因是知识上的优越感。在某些情况下，国外援助往往与捐助国生产的产品和服务“挂钩”，这进一步将受援国与捐助国联系起来。虽然教育援助只是更广泛的政治斗争中的很小的一个部分，但毋庸置疑，它的确与这些斗争有关。

工业化国家并非只有政府在推行政策，以维持其在第三世界的有利地位（Schiller，1976）。施普林格出版社、汤森路透（Thomson-Reuters）和苹果电脑（Apple Computer）等公司也是第三世界交流领域的重要力量。工业化国家的政府经常与跨国公司密切合作。

正如库姆斯（Coombs，1964）所指出的，教育是外交政策的“第四维度”，因为教育被视为与工业化国家的国家目标整体契合。其他人如奈（Nye，2004）则认为“软实力”是富国影响他国的一种方式。第三世界国家出于种种原因接受外国教育援助。在某种程度上，第三世界国家认为任何帮助都对其解决发展中遇到的错综复杂的问题有所裨益。国外教育援助是一个复杂的问题。就本章的目的而言，主要是指出这种援助是一柄“双刃剑”，它一方面维持了依附模式，另一方面又往往提供了第三世界所需要的技术。

边缘的中心与中心的边缘

第三世界大学在国际高等教育体系中处于边缘地位，而这种状况是多种因素综合作用的结果，其中大多数因素反映了财富、权力和资源方面的国际不平等。工业化国家的政策也强化了业已建立的关系，从而使第三世
160 界继续处于边缘地位。由于大多数观察家都很清楚第三世界大学的现状，因此没有必要对此进行全面分析。然而，仍有必要探讨几个关键问题，以说明它们的边缘地位的特殊性和复杂性。

书籍、期刊和网站是知识传播过程中的重要组成部分。目前全球知识

成果出版集中在工业化国家，对大学和科学界至关重要的学术书籍、科学期刊、研究报告和其他出版物尤其如此。据估计，世界上有影响力的社会科学期刊中，有 62% 的期刊在美国、英国和法国出版（Line & Roberts，1976）。著名科学期刊几乎都在西方出版，主要是美国、英国、法国，其次是德国。学者们以这些期刊为导向，用期刊的出版语言（目前主要是英语）写作，并在一定程度上以这些主要杂志所看重的研究为主题。在全球书籍出版方面也存在类似现象。主要知识公司都位于工业化国家，第三世界的学者往往希望自己的书籍由大出版商出版，因为这些公司支付更高的稿酬，并提供接触国际读者的机会，来自发展中国家的评价者和其他人也会更加看重这些书籍。

在世界范围内，能取得重大科学发现并拥有支持高水平科研的实验室和其他设施的大学并不多见。这些大学主要位于工业化国家，并且形成了高校中的小型精英群体。即使在美国，大学之间的差异也很大。在美国 3000 多所大学中，只有大约 150 所被选中接受联邦政府每年 5000 万美元以上的科研拨款，排名前十的大学每年获得超过 5 亿美元的科研经费。而第三世界大学在大多数领域根本就得不到开展前沿科研工作的资源，仅在这一点上，它们就已处于相当不利的地位。资金得不到保障，基础设施匮乏，以及富有创造力的研究人员数量少，都使得第三世界大学难以开展世界一流的科研工作。

然而，正如上文所述，大学在全世界发挥作用的同时，也在本国和本地区发挥着作用（Gouldner，1957，1958）。在第三世界国家，那些在国际环境中明显处于边缘的大学在本国却发挥着重要作用，它们在培养人才方面，有时也在开展应用研究及知识传播方面处于中心地位。许多第三世界大学同样也发挥着区域性的重要作用。这些大学在工业化国家的中心大学和边缘国家的大部分大学之间发挥着“中介”（mediator）作用。这些区域性的大学在其所在的地区往往是科研与出版的中心，并吸引着其他国家的学生和教师。但是，在第三世界大学这些不同的作用之间经常会产生很 161
大的张力乃至混乱，政府当局很少关心大学的世界性或国际性发展，而是要求其培养训练有素的人才和进行有用的研究。公众认为高等教育是在具有严重经济问题的社会中寻求社会流动的一种手段。大学教师常常将自己视为国际学术界的一部分，并向国外寻找模式和规范。

发展中国家许多大学已成为区域性的中心。包括肯尼亚的内罗毕大学（University of Nairobi）、乌干达的麦克雷雷大学（Makerere University）、加纳大学（University of Ghana）等在内的一些非洲院校，已由国际组织和美国基金会认证，它们为这些院校提供资金以帮助其达到国际质量标准（Berman，1979）。这些资金、访问人员及其他类似资源的注入，帮助这些机构与国际知识体系建立了联系，提高了教学和科研的标准。开罗大学（Cairo University）之所以成为阿拉伯国家的区域中心，是因为它是该地区历史最悠久、规模最大的现代大学之一，坐落于传统的阿拉伯文化和出版中心——埃及。其他作为区域中心的院校，都培养了大量来自其他国家的留学生，开罗大学的留学生大多来自阿拉伯国家。出于类似的原因，墨西哥国立自治大学（National Autonomous University of Mexico）被确定为拉丁美洲地区的中心。该大学毗邻美国，有大量的外籍教师，庞大的规模使其成为拉丁美洲的一所顶尖高校。德里大学（Delhi University）和其他几所由中央政府资助的大学都是印度顶尖学府，许多来自这一区域其他国家的学生在此留学。位于印度首都新德里的德里大学接受了大量的国外援助。位于全国各地的印度理工学院通过印度政府的大力支持、外国援助和保持较高学术水平，也获得了国际地位。位于新德里的贾瓦哈拉尔·尼赫鲁大学是新建大学之一，也取得了较大成就（Chitnis & Altbach，1993）。

区域性高等教育中心往往位于区域内重要国家的首都，具有相当悠久的现代高等教育传统，以当地标准来看它们是大型大学，而且在许多情况下还获得了相当多的国外援助。它们的地位不仅使其声誉越来越高，而且促使其成为研究、出版和学术的中心。这些大学的教师往往在国外留过学并有博士后研究经历，它们能吸引访问学者，图书馆和互联网设施往往接近国际水平。

然而，维持这些大学的质量和知名度有时很困难。例如，肯尼亚面临

的政治和经济问题对内罗毕大学产生了消极影响；20 世纪 90 年代，在经 162
历了一个充满希望的开端，获得了大量的外国援助之后，一些大学出现了危机并状况恶化，失去了区域中心的地位；以德里大学为例，招生的巨大压力、财政上的削减，已经使其国际地位的提高陷入停滞。在这种情况下，上升的势头已经丧失，甚至在取得完全的成功之前就必须重建。尽管如此，这些高校仍发挥着重要的区域作用。

在某些情况下，来自第三世界高校的特定院系或学科有可能在科研上取得重大成就，从而成为国际学术界的一部分。例如，一些院系专门研究热带地区的课题，取得了令人瞩目的成果，并成为这些领域的研究中心。通过在有限领域投入大量的资金，第三世界大学可以在与其国家特别相关的领域积累有限的专门知识。尽管建立和维持这些中心所需的资源相对较少，但这样的中心仍旧很罕见。

中心主义与地方主义之间经常存在内在的冲突，这使得大学承受着来自这两方面的压力。在某些方面，一所立足于本国的边缘大学在满足国家的迫切需要方面能比一所与国际高等教育体系有密切联系的大学做得更好。这样的大学能更好地培养满足国家特定任务所需的人才，能对发展的需要做出迅捷的反应，并愿意更多地参与解决社会的紧迫问题。但是，它所生产的专门知识是有限的，并与主流的科研和学术相去甚远，它所研发的技术也可能是过时的。从某种程度上说，一所地方性大学在学术生活方面和更广泛的知识生活领域都与新思想隔绝了。

例　证

以下举几个不同国家的例子来说明第三世界国家的一些问题。印度是一个大国，拥有较好的大学体系、大量训练有素的学者和较完备的基础设施。印度现在拥有全球规模第二的高等教育体系，但体系中大部分院校的质量标准低下（Altbach，2014）。此外，即使在这个体系中只有少数部门关注研究、研究生培养和参与国际学术网络，但也面临着严重的问题。总的来说，该国高等教育体系资金匮乏，高质量的实验室很少，图书馆往往规模较小，而且藏书较为陈旧。虽然有很多印度人受过良好的训练，但他们的分布往往较为分散（许多最优秀的人才在国外工作）。只有极少数的
163 印度大学拥有足够数量的研究人员和设施，以及有为国际知识体系做出贡献而开展高水平研究的愿望。或许最重要的是，学生数量压力加上财力资源的匮乏，导致高水平的科研项目无法开展。虽然如印度理工学院和塔塔基础研究院（Tata Institute of Fundamental Research）等一些专门机构做出了坚实的贡献，但是包括大学研究生院在内的高等教育体系中大多数机构的工作质量仍然相对不高。由于印度高等教育体系的上层仍然使用英语，因此与其他国家学者之间的交流没有问题——在许多领域，印度学者与其他国家同行之间的接触和其与国内同行的接触一样多。虽然印度出版业发达，也有一些专门的学术期刊，但由于大多数先进的工作是在工业化国家进行的，因此大学仍然依赖国外出版的书籍和期刊。

印度大学的边缘地位是由许多因素造成的。在一些领域，印度的科学发展已经接近了起跑线，但资源紧缺，科学和研究必须与工业、农业及教育系统其他层次的发展争夺稀缺的资金。从某种意义上说，印度已经“过度培养”了它的人才，许多训练有素的印度人离开祖国到别国工作。这种人才流失给印度经济造成的损失是巨大的，但在许多领域印度又无法提供合适的就业机会。虽然印度的科学家已为本国的农业及其他领域提供了专门知识，但是由于英语的使用、西方科学的声望以及印度许多主要研究人员的国外教育经历，公平地说，印度科学的大部分是以世界性模式（metropolitan models）为发展方向的。虽然相对而言，印度在科学上投入了大量的资金，但是仍难以在科学方面达到国际水准：一是资金仍然不足，二是高质量人才缺乏，三是过分尊崇国外。值得注意的是，近年获得诺贝尔奖的两位南亚科学家都曾在国外（美国和英国）工作。

科威特高等教育的问题在许多方面正好与印度相反。科威特发展高等教育的资金充裕，它的问题是缺乏基础设施、受过良好训练的人才以及学

术与科学发展的明确方向。此外，科威特的劳动力很少，并且工作区域小。科威特大学成立于1966年，2011年有38000名学生。这所大学开设了几个领域的研究生课程，但由于质量不高而不得不放弃计划。其中许多项目已经重建，同时也开展了更多的项目。尽管有着令人印象深刻的计划、巨额的财政拨款和忠于职守的高层领导，但这所大学在建设一个统一的校园方面一直进展缓慢，而且其学术人员的很大一部分仍依赖于外国人 164
(包括许多埃及人)，且学校缺乏各类中层人员。理科和医学院的课程都用英语授课——这种情况在整个中东都很普遍。这给许多英语知识储备不足的学生带来了困难。在以阿拉伯语为教学语言的人文、社会科学和教育领域，阿拉伯语书籍数量不足，学生必须使用英语教材，尤其是在高年级阶段。

虽然科威特的高等教育体系有可能在诸如石油技术等少数领域开展高水平的研究、配备培训设施，但是即使投入巨资，科威特大学也不太可能发展成为一所世界一流的大学。基础设施建设是一大难题，使用一种没有大量科学文献储备的教学语言的不便，受过良好训练的高级人才（特别是从事研究生层次研究和教学的人才）的持续匮乏，缺乏对本国“学术特质”的明确理解以及国内人口稀少也都是难以克服的现实问题。来自埃及、其他阿拉伯国家以及一些欧洲和美国的外籍教师往往不参与机构建设。在科威特的例子中，资金并不能换来学术的快速发展。传统社会存在的问题、基础设施的缺乏、国土面积小和学术文化不发达等问题都阻碍了科威特成为一个重要的学术中心。科威特面临的挑战与其他海湾阿拉伯国家类似。

上述两个例子都说明了建设能够发挥国际知识中心作用的大学所面临的一些问题。虽然印度有着悠久的历史（其最早的几所大学建于1857年）以及大规模的高等教育体系，但它一直未能建立起世界一流的大学。如果印度的决策者能够为了质量而放弃快速扩张的做法，那么或许能够建立并支持这样的世界一流大学，但考虑到政治现实，这是不可能的（Agarwal, 2009）。尽管科威特的高等教育已得到了长足发展，但该国充足的财政资源仍未能使其建立起一所高质量的大学。大量的外国援助（如向内罗毕大学提供的援助）并没有完全促使科威特院校向中心发展。这有助于大学的基础设施建设，同时使其与中心院校建立了联系，但从长远看，这可能会使自主变得更加困难。

学术的边缘并不仅限于发展中国家。欧洲的小国已经认识到了它们的边缘地位，有些国家还试图使自己适应这种状况。语言是必须解决的问题之一，因为国际学术交流越来越多地使用英语。斯堪的纳维亚和荷兰的大
165 学，以及其他较小的欧洲国家，日益依赖英语作为学术交流的主要语言，且这些国家的学者也往往用英语交流。为了融入国际学术界，许多在斯堪的纳维亚和荷兰出版的学术期刊现在都以英语为媒介（Russak，1975）。西欧小国的学者经常出国访问，并与美国、英国的学者保持联系。澳大利亚和以色列的学者认为自己与外界太过于隔绝了，因此他们的大学为定期出国访问提供支持，以追赶当前学术发展的步伐。除了美国以外，全球范围内的学术界都认为国际联系相当重要，国际研究文献对于跟踪知识的前沿是不可或缺的（Altbach & Lewis，1996）。

这些工业化国家的大学之所以处于边缘，是因为它们使用边缘语言，或者与主要学术中心相距太远。虽然有着悠久的学术传统［例如，布拉格的查理大学（Charles University）是世界上最古老的大学之一，可以追溯到 1348 年］，但是较小工业化国家的大学很少被认为居于中心院校之列。然而，这些大学往往能够保持高水平的科研生产力，它们与国际高等教育体系相联系。它们的问题与第三世界大学不同。悠久的学术传统、通常充足的财政资源以及公共政权对传统大学准则的支持，使得这些大学能够作为国际高等教育体系的一部分发挥作用，即使它们不处于这个体系的中心。

消除不平等

如果在国际高等教育体系中中心与边缘的基本特征是复杂的而且或许是不可避免的，那么如何才能使大学从边缘走向中心呢？一些国家已经成功地改变了它们的大学，并因此走向了学术中心。美国是最成功的例子。19 世纪末，美国的学院和大学在很多方面还依赖欧洲，尤其是英国和德国。当时美国很少开展原创性研究，仅靠在国内学习是不可能达到研究和学术的顶峰的。但通过采用德国新出现的注重科研和研究生培养的高等教育模式，在高等教育上投入大量资金，建设能通过应用研究和发展而满足国家及地方需要的高等教育体系（并可能因此获得越来越多的财政资助），
并逐步建设学术基础设施，半个世纪过后，美国终于能够建起具有重要影 166
响力的高等教育体系（Veysey，1965）。此外，美国的财富和实力的增长及其工业的发展也是一个重要因素。类似地，德国大学在 18 世纪末处于国际学术的边缘位置，到 19 世纪中叶走向了中心。同样，在这一过程中，政府对高等教育的大力支持、日益强大的民族国家、工业化以及重视科研和研究生教育的“新理念”共同促进了德国大学的发展（Ben-David & Zloczower，1962）。

最近，日本几所大学已经发展成为世界一流大学。东京大学是一所国际公认的优秀学府，但日本高等教育体系还没有发展出那种卓越性和科研生产率，这些是一个国家拥有富裕和成熟的高等教育体系的标志。日本对高等教育的投资还不够充足，它的工业和技术发展在一定程度上是建立在借鉴国外模式的基础上的（Amano，1979）。而日语不是世界通用语言这一事实也阻碍了日本的大学走向世界一流。在过去几十年里，新加坡以及中国台湾、中国香港等少数几个国家和地区的主要大学获得了长足的发展，目前它们已经可以与美国或西欧的许多顶尖大学相媲美。持续的经济增长加上政府支持高等教育的政策促进了这种发展。

总之，从边缘到中心并非是不可能的，但是却有相当的难度。正如萨尔米（Salmi，2009）分析所指出的，大多数国家尤其是第三世界国家的大学体系很难实现这种转变。这并不意味着高等教育体系不应该努力追求卓越，或者说国际舞台上的不平等现象不能在一定程度上得到改善。本章旨在使用中心与边缘模式指出，虽然因赞成建立国际新秩序而抱有的那种消除不平等的目标看似简单，但实际上很难实现。

结　论

本章讨论集中在与第三世界大学角色有关的因素上。但是，大学和教育政策与各国社会与国际环境中更大的政治、社会和经济因素密切相关。虽然经历了石油危机、经济的不确定性、一些新兴经济体（尤其是东亚）作为重要经济体崛起以及其他全球力量等因素，但基本的世界经济与社会
167 体系依然持续运行。同样，中国成为世界第二大经济体、苏联解体、“互联网革命”和各种其他非常重要的全球发展并没有改变世界高等教育体系的基本结构。总的来说，虽然世界上许多国家都在努力发展成功的高等教育体系，但西方仍然是全球高等教育中心。

对国际学术现状是否会发生重大变化的预测是好坏参半的。那些经济发展相对落后的国家在高等教育方面仍然处于明显的不利地位。尽管撒哈拉以南非洲地区在 21 世纪初的经济势头相对较好，但几乎没有证据表明其高等教育从中获益。然而，许多以前的发展中国家已经进入了新兴经济体的行列，其中许多国家在扩大高等教育入学和建设一些研究型大学方面都做得很好。一些国家（如中国、印度、韩国和其他一些国家）可能会从边缘走向全球学术的中心。然而，大多数国家的大学仍将处于边缘地位。几乎所有第三世界国家都将继续与西方工业化国家主导的技术网络保持联系。

如果理解是改变的先决条件，那么就可能有助于国际社会从一般意义

上理解“旧国际秩序”的性质，以及这种秩序与高等教育之间错综复杂的关系。本章重点关注国际知识网络的性质，并对此进行分析。这种探讨至少可以使处于边缘地位的大学了解它们所处困境的本质，并可能在某种程度上改善这种困境。我们能通过一些努力来使自主性和选择的自由度增加到最大限度。下面将对那些不需要投入太多就能实现且有助于获得一定的知识自主的变革稍做讨论。

对一个国家的高等教育体系在国际上及区域内的地位做出明确的、现实的评价会对该国规划有所帮助。一个特定的高等教育体系及体系内部大学的地位是复杂的。一些大学能够在某些领域达到卓越，而其他的大学可能就最适合于做知识传播工作。大多数高等教育体系相对于工业化国家的主要大学来说，在一定程度上都处于边缘地位，但这种边缘地位各不相同。无论是政府还是大学的决策者，都应该意识到中心与边缘关系的本质。

诸如图书馆、期刊、出版社、网络资源、实验室等学术和知识基础设施的建设，会促进学术自力更生，有助于建立独立的学术文化。与军事装
备相比，这种现代知识生活装备的开发并不昂贵，但所需的资金仍然相当 168
可观。在某些地方，尤其是在小国较多的地方，在区域的基础上建设这些基础设施或许是可行的。然而，尽管区域主义是一个有望实现的理想，但诸如东非大学（University of East Africa）和阿拉伯海湾地区的大学的区域实验并没有取得成功。

大学的科研职能相当重要。即便只资助少数领域的研究，如与本地经济或农业条件有关的领域，或是培养民族文化的领域，这些举措也将是有意义的。在许多需要昂贵的实验室和设备以及科研传统的领域，第三世界国家将继续依附于工业化国家，但它们仍可以开展独立的研究。有了这样的一个基础就能够提供成功的科研事业范例，就有潜力创立期刊和组织相关活动，并可能使大学获得国际上和区域内的认可。一些第三世界国家在发展某些研究能力方面已经取得了成功。

如前所述，语言是第三世界大学所面临的最严重的问题之一。必须考

虑在知识交流、政治生活和学术活动中采用本国或本地区的语言作为媒介。在一些国家，对欧洲语言的依附或许是不可避免的，但毋庸置疑，第三世界在培育本土语言方面可以更进一步。虽然语言仍然是一个相当复杂且颇有争议的话题，但作为国际化战略的一部分，目前使用国际语言（主要是英语）的趋势是可以理解的，并且也可能是必要的。在高等教育中改用本土语言可能非常困难，这样做显然会失去与国际学术界的一些联系，而国际学术界又在世界语言的运用中发挥着作用。

对国外高水平人才培养的影响，需要从发展中国家的视角更加仔细地审视。第三世界国家人才流失的代价是什么？接受国外教育所习得的研究技能是否能够满足本地需求（Choi，1995）？留学海外产生的心理影响和政治影响有哪些？政府的直接成本是什么？这些问题的答案因国家而异，它们应决定着第三世界各国政府和大学所鼓励的留学的类型与规模。

无疑，本章提出的问题是多方面和复杂的。应用于全球学术界特别是第三世界高等教育问题的中心与边缘概念，是思考不平等、制度与学术等级以及院校机构的各种不同角色等问题的一种方法。虽然第三世界大学在国际知识体系中处于边缘地位，但它们在本国具有重要地位，要协调这一双重角色并非易事。

169

参考文献

Agarwal, P. (2009). *Indian higher education: Envisioning the future*. New Delhi: Sage.

Altbach, P. G. (1975a). Literary colonialism: Books in the Third World. *Harvard Educational Review*, *45*, 226-236.

Altbach, P. G. (1975b). *Publishing in India: An analysis*. Delhi: Oxford University Press.

Altbach, P. G. (1977). Servitude of the mind? Education, dependence, and neocolonialism. *Teachers College Record*, *79* (2), 187-204.

Altbach, P. G. (2014). India's higher education challenges. *Asia Pacific Education Review*, *15* (4), 503-510.

Altbach, P. G. , & Lewis, L. S. (1996). The academic profession in international perspective. In P. G. Altbach (Ed.), *The international academic profession* (pp. 3-50). Princeton, NJ: Carnegie Foundation for the Advancement of Teaching.

Altbach, P. G. , & Salmi, J. (Eds.). (2011). *The road to academic excellence: The making of world-class research universities*. Washington, DC: World Bank.

Amano, I. (1979). Continuity and change in the structure of Japanese higher education. In W. Cummings, I. Amano, & K. Kitamura (Eds.), *Changes in the Japanese university: A comparative perspective* (pp. 10-39). Westport, CT: Praeger.

Arnove, R. F. (1980a). Comparative education and world systems analysis. *Comparative Education Review*, *24*, 48-62.

Arnove, R. F. (Ed.). (1980b). *Philanthropy and cultural imperialism: The foundations at home and abroad*. Boston: G. K. Hall.

Ashby, E. (1964). *African universities and Western tradition*. Cambridge, MA: Harvard University Press.

Ashby, E. (1966). *Universities: British, Indian, African: A study in the ecology of higher education*. Cambridge, MA: Harvard University Press.

Ben-David, J. , & Zloczower, A. (1962). Universities and academic systems in modern societies. *European Journal of Sociology*, *3* (1), 45-84.

Berman, E. H. (1979). The foundations' role in American foreign policy: The case of Africa, post-1945. *Harvard Educational Review*, *45*, 145-180.

Carnoy, M. , Loyalka, P. , Dobryakova, M. , Dossani, R. , Froumin, I. , Kuhns, K. , et al. (2013). *University expansion in a changing global economy: Triumph of the BRICS?* Stanford, CA: Stanford University Press. 170

Chitnis, S. , & Altbach, P. G. (Eds.). (1993). *Higher education reform in India: Experience and perspective*. New Delhi: Sage.

Choi, H. (1995). *An international scientific community: Asian scholars in the United States*. Westport, CT: Praeger.

Cockcroft, J. , Frank, A. G. , & Johnson, D. (Eds.). (1972). *Dependence and underdevelopment: Latin America's political economy*. Garden City, NY: Anchor Books.

Constantino, R. (1978). *Neocolonial identity and counter consciousness: Essays on cultural decolonization*. White Plains, NY: M. E. Sharpe.

Coombs, P. (1964). *The fourth dimension of foreign policy: Education and cultural affairs*. New York: Harper & Row.

Eisemon, T. O. (1980). African scientists: A study of scientists at the university of Ibadan and Nairobi. *Annals of the American Academy of Political and Social Science*, *448*, 139–150.

Foley, D. (1978). Colonialism and schooling in the Philippines from 1898 to 1970. In P. G. Altbach & G. P. Kelly (Eds.), *Education and colonialism* (pp. 69–95). New York: Longman.

Galtung, J. (1972). A structural theory of imperialism. *African Affairs*, *1*, 93–138.

Gouldner, A. W. (1957). Cosmopolitans and locals: Toward an analysis of latent social roles—I. *Administrative Science Quarterly*, *2* (3), 281–303.

Gouldner, A. W. (1958). Cosmopolitans and locals: Toward an analysis of latent social roles—Ⅱ. *Administrative Science Quarterly*, *2* (4), 444–480.

Hazelkorn, E. (2015). *Rankings and the reshaping of higher education: The battle for world-class excellence*. 2nd ed. New York: Palgrave Macmillan.

Illich, I. (1970). *Deschooling society*. New York: Harper & Row.

Kelly, G. P. (1978). Colonial schools in Vietnam: Policy and practice. In P. G. Altbach & G. P. Kelly (Eds.), *Education and colonialism* (pp. 96–121). New York: Longman.

Line, M., & Roberts, S. (1976). The size, growth, and composition of social science literature. *International Social Science Journal*, *28*, 133.

Mende, T. (1973). *From aid to recolonization: Lessons of a failure*. New York: Pantheon.

Nye, J. S., Jr. (2004). *Soft power: The means to success in world politics*. New York: Public Affairs.

Nyerere, J. (1968). *Freedom and socialism*. Dar es Salaam: Oxford University Press.

Riesman, D. (1958). The academic procession. In D. Riesman (Ed.), *Constraint and variety in American education* (pp. 25–65). Garden City, NY: Anchor Books.

Russak, B. (1975). Scholarly publishing in western Europe and Great Britain: A survey analysis. *Annals of the American Academy of Political and Social Science*, *42*, 106–117.

Salmi, J. (2009). *The challenge of establishing world-class universities*. Washington, DC:

World Bank.

Schiller, H. (1976). *Communication and cultural domination.* White Plains, NY: International Arts and Sciences Press.

Shils, E. (1972). Metropolis and province in the intellectual community. In E. Shils (Ed.), *The intellectuals and the powers and other essays* (pp. 355–371). Chicago: University of Chicago Press.

Shils, E. (1975). *Center and periphery: Essays on macrosociology.* Chicago: University of Chicago Press.

Smith, K. (1975). Who controls book publishing in Anglophone Middle Africa. *Annals of the American Academy of Political and Social Science*, *42*, 140–150.

Veysey, L. R. (1965). *The emergence of the American University. Chicago*: University of Chicago Press.

第十二章　发展中国家的研究型大学

172 研究型大学是21世纪的核心机构，对知识创造和传播至关重要。作为科学全球化的关键因素之一，研究型大学居于科学、学术和新知识经济的中心。研究型大学培养新一代的技术和知识所需的人才，发展现代科学和学术必需的新知识，同样重要的是，它是全球性交流与合作的一个要素。

大多数研究型大学都位于工业化世界的发达经济体，以及中国等越来越多的中等收入国家。最近关于世界顶尖大学的排名都显示，主要以科研为导向的大学都位于少数几个国家。然而，本章还关注发展中国家和中等收入国家研究型大学的现实和前景，它们规模虽小但日益发展成为全球研究型大学的一个组成部分。如果要使知识生产和传播不继续为富裕国家所垄断，就必须在主要的国际中心之外的地方成功建成研究型大学。在建立和培育研究型大学方面，从某种程度上来说发展中国家面临的问题是独特的。

本章将研究型大学定义为致力于众多学科和领域的知识创造与传播，拥有充足的实验室、图书馆和其他基础设施以保障教学和科研尽可能处在最高水平的高等院校。虽然研究型大学一般规模较大、涉及众多学科领域，但也有一些研究型大学规模很小并且聚焦于一些比较专门的领域。研究型大学培养各个层次的学生，这表明其关注点已经超出了研究的范畴。实际上，科研与教学相结合是这些大学的重要特征，它们聘任的全职教师基本上都拥有博士学位（Kerr，2001）。

知识的生产和传播必须是国际性的，并且世界上所有地区都需要在知识网络中拥有一席之地，这是本章讨论的一个基本出发点（Altbach，1987）。虽然中心与边缘的区分永远存在——在可见的未来，知识中心基 173 本集中于几个主要的工业化国家，但是仍存在更广阔的全球性研究能力扩展的空间，并且这种空间是必要的。不可能每个国家都拥有研究型大学，但是许多发展中国家和中等收入国家能够建设具有研究能力的大学，发展参与世界知识体系的能力。较小的国家可以组成区域学术联盟，在某些领域积聚足够的力量来参与全球科学。

本章认为，所有国家都需要与科学和学术的全球高等教育体系相联系的高等院校，这样它们才能理解最新的科学发展并有选择性地参与其中。小国和穷国的高等院校不能与工业化国家的牛津大学、哈佛大学竞争。但是，大多数国家能够至少支持一所具备足够质量的大学参与国际科学和学术的讨论，并且开展与本国发展密切相关的某个或更多领域的研究。

对于研究型大学，在世界范围内激起了日益高涨的热情。各国都形成了这样的认识：研究型大学是进入 21 世纪知识经济大门的钥匙。这些院校不但培养重要的人才，而且通过提供高层次科学交流的机会，形成了通向全球科学信息的窗口。这些大学的教师、学生与世界各地的同行保持联系，而且参与到全球科学和学术之中。即便是美国和英国这样的国家，对维持现有研究型大学的水平也有越来越多的担忧（Rosenzweig，1998）。在日本政府斥巨资建设“卓越中心”（centers of excellence）后，德国因担心其顶尖大学的国际竞争力不够，也为一些顶尖大学配置了更多的资源。中国在重点建设世界一流的研究型大学，印度也终于开始考虑其主流高校的质量。韩国、智利和中国台湾等国家和地区也实施了类似的水平提升计划。虽然非洲高等教育在总体上落后于其他大洲的发展水平，但是非洲几所传统上有实力的大学在外来资助者的帮助下，也在探索提升质量的办法，以达到研究型大学的水准。

在全球高等教育排名的刺激下，目前关于世界一流大学的争论与研究型大学的理念紧密相连。按照公认的定义，一流大学指的就是研究型大学（Altbach & Salmi，2011；Salmi，2009）。

上述趋势显示了一个自 20 世纪 80 年代以来的相当大的转变，在此之前，发展中国家致力于提供基础教育而非高等教育。在许多国家，特别是发展中国家，政策制定者致力于满足大众高等教育的需求，很大程度上忽略了大学的研究职责。世界上有一些地区的环境导致了高等教育的危机，并且延缓了研究型大学的发展。在拉丁美洲，20 世纪 60 年代及其后的军政府独裁对高等教育很不友好，许多优秀学者流亡海外。大众高等教育的到来以及随之而来的入学需求，加上一些国家无力提供足够的财政支持，阻碍了研究型大学的发展。在这方面，印度是一个有代表性的例子。政治和经济上的不稳定，加上注重基础教育的政策，大大地降低了撒哈拉以南非洲地区本来就为数不多的高等院校的质量。简而言之，到 20 世纪后期，发展中国家很少有科研导向的大学存在，即便是那些较早就在高等教育方面取得了一些成就的国家也不例外。

随着研究型大学在发展中国家的地位不断上升，以及人们逐渐认识到全球知识经济的重要性，许多国家的政策制定者、高等教育分析家，乃至以前坚信只有基础教育才值得支持的机构，如国际援助机构和世界银行等，现在都意识到了研究型大学对于国家发展的重要性。在许多发展中国家，尤其是在那些力图参与全球知识经济竞争的大国，研究型大学已经进入政策议程。在非洲这个世界上有着最严重的社会结构、经济和政治问题的地区，一批捐赠基金会与非洲的大学结成伙伴关系，发起了旨在培养肯尼亚、莫桑比克、加纳和其他几个国家的一些重点大学科研能力的倡议。中国已经积极地将一批重点大学转型为研究型大学，政府在这方面投入了大量资金，并且合并了许多大学以产生更好的规模效益。两个重大项目——“211 工程”和“985 工程”确定重点建设大约 100 所大学，在过去二十年里政府为这些高校投入了大量资金，产生了显著的成效。印度在 2005 年成立了知识委员会（Knowledge Commission），旨在制定促进学术卓越的战略，尽管其中很少有关于高等教育的建议得到实施。中国台湾地区和韩国在过去 10 年或更长时间里一直致力于建设它们的顶尖大学，并取得了较大的成功。

历史与视角

175

大学，虽然其初衷并不是创造新知识，但是从中世纪欧洲起源开始它们就以传播、保存和阐释知识为要务（Perkin，2006）。虽然它们是作为文化和知识机构为所在国家服务的，但是在传统上并非以科研为导向。当时在世界上的绝大多数地方，科学研究在大学之外进行。当1818年柏林大学创建时，洪堡在很大程度上创造了现代研究型大学的概念。洪堡的观点是，大学应当直接促进德国的国家发展和科学进步。这一革命性的理念强调利用大学里的科学和学术，进行能够促进科学和国家发展的研究。洪堡的观点被证明是非常成功的，新型德国大学（以及其他为适应新模式而进行改革的大学）通过开展科研和培养科学家，为德国成为现代化国家做出了贡献。洪堡大学模式的另一个突出贡献是产生了影响科学和高等教育组织的重要观念——"讲座"制（"chair" system），该制度基于学科而设立教授席位。这一创举有助于确立新兴的科学领域，也塑造了大学的组织结构。

1862年后，有两个国家——美国和几十年后的日本——致力于现代化和发展，它们很快采用了德国大学的模式。美国的赠地学院模式被证明尤为成功，它将洪堡对研究和科学的强调与政府基于高等教育提供公共服务和应用技术而予以资助的关键角色结合起来（Altbach，2001）。以19世纪后期的威斯康星大学和加州大学为例，大型的美国公立大学直接向公共服务和应用技术敞开了大门，并且用更具参与性的学系结构取代了德国的等级性讲座制，以将科学"民主化"。德国、美国和日本研究型大学观念的不同形态基本上体现了当代研究型大学的特征。

几乎所有的当代大学，不论其在何处，都反映了欧式大学的结构、组织和观念。从东京到塔什干，从开罗（尽管伊斯兰爱资哈尔大学以一种不同的非西方结构保存下来）到开普敦，其高等教育机构基本上都是以西方

模式为基础建立起来的。这个趋向意味着，对大多数发展中国家而言，高
等院校并非与本土文化具有天然的联系，反而在更多的情况下是被殖民者
所强加的。即便是泰国和埃塞俄比亚这样从来没有被完全殖民化的国家，
176 选择的仍然是西方学术模式（Altbach & Umakoshi，2004）。就那些受殖民
主义控制的发展中国家而言，高等教育速度增长普遍放慢。殖民者很少关
注大学的科研功能，他们更感兴趣的是提供中等层次的公务员培训。许多
非洲国家和其他一些发展中国家直到20世纪才建立起了大学。

研究型大学与高等教育体系

一般而言，研究型大学构成了多样化高等教育体系的一部分，这一体系由承担各种社会角色和实施不同资助模式的中学后院校组成。一个国家如果没有这种多样化的院校体系，就会很难支持研究型大学，因为后者往往需要昂贵的维持费用，需要人们认可它们专门的和复杂的学术角色。例如，德国将其国内所有的大学都视为研究型院校，其结果是，政府无法对其中任何一所大学提供充分的资助。德国政府资助的“卓越计划”实际上意味着，那些接受特别资助的大学是研究型大学中的一个特殊类别。研究型大学的运行不可避免地要比其他高校花费昂贵，并需要更多的资金支持。而且，它们在招生和教师聘用方面一般具有更强的选拔性，并且通常处于高等教育体系的顶端（Altbach & Salmi，2011）。

因此，创建多样化的高等教育体系是建设研究型大学的前提，也是发展中国家高等教育发展的必要条件。多样化体系有着使命、结构和资助模式各不相同的院校机构。美国是最早先设计高等教育体系的国家，并在20世纪初将其作为组织其扩大的、多维的中学后院校的方式，其中加州模式（California model）一般被视为最成功的创举。加州公立高等教育体系包括三种不同类型的高校，其办学目的也不尽相同（Douglass，2000）。这一层级化的高等教育模式由职业导向“开放入学”的社区学院、综合目标的州

立大学和选拔性的研究导向的大学组成，每一层级都有着各自特定的资助支持模式和差异甚殊的使命（Geiger，2004）。英国高等教育近来也在朝着类似的方向发展。20 世纪 70 年代，时任首相撒切尔的高等教育政策的目标之一就是创建层级化的高等教育体系，质量评估结果最优的院校居于顶端，譬如牛津大学、剑桥大学和其他一些为数不多的大学，这些大学获得了比兄弟院校更多的资助。许多其他国家正在努力应对发展多样化高等教育体系的挑战，克服既得利益与传统的反对，应对资金困难和实际问题。

在高等教育大众化过程中，高等教育体系经常发生演变。正如特罗所 177
指出的，许多国家不可避免地从精英高等教育到大众高等教育进而向普及高等教育转变，也就是一半或一半以上的适龄人口进入中学后院校。数量众多且学术能力和学习目标均有差异的学生，要求有一系列院校来满足他们多样化的需求。虽然研究型大学很重要，但是没有哪个国家能够负担得起在费用高昂的研究型大学培养数量如此之多的学生。

对于大多数国家的高等教育体系而言，研究型大学只是其中的一小部分。在美国，3000 多所中学后院校中大概只有 200 所是研究型大学。与全国高等院校的平均水平相比，研究型大学的教师薪酬一般更高，教学任务更少，图书馆和实验室设施更好。在许多国家，由于成本和可得资源的制约，可能只有一至两所研究型大学。即使在一些大国，研究型大学的数量一般也较少。譬如，在英国可能只有 20 所研究型大学，日本的情况与之类似。中国的目标是建立约 40 所研究型大学，巴西的目标则是不超过 6 所。一些国家拥有的研究型大学的数量可能已经超出了其所能承受的能力，如瑞典和荷兰就是典型的例子。

要保证研究型大学的繁荣，就要求有一种将它们与其他类型的中学后院校区别开来的方式，即提供更大力度的资助，将这些院校作为特殊的并且承担重要社会角色的观点正当化。

定义的混淆

关于研究型大学的简单描述性定义如下：以密切关注科研生产为其部分使命，开展博士层次及其他层次的教育，拥有开展科研所必需的基础设施（如图书馆、信息技术设备和实验室），聘用高素质的、经过严格选拔的学术人员（一般具有博士学位），维持适合开展科研活动的工作条件，并且尽可能地选拔最高素质生源的高等院校。有人可能会对这个定义吹毛求疵，并且对某些特定的大学是否达到了最起码的要求表示疑惑。

虽然本章主要不是关注世界一流大学，但值得注意的是，目前掀起了一股定义世界一流大学的热潮，这类大学处在声誉和质量等级体系的顶端。2000 年后的三项国际排名为这一努力做出了贡献。它们分别由英国
178 的《泰晤士高等教育》、同样在英国的 QS 公司和中国的上海交通大学建立。还有一些其他的国内大学排名和国际大学排名，其中有影响的包括《美国新闻与世界报道》杂志对美国学院和大学的年度排名，加拿大《麦克林周刊》、德国《明镜周刊》和其他一些出版物的类似做法。一般而言，世界一流只是对某所大学在世界上拥有相当高声誉的简称，也就是在国际高等院校中声名卓著（Altbach，2003a）。目前，几乎所有的世界一流大学都位于主要的英语国家或者其他少数工业化大国。所有的世界一流大学都是研究型大学，无一例外。但是，并不是所有的研究型大学都是世界一流的，而且也不应该这样。

发展中国家及中等收入国家和地区很少有公认的世界一流大学，而且在将来也不太可能出现许多这类大学。在世界各地，很少有新建院校能够跻身于世界一流大学之列，部分原因在于高昂的费用和来自其他中学后教育机构的竞争。当然，也有一些例外。中国大陆目前有几所大学已经进入或者接近进入世界一流大学的行列，并且政府正在对它们进行大力投资；韩国和中国台湾地区拥有加入世界一流大学队伍的相同目标和资源；俄罗

斯政府于 2013 年设立了一个资金充足的项目，帮助选定的大学成为世界一流大学，这些被选择的大学在一定程度上是通过国际排名来衡量的；印度已具备建设这类大学的能力，尽管它目前还没有往这个方向发展；拉丁美洲处于巴西、墨西哥和阿根廷的几所优秀公立大学也具备成为世界一流大学的潜力。

“旗舰”（Flagship）也是在讨论研究型大学时经常使用的术语，一般指某个国家或者高等教育体系的领导型大学。旗舰大学通常是一个高等教育体系或国家内声誉最高的大学，它们一般都是公立大学，并且规模巨大。这些大学是期望具有足够影响力和成为榜样的院校。高等教育体系或者国家期望这些大学能够在高等教育中发挥领导作用。在发展中国家，顶尖大学往往在政治和社会发展中发挥重要作用。这些大学被称为“国立”（state-building）大学。墨西哥国立自治大学曾经被当作一个典范（Odorika & Pusser，2007），它培养了墨西哥政界和知识界的领袖，是该国政治活动中心、国家图书馆的所在地，还是这个国家规模最大和最具科研取向的大学。许多其他国家特别是拉丁美洲邻国，也有与之类似的大学，它们通常保持着顶尖院校的地位，并且某种程度上持续在该国的教育、知识领 179
域，并且经常在政治领域发挥核心作用。这些旗舰大学通常都是研究型大学。

就全世界而言，在上述定义和概念方面有相当多的困惑。政策制定者在提及世界一流大学时，实际上指的可能是研究型大学。院校领导者可能努力将他们的大学“推销”为世界一流，纵使他们所在的大学获得这种地位并不可能。一所全国性的旗舰大学可能将自己在区域或国际背景下的地位描述为世界一流。为了达到切实的目标，谨慎地界定这些术语是有裨益的。

研究型大学与科研体系

研究型大学不是开展科研工作的唯一机构。专门的科研院所、政府实验室、企业研究中心和其他机构都开展科研工作，许多机构还加入国际科学共同体。在大国，研究型大学是包含了许多其他种类机构的复杂科研系统的一个组成部分。然而，大学是开展科研工作最为有效的场所。此外，大学还为未来一代的研究者、学者和教师提供正式的训练和文凭。大学利用基本上处于博士生阶段的高水平学生协助研究，以降低研究成本，并为学生提供有价值的训练，同时利用新一代高禀赋研究者的远见卓识。

科研院所通常由公共经费资助，它们在许多国家仍然是较常见的建制。苏联的科学院体系是最有影响的模式之一（Vucinich，1984）。高水平研究人员受聘于以学科为基础的（或者偶尔跨学科）学院，这些学院通常附属于某个研究院所。在某些情况下，这些重要的科学家在大学任职，但是他们的主要职位和工作都是基于科研院所的。硬科学和工程科学主导着科学院体系，人文社会科学较为薄弱。在俄罗斯和其他一些地区和国家，如东欧和中国，科学院是开展科研工作的重要机构之一。在这些国家，大学在科研方面处于低一些的层次，并且很少获得直接的研究资助。在中国台湾地区，“中央”研究院的运作方式与上述大致相同。法国的国家科学研究中心（Centre National dela Recherché Scientifique，CNRS）和德国的马克斯·普朗克研究所（Max Planck Institutes）也具有类似的功能。在美国，国家卫生研究院（National Institutes of Health）虽然总体而言更多地聚焦于应用研究，但是也表现出了与欧洲这些科研机构类似的特点。许多拥有“科学院”体系的国家（包括俄罗斯、中国、越南以及其他一些国家）存在着一种将大学和其中一些科研院所整合甚至合并的趋势，这样做是为了利用科研和教学之间的协同作用，同时也是为了提高在全球的竞争力排名。

有一个持续发展的趋向，即由企业资助的以大学为基地的科研机构从事赞助公司感兴趣的产品和主题方面的前沿研究，在美国这一趋势尤为明显。其中大多数研究专注于为赞助者带来有市场价值的产品的应用研究。美国和日本的公司在资助与大学相关的研究中心方面尤为活跃。公司帮助邻近大学建设研究设施以利用大学的学术专业知识，在这方面，生物科技公司与麻省理工学院的关系是众所周知的。在其他例子中，大学设立公司实验室，或公司与学术单位签订协议，为大学提供研究经费以获得知识产品（Slaughter & Leslie，1997）。中国在大学与产业的联结方面一直十分积极，并且取得了多种形式的成功。一些观察者谈到在中国不是所有大学与产业的合作都获得了成功，并认为传统的学术价值观正在被削弱，而另一些人则将其誉为是一种革新（Ma，2007）。

虽然科学研究可以在其他地方开展，但是大学是一个非常有效的发现场所。大学将创建、发现和革新知识的有效共同体，包括研究人员、教师和学生聚集到一起。高水平博士生可以成为有高度内在动机的科研人员，与此同时他们能够从直接参与前沿研究中获益。大学拥有广泛的学科和科学的专业分工，其科研能够从跨学科洞见中获益，这对生物科技和环境科学等前沿领域尤为重要。大学将基础科学与知识应用结合起来，这是其他研究机构所不能做到的。此外，科学发现与解释的学术规范的独特结合，教学与科研的结合，众多学科科学家和学者的汇集，丰富了大学的学术环境。大学还充分体现了“公共产品”（public good）的观念，也就是科学发现可能具有更广泛的社会效益，以及大学对基础研究的关注是独一无二的。

研究型大学的一般特征

即使世界范围内研究型大学存在差异，准确地指出研究型大学存在的共同特征也是有必要的，因为这些特征相当普遍。

研究型大学一般是政府资助的公立大学，几乎少有例外。只有在美
181 国，在某种程度上还包括日本，存在私立的研究型大学。但是，就当前世界性私立高等教育的发展而言，其他国家如土耳其、智利、韩国等国即使少数私立大学想要跻身顶尖学府之列都是不可能的。这一情况有多种原因。依赖于学费收入的私立大学很少能够支撑建设和维持研究型大学所需的昂贵费用。研究型大学在学生规模和院系数量上都很庞大。科研功能——大学里花费最高的部分，因为通常不能产生直接的收入而要求有公共经费的支持，基础研究更是如此。开展高质量的科研（特别是在科学领域）所必需的设施是私立大学所无力提供的。即便在美国，一些私立大学的研究职责也通过政府向科学家提供研究拨款的形式获得支持。世界上大多数地方没有私立研究型大学的学术传统。在多数国家，税法一般不鼓励资助私立大学的慈善行为。结果是，除了在美国以及某种程度上在日本，很少有私立大学能够获得支持研究的捐赠基金。虽然存在一种可能性，即努力在高等教育体系顶端达到一个具有竞争力的位置的少数私立大学寻求成为研究型大学，但是朝向营利性院校发展的国际趋势将弱化私立院校发展为研究型大学的兴趣。

研究型大学通常是拥有众多系科和学院的复杂机构。它们通常是大型机构，但一般不是所在国家规模最大的高校。研究型大学往往有专业学院和学部（如医学院、管理学院、文学院和理学院）。大规模和多学科使得研究型大学能够发挥实验室、图书馆和其他基础设施的“规模经济”效应。当然，也有一些例外，如加州理工学院就是一所小规模、专门化的大学，印度的几所理工学院也是如此。人们认为这些院校也是研究型的。

正如克尔所指出的，大多数研究型大学是多元巨型大学（multiversities），拥有众多使命，科研只是其中一项使命，但是在这些大学中科研和研究生教育占据主导地位（Kerr，2001）。克尔说的是加州大学伯克利分校的情况，但是这种概括适用于全世界的大多数研究型大学。研究型大学的使命还包括：开展大规模的本科生教育，为地方和国家提供社会服务，为学生提供职业或专业文凭。有些大学，如墨西哥国立自治大学和阿根廷的

布宜诺斯艾利斯大学（University of Buenos Aires），还赞助举办中学教育。 182
但是，科研使命在这些研究型大学中处于声望等级的顶端。对科研的过分强调会对本科教学质量带来负面影响，并且通常会对大学的办学方向造成重大影响（Hutchins，1995；Lewis，2006）。然而，也有许多人认为，积极参与科研的教师能够为他们的教学带来活力，使包括本科生在内的学生从中受益。

研究型大学通常需要充足的资源，与其他院校相比，它们的建设和维护成本都相当高。由于科研设施日益昂贵，信息技术和全球科学知识网络发展迅速，费用高昂，支付给教师的薪酬也高于高等教育体系其他院校的标准，研究型大学的运行比其他高校要昂贵得多，其生均费用也一直高于高等教育体系内的其他院校。研究型大学必须获得持续的资助，预算波动会给这些大学带来影响。

最后，研究型大学吸引了全国乃至世界上“最优秀和最聪明”的学生，而且几乎无一例外都是高选拔性院校。由于它们的声望和设施，这些大学一般都吸引着能力最强的学生。同样，研究型大学通常聘用最有才华的教师，科学家和学者被这些大学的研究导向、设施，通常还被更好的工作条件所吸引，其中也包括在大多数情况下比高等教育体系的其他院校更高的薪酬。研究型大学的教师一般都具有博士学位，即便在许多从事高校教学不要求必须拥有博士学位的国家亦是如此。

从以上分析中可以清楚地看出，研究型大学是一种“特殊类型”的大学，在许多国家都只包含一些或若干所这类大学，它们具有一些特质，需要大量额外的财政支持。研究型大学也是“公益”机构，因为其工作超越了一般的教学职责，它们的许多“产品”服务于更广泛的社会（Rhoten & Calhoun，2011）。

挑　战

研究型大学处于高等教育体系的顶端，对新的全球化经济具有重要作用，但是它们也面临着非常严峻的挑战。下列因素是所有国家的研究型大学都面临的问题。虽然所论及问题的广度和深度各有不同，但它们在不同的国家具有普遍性。

183

资　助

如上文所指出的，一所研究型大学运行所需的基本费用不断增加，这给主要来自政府的传统资助来源带来了更大的压力，也迫使高等院校和高等教育体系寻求新的经费渠道。与此同时，对高等教育公共资助的基本观念现在受到了质疑。传统的观点是将高等教育视为“公共产品”，即它通过增进人力资本、发挥科研和服务职能而为社会服务。因此，社会有责任为高等教育支付大部分费用。20 世纪 80 年代以来，受促成“新自由经济共识”的世界银行和国际政策组织的影响，高等教育愈来愈被视为私人产品，即主要是使毕业生受益。从这个角度来看，个人及其家庭应该通过缴纳学费和其他费用来支付高等教育的主要成本。与这一观念上的转变同时发生的是许多国家的高等教育大众化，急剧增加的入学人数超出了传统的政府资助水平。如果不考虑广泛的经济争论，这些财政因素的混合已经对把“公益事业”作为其宗旨的研究型大学造成了特殊困境。研究型大学费用高昂，它们的产品——培养社会的高层次人员，开展科研，并且作为知识智库和社会分析的来源——可能在短期内不能产生实际的效果。光凭学生学费难以支持研究型大学，事实上，学生学费一般只占几乎所有研究型大学总收入的一小部分。此外，很难期望基础研究能够实现经济上的自立。由于上述的和其他一些原因，研究型大学面临严峻的财政紧缩。

研究型大学目前还面临着私有化的压力（Lyall & Sell，2006）。由于公共经费不足以支持公立大学，公立大学私有化已经成为一种普遍的现象。例如，在美国，许多公立研究型“旗舰大学”仅仅从它们的主要资助者——州政府那里获得15%的基本经费，其他预算都来自学生学费、科研拨款、知识产权和附属服务的收入，以及个人和基金会的捐赠。为了获得足够的收入，中国大学增加了学费，通过教师的咨询和其他工作获得收入，还举办了企业。在有些国家，如俄罗斯、乌干达和其他一些国家，为了获得额外的经费，研究型大学和其他类型的高校招收支付高额学费的“私人”学生，这种招生模式与公共资助入学模式形成了鲜明的对比。许多这类行为严重地削弱了研究型大学的核心作用。

科　研 184

科研、探究和质量的文化是研究型大学至关重要的组成部分。由于上文描述的财政压力，产生了一种转向应用性并且往往是营利性的研究倾向，这种研究比基础研究更易于获得资助，并且可能为大学产出利润。科研的商业化对研究型大学产生了重要的影响。通过强调商业价值而不是基础研究，科研商业化改变了研究共同体的取向。大学与公司之间已经就合作生产某些特定的科研产品和公司有权使用大学的设施达成了协议。加州大学伯克利分校与跨国公司诺华制药公司（Novatis）之间有争议的合作，体现了传统学术规范与商业利益之间的可能冲突。知识所有权、学术设施使用、科研成果的最终公开，都是这些新的商业关系带来的问题。

由于昂贵的实验室和设备、大规模的跨学科研究小组和其他因素，大学的研究成本不断增加，筹措资助科学研究的经费比以前变得更加困难了。即便工业化国家规模较大、财源良好的大学，也在尽力筹措经费以支持前沿研究。在有些领域，只有最富裕的大学才有能力资助前沿科学研究。

在21世纪激烈的竞争环境下，认识到“研究型大学生产基础知识”至关重要——这类研究会在数年甚至数十年后获得诺贝尔奖，并对世界科学做出永久的贡献。基础研究既需要充足的资金，也需要研究人员和院校的自主权。研究型大学是“公益”机构，需要充足的资金来履行其广泛的使命。

发展中国家的研究型大学需要选择那些能够负担得起并且与国家需要和优先发展重点相联系的研究领域。大学与私营企业包括跨国公司进行适当的合作可能是必要的，并且需要在应用研究与基础研究之间取得平衡。科学工作只是大学研究的一部分。由于人们认为硬科学能带来更大的利益和更高的声望，社会科学和人文学科经常受到忽视。然而，社会科学和人文学科对于理解社会与文化非常重要。与硬科学相比，它们耗资要少得多，却时常被忽略。

科研经费分配也是一个重要的政策问题。虽然大学预算必须给图书馆、实验室和其他科研基础设施提供基础资源，但对特定研究项目的资助
185 可能有多种来源和不同的分配方式。竞争性奖励体系鼓励创新观念，并且支持将科研经费用于最佳研究项目。此类资金可能来自政府各部门和拨款机构、私人或境外基金会，有时还来自商业公司。适当的资金来源和分配机制能够促进科研的竞争，产生最优质和最具创新性的研究思路。

商业主义与市场

市场力量和商业利益对高等教育的侵蚀，是对世界各地大学最大的挑战之一。这种威胁对研究型大学尤其大，因为后者本质上是“公共利益”机构。市场力量具有渗透到学术界各个方面的潜力（Kirp，2003）。罗杰·盖格（Geiger，2004）在《大学与市场的悖论》一书中写道：“市场给大学带来了更多的资源、更好的学生、更大地增进知识的能力，以及成为在美国经济中更具生产率的角色。与此同时，它削弱了大学对自己行为的自主性，弱化了大学服务公众的使命，并且日益卷入商业行为可能潜在地破坏大学作为无私利知识仲裁者的优先地位。”

对发展中国家而言，来自市场的挑战尤为严峻，因为这些国家的大学更缺乏基础财政的稳定性，院校自治传统薄弱。外在的市场压力可能迅速地影响整个院校。对研究型大学而言，市场力量可能会明显地改变大学的

研究方向、学术职业的聚焦点和机构财政均衡。然而，很明显的是，如果研究型大学被迫逐渐依靠自身的资源来生存，市场力量将会决定它们的方向和优先事项。

自治与问责

自治（autonomy）与问责（accountability）之间的张力是高校关注的一个永恒问题。大学的学术自治传统赋予了它就重要学术事务做出决策并且塑造自身命运的能力。与此同时，包括资助者、政府举办者或宗教组织等在内的外部权威对高等教育具有一定的控制力。自中世纪欧洲大学起源以来，这些张力就一直很明显。在大众高等教育时代，随着高等教育对经济和社会的影响越来越大，对问责的需求也越来越高。高等教育既是政府 186
支出的重要部门，又越来越与大批民众密切相关。对当代大学的问责要求几乎总是来自政府，因为它是高等教育经费的主要来源。

研究型大学对自主权有着特别的需求，而当前的问责制对它们而言问题重重。学术共同体一般需要一定程度的自主权以确保有效运作，研究型大学必须能够形成自己的教育项目，实施长远的规划，管理它们的预算和学术共同体。研究型大学不但需要稳定的财政来源，而且需要自主权来发展和维持它们的优势。学术共同体自身就是教育项目成功与否的最佳仲裁者。基础研究通常来自教师的兴趣和关注点，因此它必须具有自主权才能获得发展。

当然，问责是当代高等教育的一个必要组成部分，因为高校资助者应当了解经费政策，并且拥有为公立高校和公立高等教育体系掌舵的权力。学生也有权了解大学的质量、发展方向和重点。然而，对研究型大学而言，问责是一个多维概念，其实施必须有别于其他高校。与注重教学和服务的其他高校相比，研究型大学的责任与自治之间的天平必须更多地偏向自治。

科学与学术的全球化

从广义上说，21 世纪科学是全球化的（Altbach，2013）。通过互联网，研究结果很快就能够为全世界所知晓。科学期刊在全球发行，世界各地同一研究领域的学术人员向相同的期刊供稿。方法论和科学规范在全球获得了前所未有的推广。在许多地方都能够获得更加先进和昂贵的科学设备，对研究型大学来说，如果想参与到全球性科研当中，就面临着拥有最现代的实验室的压力。进一步说，随着研究者和大学争先公布研究结果和有可能获得专利的发现与发明，科研现在变得越来越具有竞争性。简而言之，科学已经变成了一项“利益攸关”、竞争激烈的国际事业。参与前沿的科学研究需要大量资金，保持竞争优势亦是如此。

挑战不仅体现在实验室和基础设施方面，还体现在科学和学术的定义与方法论方面。科学全球化意味着，科研参与者认同或接受美国与其他西
187 方国家主要大学的科研领袖们建立的学科规范和学术规范。获得资助的科研和主要科学期刊中使用的方法倾向于主导全球科学界。进一步说，那些居于领先地位的科学家和大学所感兴趣的主题与问题可能与学术边缘国家的大学关系不大。一般而言，参与世界学术网络意味着遵守业已形成的科研范式和主题。

科学的高额花费给没有悠久的科研传统和必需的基础设施与设备的高校带了严重的问题。如果一所大学想要加入世界“大联盟”，仅仅建设适用本地或区域研究的基础设施是不够的。那些希望以科研为导向的大学需要参与到国际科学网络中，与世界范围内的其他高校和科学家竞争。对发展中国家而言，加入研究型大学联盟的成本是一项特别严肃的议题，包括建设这类大学的财政问题和经验问题。加入全球科学界耗资巨大，持续参与亦是如此。

全球科学的悖论与全球化的悖论在总体上是相似的。通过信息技术、更便捷的通信、受过良好训练人员的世界性流动和其他因素，全球化使得每个人都能参与到全球科学、学术和观念的市场之中。与此同时，全球化

给不平等的全球知识体系中的研究参与者带来了压力，这个知识体系由富裕大学所主导，这些大学将规范和价值观念施加于所有参与者（Altbach，1987）。

公立与私立高等教育部门

如上文讨论过的，美国和日本之外的几乎所有研究型大学都是公立的或者是由政府资助的。尽管会有所改变，这种趋向很可能会继续下去。全球高等教育中发展速度最快的是私立高校，因而私立高校的扩展会给研究型大学带来影响。但是，由于私立高等教育并不以科研为重点，所以这种影响仅仅是间接的（Altbach，1999）。除了极个别的例外，新建私立高校的重点是进行教学以及在一些职业领域和专业化的其他领域提供文凭，它们并不是在大多数科学和学术领域拥有全面学科的成熟的高校。专业化是迅速扩张的私立高等教育中营利性机构的主要特征。这些机构从不关注科研能力的建设，因为研究不能迅速带来利润。

但是，少数非营利性的私立大学为了提升自身的地位，对教育和科研做出广泛的贡献，在科研能力建设方面可能取得了成功。智利圣地亚哥天主教大学（Pontifical Catholic University of Puerto Rico）、土耳其的比伦特大学（Bilent University）和埃及开罗美国大学就是高水平私立大学的范例， 188
它们致力于发展那些能够带来全国或者国际声望的重要科研。这类高校通常具有卓越的学术传统，并且有机会获得慈善资金来开展科研项目。

全球私立高等教育的发展意味着其中一小部分大学将会致力于科研。这或许在某些方面有利于公立研究型大学，因为政府有可能减轻因大众高等教育入学带来的负担，并且能够重点推动大学科研的发展。然而，在许多国家都有这样的趋向，就是随着私立机构在高等教育中承担越来越多的责任，国家将会持续减少对它们的支持。不以科研为重点的私立高等教育机构的崛起，可能会威胁到世界上大多数地方大学的科研职责，对发展中国家尤其如此。

作为选贤任能机构的研究型大学

在世界上一些地区，大学并没有遵循严格的选贤任能价值观（meritocratic values）。腐败是一个问题，科研拨款和职称晋升可能基于与质量和贡献无关的因素。对研究型大学而言，坚持选贤任能标准和学术诚信是格外重要的。大学必然是广泛的社会和政治体系的一个组成部分，如果政治生活中流行腐败和任人唯亲，那么大学也不能幸免。从许多方面看，很多发展中国家都存在学术腐败问题。例如，一些苏联国家明显存在高等教育体系腐败。招生和学位授予中的行贿、学生和学者的公然剽窃、考试中的大面积作弊，以及其他形式的明显无法被接受的行为成为通病。在印度，大学生示威以要求考试作弊权。在中国，公众越来越多地关注高等教育体系中的剽窃行为。在健康的高等教育体系中，当上述行为发生时，它就会遭到学术界的声讨，并且最终被驱逐出去。

当直接涉及学术职业时，腐败问题的危害就更大了。高校教师薪酬微薄，也对非专业的教师活动起到了推波助澜的作用。在埃及，高校教师普遍地不合法地售卖讲义和其他课程资料，这与他们需要获得足够的钱来维持生存是相关的。在有些国家，售卖学术职位是一种普遍的现象，并且会基于种族、宗教或政治因素授予教授资格。

189 腐败行为在任何学术环境里都具有破坏性，它们毒害研究型大学的文化和气氛。精益求精的价值观理念和实践对研究型大学至关重要。在研究型大学，优秀和智识水平是招生、教师聘用、晋升和奖励的关键标准。这些大学的基础在于其择优价值观。违规行为泛滥必然会阻碍研究型大学的蓬勃发展。

学术自由

学术自由是研究型大学的核心要求。然而，还是需要将一些概念界定清楚。最基本的学术自由是学者拥有科研、出版的自由，以及在其研究领域不受任何限制地进行教学的自由。这些权利是关于学术自由的狭义的德国式定义的一部分。学术人员有权在公共论坛发表自己的观点，或就任何主题甚至包括与个人的学术专长距离较远的问题进行写作，这个广义的美国式定义越来越被全世界所接受。在一些国家，学术自由受到特定的学术法规和传统规范与价值观的保护。许多国家的长聘教职制度和另外一些国家的教师公务员地位给高校教师的工作安全提供了保障，因此，政府权威或其他力量很难解雇某位教授，即便偶尔会发生此种情况。

由于其成员直接参与新知识的发现，因此研究型大学特别有赖于一种强有力的学术自由体制。研究型大学的教授也比其他院校的同行更有可能成为“公共知识分子”，参与有重要社会意义的话题的公共讨论。历史表明，学术自由——课堂、实验室和学术出版中的自由，对于建设科研文化十分重要。

在一些国家，学术自由的规范并没有完全确立，结果是难以支持高质量的研究型大学。在少数国家，由于学术自由完全缺失或者受到了严格的限制，即使有财政支持或资源，本身就带有“通行限制”的研究型大学建设也无从实现。全球范围内更普遍的是，大学的学术自由受到了一些制约。许多国家，特别是发展中国家，在政治或社会敏感的知识领域，其研究、出版或评论受到了限制。这些领域包括种族或宗教研究、环境研究、对社会阶层和社会矛盾的研究等。在这些领域进行批判性分析可能招致解聘、入狱或流放的制裁，更常见的一些不太严重的结果是惩罚或非正式警告。

在学术自由与有限制的研究型大学之间需要一个巧妙的平衡。以新加 190
坡为例，这个国家对少数政治敏感的领域如族群关系的研究一直都有非正式的限制。社会科学家的科研和出版自由受到了一些限制，偶尔还要因为研究误入未经官方批准的地带而受到批评。与此同时，新加坡在建设研究型大学以及与境外有名望的大学建立合作关系方面取得了成功。在中东，对于政治敏感问题或某些宗教和种族问题，科研和出版都存在禁忌。在一些非洲国家，虽然学术自由通常受到尊重，但是如果有人批评当政者，可能会面临牢狱之灾或失业。虽然一系列比较研究表明，拥有最大程度学术自由的大学更有条件发展为高效的研究型大学，但是只要控制不是特别严格，成功的研究型大学还是可以在学术自由不充分的条件下建立起来的。

在美国和其他工业化国家，对传统学术自由规范的主要威胁来自科研商业化，以及大学或研究人员与对大学科研感兴趣的公司之间日益密切的联系。在大学与产业合作的旗帜下，双方已经就以下方面达成了一致：对获取研究成果的间或限制，科研群体重点关注有商业价值的产品，以牺牲基础研究为代价支持应用研究（Kirp，2003；Slaughter & Rhoades，2004）。这种商业化或许对大学和有关研究人员带来了经济上的好处，但是它经常限制知识的自由交流，因而违背了学术自由的原则之一。

学术自由是一个复杂而微妙的问题，它是世界上任何一个地方高等教育和各类高校的核心价值观，对研究型大学成功与否至关重要。在 21 世纪，对学术自由的挑战不仅来自外部的强制权威，还来自高等教育中新的商业主义。由于学术界的政治化，或者某些国家因宗教或种族关系造成的紧张局势，问题也可能会来自大学内部。

学术职业

学术职业在高等教育中具有重要地位。研究型大学特别有赖于学术人
191 员的素质和研究重点，但是全球学术职业的发展现状对学术职业和研究型大学都不利（Altbach，2003b）。研究型大学要求学术人员尽可能具备高学历，如要求教师具有高声誉大学的博士学位。这个明确的要求是必要的，因为发展中国家的大多数学术人员都没有博士学位。

研究型大学还要求有全职教授，学者和科学家要将他们所有的专业关注都投入到大学的教学和科研之中。没有一个全职人员占多数的学术群体，就不可能建设一支由有责任感的、高效率的学术人员组成的师资队伍。全职教师不但要履行大学的核心职责，还要参与大学的管理，因为研究型大学需要高度的自主权和共同治理。例如，全职大学教师的缺乏是导致拉丁美洲没有建成研究型大学的一个重要因素。

在全职工作之外，大学教师的薪酬必须足够维持他们的中产阶层生活

方式（Altbach et al.，2012）。虽然发展中国家的大学教师不必获得与在国际上报酬最高的大学任职的同行们相近的工资，但是他们必须是各自所在国家中产阶层的坚实成员。在许多国家，全职大学教师也需要通过提供咨询、在其他高校兼职，或者在某些大学的收费课程中承担额外教学任务来获取收入，并且这些收入在他们收入中占很大的比重。这些活动偏离了大学教师的核心职责，并且使他们难以维持全时制学术生产率。在某些学科，咨询工作、为产业服务的应用研究，以及与校外机构的联系可能给学术工作带来了一些有用的合作，但是在许多国家，校外工作和依赖外部收入损害了研究型大学的发展。总的来看，问题在于全球范围内学术人员的工资增长停滞了，与此同时，在一些国家，接受了同等学历教育但在大学之外工作的人员工资却有显著的增长。为了吸引“最优秀和最聪明”的人进入学术界，大学教师的薪酬必须具有竞争力。

要保证科研的时间和精力，就必须对教师的教学责任做出充分的限制。在美国，大多数研究型大学教师的标准教学工作量是完成每学期两门课程或每学年四门课程的教学。在有些科学领域，教学工作量甚至更小。欧洲大学教师的教学负担与美国类似。在许多发展中国家，相当重的教学负担导致大学教师很少有时间去从事科研。在美国，最活跃的、以科研为重点的教授的教学主要在研究生（本科后）教育层次，这有助于将教学与科研结合起来，并且有助于提高科研生产率。在一些欧洲国家，博士生培养以科研为主，教授有充分的时间指导和辅导博士生。很少有发展中国家能够形成这种实践。

学术职业必须有一个职业发展阶梯，以鼓励有天赋的大学教师能够基 192
于他们的业绩和工作质量获得晋升；薪酬结构同样取决于他们的工作业绩。在许多国家，第一份全职学术聘用基本等同于终身岗位。在一些国家，如德国，因为职业结构的组织非常严密，初级学术人员难以获得一个有晋升前景的岗位。在全球多数地方，学术等级的晋升主要是靠资历而不是靠教学和科研业绩。在多数国家，学术人员的薪酬取决于资历和职级，在有些地方还要加上学科因素，而不是取决于工作业绩。这种情况在那些将大学教师当作公务员的国家真实地存在（Enders，2001）。公务员身份给大学教师提供了长期聘用的有力保障，但是科研和教学生产率很少被作为晋升的因素而加以测评。

目前的挑战是，如何将长期聘用的合理保障与对院校的忠诚结合起来，这种合理保障要成为保障学术自由和工作安全的途径。美国的长聘教职制度尽管在国内颇受批评，却可能是最接近这个目标的（Chait，2002）。这项制度规定受聘者一开始有一段需要接受一系列严格评估的试用期，一旦受聘者通过这个试用期，六年后将获得永久的（退休前长期的）教职。以后从副教授到教授的晋升，也是基于能力和贡献，并且取决于严格的评估。尽管研究型大学有着最严格的评估制度，大多数美国学院和大学采用这种模式。近年，美国大学还形成了长聘后评审，旨在对被授予终身教职人员的生产率进行评估。典型的情况是，业绩、兄弟院校的比较性薪酬和资历共同决定工资的增长。

即使在美国，学术职业也受到了威胁，在研究型大学里也是如此。最严重的问题包括兼职教师的增加以及相对较新的非长聘教职全职聘用（任期聘任），它在某些方面与不通向终身职位的德国模式类似。目前，美国学院和大学中半数以上的新学术岗位是兼职的或全职任期聘任的，尽管在研究型大学里终身教职岗位的比例要高一些（Schuster & Finkelstein，2006）。

在任何一个地方，学术职业都是大学成功的关键所在。研究型大学要求拥有一种特殊类型的教师：他们受过良好的训练，对科研和学术充满责任心，并且有强烈的求知欲。全职聘任和充分的报酬则构成了其他的必要条件。研究型大学还需要一种在强调卓越的同时提供学术自由和工作安全
193 的职业路径。研究型大学里的学术人员既需要时间投入到创造性科研工作中，也需要设备和基础设施使学术研究成为可能。

发展中国家的目标、抱负与现实

许多发展中国家和中等收入国家需要研究型大学，以参与到在 21 世纪不断发展的以知识和服务为导向的经济当中。然而，这种抱负受到现实条件的制约。发展中国家研究型大学的目标必然与大型工业化国家研究型大学的目标有所差别，前者的目标包括以下一系列核心要素。

科学共同体的创建与维持

研究型大学聘用不同学科背景的科学家和学者。如果没有这些研究型大学，受过良好训练的学术人员就会离开他们的国家——今天许多缺乏研究型大学的发展中国家都发生了这种情况，或者说学者一开始就没有机会在本土接受训练。研究型大学为高水平教师提供了组织基础，使得那些理解科学前沿进展的各领域学者和科学家能够参与到全球科学共同体中来。这些大学将本土的高禀赋学术人员保留在国内，同时它们还培养和吸引其他国家的高素质人才。本地研究型大学的学术人员与国外学者保持联系，还参与到全球科学共同体之中。

科研和教学与产业和社会的相关性

在研究型大学中，只有本地研究型大学关注所在国家自身的特定问题，国外大学则既没有这个兴趣也没有这种知识来开展此项工作。研究型大学将国际科学趋势引入国内，促进本土问题研究，并对国内工业、农业和社会的发展做出贡献。

文化、批判与社会

研究型大学构成了文化和批判的中心。在发展中国家，研究型大学在这方面起到了特别重要的作用，因为除此以外几乎没有其他社会机构提供相关的专业知识。在许多国家，没有众多的博物馆、音乐厅或其他文化机构来建设或者阐释其本土文化。在许多文化领域，研究型大学经常是拥有
194 专业知识和资源的批判群体（critical mass）的唯一场所。这些大学还开展社会评论、分析和辩论。而且，它们以非常独特的方式承担了这些职责，因为它们有学术自由，拥有对众多学科感兴趣的教师和学生群体。虽然政治权威不喜欢被批评，但批评对社会良性发展非常重要。

用本国语言开展科研和分析

研究型大学当然必须使用科学和学术的国际语言。与此同时，它们需要用本土语言来推广研究和分析。实际上，研究型大学可以通过生产科学知识和学术文献，丰富本土语言的词汇，为本国语言的发展提供重要来源。然而，在发展中国家，本土语言在研究型大学的角色仍旧很复杂，有些时候还存在争议。在许多国家，包括几乎所有的非洲国家、印度和其他一些地区，高等教育使用的是非本土语言（英语、法语等）。现在全球还出现了用英语进行教学的趋势，许多大学希望教授们用英语而不是本国语言写作，并对发表英文论著予以奖励。在某些情况下，本国语言被置之一旁，这在某些方面有损于本国科学共同体的建设。民族语言与世界通用语言（尤其是英语）之间的微妙平衡是错综复杂的。

培养新一代

研究型大学的使命是教育，也就是为社会培养新一代的受教育群体。社会的领导者，不论他们身处政界、学术界、工商界还是教育界，主要是由本地研究型大学培养的。墨西哥国立自治大学培养了数代墨西哥精英，它仅仅是这种普遍趋势中的一个例子（Odorika & Pusser，2007）。

发展中国家研究型大学的目标必须务实。除了极个别规模最大和最成功的发展中国家（如中国和印度），其他发展中国家的研究型大学试图与哈佛大学或牛津大学竞争，或者跻身世界一流大学之列，都是不太切实的。在一定程度上，发展中国家研究型大学可以寻求与工业化国家第二梯

队的但有特色的研究型大学竞争，如美国的印第安纳大学、内布拉斯加大学（University of Nebraska），英国的约克大学（York University）或荷兰的阿姆斯特丹大学（University of Amsterdam）等。

研究型大学需要重点选择一些科学和学术领域。大多数研究型大学都在主要学科领域开展教学，许多大学还设有医学院和法学院之类的专业学院。少数研究型大学是小型的专业学院，如加州理工学院或印度的塔塔基础研究院。很少有研究型大学能够在所有领域都名列前茅，为了维持最高的质量水准，必须对学科进行选择。其在所选领域之外的其他领域可能也有较高质量，但是没有必要达到国际最高水平。选择学科可能是基于对大学可获得的资源的考量、对国家或地区需要的考量，或者仅仅通过简单地评估所在大学已有的和发展中的能力。

规模小一些的发展中国家可能缺乏建设和维持国立研究型大学的资金。这类国家在建设区域性研究型大学方面或许能够取得成功，信息技术使这一目标更加切实可行。一些区域比其他区域更容易实施这些倡议。譬如，由于都是小国，具有共同的语言和相似的经济社会需求，中美洲地区的国家可能具有建设区域性研究型大学的潜力。同样情况也可能存在于东非、西非法语国家和苏联地区的中亚国家。然而，过去半个多世纪以来，建设区域性研究型大学的努力并没有获得很大的成功。烦冗的政策讨论没有产生实际的效果，至少有一个没有取得成功的例子，那就是曾经被规划的为肯尼亚、坦桑尼亚和乌干达服务的东非大学。但是，西印度大学（University of the West Indies）和南太平洋大学（University of the South Pacific）则成功地服务了各自所在的区域。各国往往认为，它们需要自己的国立大学，因而与邻国分享资源可能与国家政策相左。当然，一些规模较大的发展中国家的研究型大学与小国的高校进行合作是有可能的，如墨西哥与中美洲国家的一些大学开展了合作。

结　论

研究型大学处于高等教育体系的顶端，它们为国际学生和学者提供机会，开展可能对全球知识增长或本国经济做出贡献的研究工作。这些大学还是与国际科学和学术界进行交流的渠道。对于发展中国家而言，研究型大学具有特殊的作用，因为它们常常是这些国家参与国际知识网络的唯一渠道。工业化国家则拥有与国际知识网络进行联系的许多途径，如跨国公
196 司、科学实验室、政府机构和其他组织等。发展中国家最优秀的学术人员受聘于研究型大学，大学为他们提供了不用离开本国就可以为科学和学术做出贡献的家园与机会。因此，研究型大学对高等教育体系的成功具有极为重要的意义。

维持研究型大学需要持续性的资助，以使它们跟上新兴领域和知识进步的步伐。这些大学独具特征，这些特征在发展中国家的高等教育体系中表现可能并不一样。共同的方面包括：全职教师群体，学术自由，保障教师在本地中产阶层生活方式的薪酬，以业绩而非资历为基础的晋升条件和薪酬结构，对长期聘任的合理保障，学术工作各部门腐败的消除，以竞争和科研生产率为特征的学术文化。这些要素可能在现有的大学中尚不存在或不完善，这些高校需要资源以及世界性的学术环境。研究型大学构成了院校系统中其他组成部门的“旗舰”，提供了最佳学术价值和方向的范例。

发展中国家要加入现代经济体的行列，就必须拥有研究型大学。这些大学将所在国家与广泛的科学、技术和学术界联结起来。研究型大学提供了 21 世纪经济和社会所需要的技能，体现了最好的学术价值观。研究型大学是全球经济十分重要的机构。

参考文献

Altbach, P. G. (1987). *The knowledge context: Comparative perspectives on the distribution of knowledge*. Albany: State University of New York Press.

Altbach, P. G. (Ed.). (1999). *Private Prometheus: Private higher education and development in the 21st century*. Westport, CT: Greenwood.

Altbach, P. G. (2001). The American academic model in comparative perspective. In P. G. Altbach, P. J. Gumport, & D. B. Johnstone (Eds.), *In defense of American higher education* (pp. 11-37). Baltimore: Johns Hopkins University Press.

Altbach, P. G. (2003a). The costs and benefits of world-class universities. *International Higher Education*, *33*, 5-9.

Altbach, P. G. (Ed.). (2003b). *The decline of the guru: The academic profession in developing and middle-income countries*. New York: Palgrave.

Altbach, P. G. (2013). *The international imperative in higher education*. Rotterdam, Netherlands: Sense.

Altbach, P. G., Reisberg, L., Yudkevich, M., Androushchak, G., & Pacheco, I. F. (Eds.). (2012). *Paying the professoriate: A global comparison of compensation and contracts*. New York: Routledge. 197

Altbach, P. G., & Salmi, J. (Eds.). (2011). *The road to academic excellence: The making of world-class research universities*. Washington, DC: World Bank.

Altbach, P. G., & Umakoshi, T. (Eds.). (2004). *Asian universities: Historical perspectives and contemporary challenges*. Baltimore: Johns Hopkins University Press.

Chait, R. P. (Ed.). (2002). *The questions of tenure*. Cambridge, MA: Harvard University Press.

Douglass, J. A. (2000). *The California idea and American higher education: 1850 to the 1960 Master Plan*. Stanford, CA: Stanford University Press.

Enders, J. (Ed.). (2001). *Academic staff in Europe: Changing contexts and conditions*. Westport, CT: Greenwood.

Geiger, R. L. (2004). *Money and knowledge: Research universities and the paradox of the marketplace*. Stanford, CA: Stanford University Press.

Hutchins, R. M. (1995). *The higher learning in America*. New Brunswick, NJ: Transaction.

Kerr, C. (2001). *The uses of the university*. Cambridge, MA: Harvard University Press.

Kirp, D. (2003). *Shakespeare, Einstein, and the bottom line: The marketing of higher education.* Cambridge, MA: Harvard University Press.

Lewis, H. R. (2006). *Excellence without a soul: How a great university forgot education.* New York: Public Affairs.

Lyall, K. C., & Sell, K. R. (2006). *The true genius of America at risk: Are we losing our public universities to de facto privatization?* Westport, CT: Praeger.

Ma, W. (2007). The flagship university and China's economic reform. In P. G. Altbach & J. Balan (Eds.), *World class worldwide: Transforming research universities in Asia and Latin America* (pp. 31–53). Baltimore: Johns Hopkins University Press.

Odorika, B., & Pusser, B. (2007). La maxima casa de estudios: Universidad Nacional Autónima de México as a state-building university. In P. G. Altbach & J. Balan (Eds.), *World class worldwide: Transforming research universities in Asia and Latin America* (pp. 189–214). Baltimore: Johns Hopkins University Press.

Perkin, H. (2006). History of universities. In J. J. F. Forest& P. G. Altbach (Eds.), *International handbook of higher education* (pp. 159–206). Dordrecht, Netherlands: Springer.

198 Rhoten, D., & Calhoun, C. (Eds.). (2011). *Knowledge matters: The public mission of the research university.* New York: Columbia University Press.

Rosenzweig, R. M. (1998). *The political university: Policy, politics, and presidential leadership in the American research university.* Baltimore: Johns Hopkins University Press.

Salmi, J. (2009). *The challenge of establishing world-class universities.* Washington, DC: World Bank.

Schuster, J. H., & Finkelstein, M. J. (2006). *The American faculty: The restructuring of academic work and careers.* Baltimore: Johns Hopkins University Press.

Slaughter, S., & Leslie, L. L. (1997). *Academic capitalism: Politics, policies, and the entrepreneurial university.* Baltimore: Johns Hopkins University Press.

Slaughter, S., & Rhoades, G. (2004). *Academic capitalism and the new economy: Markets, state, and higher education.* Baltimore: Johns Hopkins University Press.

Vucinich, A. (1984). *Empire of knowledge: The Academy of Sciences of the USSR (1917–1970).* Berkeley: University of California Press.

第十三章　盘根错节：西方对亚洲高等教育的影响

两个事实塑造了亚洲高等教育体系：高等教育模式的外来起源，以及 199
作为其发展进程一部分的大学本土化所面临的挑战。外国高等教育模式差异很大，各个国家的本土化反应亦是如此。有过被殖民经历的国家所面临的现实不同于那些在接受外国影响时能够采取某种独立判断的国家。在亚洲，与第三世界的其他地方一样，西方高等教育模式和院校的影响从一开始就具有重要意义，当代亦是如此（Ashby，1964，1966）。本章探讨西方影响亚洲高等教育的各个方面：与殖民主义或西方思想的初次接触；借鉴时期；在独立和自主背景下西方的持续影响。

影响亚洲高等教育的殖民势力几乎包括所有参与殖民事业的欧洲主要国家，如荷兰在印度尼西亚，英国在印度、马来西亚、新加坡等地，西班牙以及之后的美国在菲律宾，法国在越南。日本进入西方体制世界的时间较晚，虽然 1868 年明治维新之后，日本受到了多种外国模式的影响，但在“二战”后美国试图重塑日本教育制度之前，德国模式的影响可能是最大的（Nagai，1971）。反过来，19 世纪末 20 世纪初，中国台湾地区和韩国受到日本的殖民统治，其高等教育留下了日本的印记。中国大陆从未全面沦为殖民地，但仍受到来自德国、法国、英国、日本、美国，以及 1950 年后苏联等国的重大影响（Hayhoe & Bastid，1987）。无论是在殖民时期还是现在，这些西方影响的直接作用及其与本土教育观念之间的相互作用，都形成了相当复杂的故事。

西方与亚洲高等教育体系的联系有两个基本时期。第一次包括殖民时期在内，随着“二战”之后各国的独立而告终。即使对于没有正式处于殖民统治下的国家，如中国、日本和泰国，1945 年前后与西方的关系也有所不同。“二战”后，西方的影响仍在继续，但这种关系发生了变化。亚洲国家能够越来越自信地从各种西方模式和高等教育实践中进行选择，此时适应多于强加，选择多于全盘接受。本章关注后殖民时期，在这一时期可以看到西方影响和亚洲需求之间妙趣横生的互动。

总的来说，西方与第三世界之间的关系是不平等的，第三世界对西方高等教育模式进行了相当程度的适应，特别是在殖民主义时期。西方国家直到最近还在政治、军事、经济、技术和知识方面占据主导地位。中国经济总量巨大，日本成为世界第三大经济体，新加坡、韩国、马来西亚以及中国台湾、中国香港等国家和地区的“小龙”经济繁荣发展，形势发生了巨大变化。然而，在一个独立且日益繁荣的亚洲，西方的影响力仍然相当重要，例如，英语是全世界科学交流的主要语言（McBee，1985）。西方高等教育模式继续在世界范围内占据主导地位，在亚洲的影响也依然强大。在衡量智识互动时——例如，从主要西方语言翻译成第三世界语言的书籍数量、互联网业务和跨境学生流动——天平显然偏向西方。亚洲虽有较大发展，但基本格局依旧没有改变。

尽管这种不平等还广泛存在，但殖民时代的结束使得发展中国家的高等教育和科学体系得到了显著的改善，并取得了相当程度的独立。没有任何地方比亚洲更令人瞩目，特别是在环太平洋地区的新兴工业化国家和地区。虽然欧洲语言的影响依然强大，并且有证据表明它们东山再起，但是语言已经发生了一些变化。例如，印度独立后，一些大学转向使用印度语，但英语仍然是科研和本科及以上学习的主要语言；印度尼西亚独立后，教学用语迅速从荷兰语转变为印度尼西亚语；马来西亚的大学从英语改用马来语，但一些大学目前正在恢复使用英语；韩国和中国台湾地区放弃日语作为大学语言，分别转而使用韩语和中文；菲律宾和新加坡的大学仍然几乎完全使用英语。

高等教育模式也已适应当地的需求。在某些情况下，旧的殖民地模式被彻底抛弃。印度尼西亚、韩国和中国台湾地区就是这一发展的例证。它们抛弃了荷兰和日本的模式，转而使用美国高校的修正版本。 201

亚洲科学得到了极大的发展。中国现在是科研论文和专利的主要出产国之一。日本已经加入了主要科学大国的行列，拥有世界一流的学术和研究设施，并且拥有全球性科学出版物。虽然印度在科学生产方面落后于人，但它也已发展出引人瞩目的高科技产业。

每个亚洲国家在历史上和当代都有与西方互动的模式。在一些国家，经济和语言因素加强了与西方的密切联系，新加坡就是一个这样的例子。日本和韩国是主要工业化国家俱乐部 OECD 成员国。虽然日本在某些方面受到西方科学发展的影响，但它已经形成了完全独立的经济和高等教育体系。泰国在独立发展的背景下，与不同的西方高等教育模式有着悠久的交流历史。每个亚洲国家都曾与西方学术和知识潮流发生过重大接触，并深受其影响，但每个国家都以不同的方式应对，并取得了不同程度的成功，建立起了有效和独立的高等教育体系。本章重点探讨这些情况的一些共同要素以及一些亚洲国家的回应。

西方模式

综观世界，无论意识形态、经济体制或历史环境如何，西方大学模式的变体都占据着主导地位。中世纪教师主导型的巴黎大学塑造了全球基本的高等教育框架，这一最初高等教育主题的变体很多。后来西班牙的传统产生了一些最重要的影响，尤其是在拉丁美洲和菲律宾。在前法国殖民地（主要是在非洲以及许多拉美国家），法国的高等教育取向和知识传统依然具有影响力。

英国大学是另一种核心模式，在亚洲尤为重要。英国学院精英教育的传统以及更加平等的苏格兰模式，主要影响了大量前英国殖民统治下的国

202 家和地区（Ashby，1966）。18 世纪，美国殖民地强大的英国思想与其他西欧思想和本土模式相结合，形成了美国的高等教育模式，这种模式本身就是一股异常强大的力量，尤其是在“二战”后。英国关于大学在社会中的作用、治理模式、课程设置和学术文化等方面的思想对前英国殖民地产生了深远的影响。英语作为最重要的教学和学术语言，是英国高等教育和知识传统最重要的遗产之一。

另一个具有全球影响力的主要西方高等教育模式是 19 世纪的德国大学。德国最重要的高等教育思想家和柏林大学创办人洪堡强调，科研是高等教育的一个关键因素。在德国大学，学术自由——或者更确切地说是高等教育环境中研究和教学的自由——神圣不可侵犯。德国高等教育思想首先在东欧产生影响，在那里德国的政治和文化影响力很强（Ben-David，1977）。这一思想在 19 世纪主导了俄国的高等教育，并且至今仍具有一定的影响力。从亚洲高等教育发展的视角看，或许最重要的是德国高等教育理念是促进 1865 年后美国大学兴起的三大主要思想之一，并在此后不久影响了日本。美国人将英国的大学理念以及德国重视科研和高级研究生培养的理念与美国平民主义的理想结合起来，从而创建了现代美国大学，形成了当今世界重要的高等教育模式（Veysey，1965）。日本人在 19 世纪末尝试了几种高等教育模式之后，最终大量借鉴德国的做法（Nagai，1971）。虽然德国从未在欧洲以外建立过大学，但事实证明，除了中国的一所院校，德国高等教育理念的影响异常强大。

当代亚洲的每所高校都有其一个或多个西方高等教育模式的根源——美国、英国、法国、德国、荷兰、俄罗斯和西班牙。院校治理模式、学术职业精神、学术生活节奏、科学观念、考试和评估程序、某些情况下教学语言，以及众多其他要素都起源于西方。可以说，就海外影响力而言，西方的大学理念或许是最为成功的西方理念，远比威斯敏斯特议会模式更为成功。

在亚洲部分地区，西方高等教育模式是由亚洲人自己传播的。例如，日本在 20 世纪上半叶殖民统治的韩国和中国台湾地区强制推行自己的高等教育体系。英国式的印度大学也为其他南亚国家（如孟加拉国、巴基斯坦、斯里兰卡等国）以及某种程度上的中东国家树立了样例。

几乎所有主要的亚洲文明都拥有令人瞩目的知识传统，文学、历史和艺术的“高雅文化”，以及完善的书面语言。几个世纪以来，主要亚洲文明和思想也对其他亚洲文化产生了重要影响，正如西方国家到来之前的教育、语言和宗教影响所证明的那样。佛教从印度传播到几乎所有东亚地区，在这些地区它现在仍然是一个重要的宗教和知识主题；伊斯兰教从中东传播到南亚和东南亚，现在仍然是一个极具影响力的宗教和知识传统；中国文化、语言和宗教也在越南、韩国和日本留下了烙印。

亚洲在西方文化到来之前的科学发展也令人印象深刻。在欧洲科学相对落后的时期，纸张和火药等中国发明反映了高水平的科学知识。必须铭记的是，在欧洲黑暗时代（European Dark Ages），许多西方知识传统是由伊斯兰学者保存下来的。在伊斯兰世界和印度，数学和天文学的发展处于领先水平。另外，也存在重要的亚洲和伊斯兰学习中心。开罗的爱资哈尔大学是当今世界上历史最悠久的大学，并且现在仍然是伊斯兰世界的重要学习中心（Makdisi，1981）。类似大学的机构也存在于古印度的塔克西拉（Taxila）和那烂陀（Nalanda）。当然，中国为了选拔人才而完善了科举制度，通过任人唯贤的方式选拔官员。总之，在与西方文化接触之前，亚洲并不缺乏科学、知识、文化活动或院校机构。此外，在中世纪，亚洲对西方科学和思想产生了重大影响。例如，耶稣会士不仅把欧洲的思想带到亚洲，而且还带回了亚洲的科学和哲学理念以及产品。

尽管有着悠久的历史，当代亚洲高等教育仍然沿袭着西方模式。虽然亚洲高等教育体系深受本土力量和当地现实的影响，但它们在组织上遵循西方的模式，并且西方的影响显而易见。本章难以完全解释西方模式在亚洲的主导地位，但可以指出其中的一些促成因素。

殖民主义具有强大的影响力。由西方主导的新兴世界经济必然会带来科学和教育方面的影响。西方“中心”和亚洲“边缘”之间的贸易增加，参与这种以西方为主导的商业活动要求具备西方语言、商业实践等方面的知识技能。因此，殖民国家决定了哪种高等教育模式在其殖民地占据主导地位。英国人输出了他们的高等教育模式，法国人、荷兰人、西班牙人以
204 及后来的美国人也是如此。一些殖民统治者愿意让他们的新建院校与殖民地的传统院校共存，而其他殖民者则试图消灭本土形式。殖民机构由宗主国政权投资，并与发展中的经济和官僚制度相联系，自然被证明是具有吸引力的，并最终取代了失去目标的传统院校（Altbach & Kelly，1984）。

作为工业革命的结果，欧洲以及后来北美的产品和科学在亚洲大部分地区占据了主导地位。西方积累的一部分财富被用于高等教育和科学，以生产越来越先进的产品。与此同时，亚洲多数国家和地区的经济与政治发展都处于低潮。事实上，直到现在，唯一完全能够适应西方工业主义的国家只有日本。如今，韩国、新加坡以及中国台湾等亚洲国家和地区也加入了工业俱乐部。马来西亚和印度尼西亚也在一定程度上成为成功的新兴经济体。

虽然科学曾一度在亚洲得到发展，但 19 世纪和 20 世纪的技术发展在很大程度上是一种西方现象。一个多世纪以来，科学研究和产业创新实际上一直被西方垄断，现代大学首先出现于欧洲，后来又在北美得到发展。因此，西方的高等教育和科学制度结构获得了巨大的影响力和权威，这并不令人惊讶。此外，由于一系列复杂的原因，亚洲的科学传统开始衰退。

目前，无论意识形态或发展阶段如何，亚洲国家都在努力参与西方科学和工业发展，并且取得了相当大的成功。毫不奇怪，西方的制度模式通常用于实现这些目标。实际上，这些模式被认为是第三世界成功发展的原型。日本成功地采用了包括高等教育模式在内的西方制度模式来促进其发展（Dore，1988）。

当代国际知识网络在本质上主要是西方的（Altbach，1987a）。虽然中国已经成为一个科研“超级大国”，每年都在出产大量的研究论文和专利，但是世界上大部分的研发工作都是在少数几个西方国家进行的，几乎所有重要的科学期刊和大多数数据库都是在西方出版的，大部分专利仍然来自
205 西方。世界其他国家必须参与这个网络，以保持与科学和技术进步之间的

联系，从而更好地参与经济竞争。因此，西方的制度模式和规范占据主导地位。

在过去一个世纪里，西方的高等教育模式、知识与科学的影响之所以变得如此强大，甚至延续至今，是由一些因素促成的。本章并不认为西方模式只是简单地强加于亚洲文化。外国制度及其影响力与亚洲现实之间存在着相当程度的互动。虽然基本的制度模式可能是西方的，但也有大量的本土创新。从这个角度来看，泰国、日本和中国等从未被正式殖民统治的国家，它们的高等教育发展和当代现实令人颇感兴趣。

殖民主义“遗产”

殖民主义的主题不可避免地成为这一历史分析的一部分。对亚洲大部分地区来说，殖民主义是与西方高等教育接触的最初起点，其“遗产”至今仍然具有现实意义。殖民政策及其实践是各不相同的，而且随着时间的推移而改变。然而，一般来说，殖民主义的特点是一个国家直接统治另一个国家。虽然这种关系是一种强制的力量，但殖民地居民也具有一定程度的主动性，殖民者和被殖民者之间总是存在着相互关系。

很难概括殖民经历及其对高等教育的影响。对亚洲大部分地区来说，殖民经历是漫长的：西班牙人在 16 世纪来到菲律宾，荷兰人也是此时来到现在的印度尼西亚地区（Thomas，1973）。有趣的是，西班牙人通过天主教会的倡议，在殖民早期就建立了大学，而荷兰人直到 19 世纪才建立起中学后教育机构。两个多世纪后，英国开始直接统治印度，但英国殖民地的高等教育是在亚洲较普遍的模式（Basu，1974）。法国人随后来到越南。从 20 世纪初开始，日本和美国在中国台湾地区、韩国和菲律宾担任了短暂但颇具影响力的殖民角色。

殖民政策差异巨大。荷兰人对高等教育不感兴趣，直到统治后期还在限制其发展。在印度尼西亚独立时，虽然有许多人曾在荷兰学习，但受过西方教育的印度尼西亚人数量仍然非常有限。从某种意义上说，这种相对薄弱的殖民地高等教育基础设施使得印度尼西亚在独立后更容易打破荷兰的殖民模式。西班牙人在教育理念和实践上严重依赖罗马天主教会，这塑造了西班牙殖民时期菲律宾的高等教育。1898 年，美国取代西班牙殖民菲律宾，美国殖民当局转向一种迥异的教育发展方向，菲律宾高等教育在其殖民统治期间迅速扩张。英国的殖民“遗产”非常重要，因为有几个亚洲国家和地区都曾经由英国管制。作为“王冠上的宝石”的印度是英国最大的殖民地，也是早期英国高等教育的基地（Ashby，1966）。然而，斯里兰卡、孟加拉国、巴基斯坦、马来西亚、缅甸、新加坡以及中国香港等国家和地区也建立了英国式的高等教育体系。英国从未积极推动建立大型高等教育体系，但当地人要求发展大学时，英国殖民当局试图塑造这些院校并控制其发展。早期——从英国的角度来看，并不完全令人满意——印度高等教育的发展在一定程度上影响了英国在其他殖民地的政策。日本在 19 世纪的殖民教育尝试是一个有趣的案例，因为日本在不到半个世纪之前才建立了自己的西式高等教育体系。

虽然本章不可能全面追溯殖民时期亚洲高等教育的发展历程，但是可以从亚洲的经验中得出一些概括性的结论：

- 殖民当局在高等教育中总是使用宗主国语言。虽然在某些情况下，初等和中等教育是用当地语言进行的，但大学总是使用宗主国语言。英国殖民当局在早期政策讨论中曾考虑过使用当地语言，但最终选择英语作为教学语言。而其他殖民列强并未认真考虑其语言政策的替代方案。欧洲语言的使用在历史和当代产生了深远的影响。语言问题是许多亚洲国家最困惑的问题之一。从这个意义上说，殖民主义“遗产”依然存在，包括教学、教材、科研和海外交流在内的整个高等教育结构都建立在宗主国语言的基础之上。几种欧洲语言同时使用的事实阻碍了后来亚洲高等教育的融合。例如，在东南亚，印度尼西亚使用荷兰语，马来西亚使用英语，中南半岛使用法语，等等。
- 尽管存在细微的变化，但是殖民地的基本高等教育结构都是模仿

宗主国模式的。这些高等教育模式随着时间的推移在宗主国不断演变，但
并不一定与亚洲现实有任何的关联。治理结构、学术职业组织、研究系统 207
以及许多其他方面都直接复制了宗主国模式。因此，孟买或新加坡的大学与伦敦或利兹的大学相似，河内的大学类似法国本土大学，荷属东印度群岛建立的院校看起来类似于阿姆斯特丹或莱顿的大学。在许多情况下，殖民者并没有输出他们最好的高等教育模式，而是试图在其殖民地建立花费少且非精英的高校。因此，输入到印度的是伦敦大学模式，而不是牛津或剑桥模式（Basu，1974）。

• 课程设置与宗主国非常相似，总体上与亚洲社会的需求并不特别相关。应当注意的是，在这种模式被输出时，宗主国院校本身还没有强调科学或研究，因此科学和研究在大多数亚洲殖民机构中只扮演次要角色也就不足为奇了。使用的书籍也主要来自宗主国。在某些情况下，殖民地高校提供的课程是打了折扣的，尽管总的来说与宗主国有相当大的连续性。教学以非常正规的方式进行。

• 许多学术人员，尤其是资深学术人员大都来自宗主国。这些外籍学者强化了殖民者的规范和价值观。在一些亚洲国家，本土学者几乎没有晋升空间。大多数大学在组织上是分层的，许多大学通常被外籍人士担任的讲席教授掌控。

• 印度被殖民时期的大学文化被描述为一种“服从文化”，在这种文化中，学术自由受到限制，教职员工和学生都受到严格控制（Gilbert，1972）。其他大多数殖民地大学也是如此。殖民当局非常关注大学及其毕业生和在校生的忠诚度，为确保忠诚和清除“不良”因素做出了相当大的努力。

• 尽管受到控制，殖民地大学仍然是文化、政治和知识分子运动的源泉。在亚洲许多地区，以大学为基础的本土知识分子促进了民族主义思想、文化复兴运动和现代思想的发展。从某种意义上说，殖民地大学是殖民主义垮台和独立国家崛起的温床。世界各地重要的民族运动领导人几乎
都是接受过高等教育的知识分子。在亚洲，取得独立并在某种意义上建立 208

现代民族国家的那一代人，几乎都在殖民地大学里接受过训练并信奉所学的思想。

- 殖民地大学的交流结构和学术文化强调与宗主国的联系。因此，亚洲各大学之间的联系微乎其微。除了语言、制度模式和取向的区别之外，被殖民时期亚洲高校着眼于本国，而不是该地区的其他国家。

殖民主义传统的这些因素塑造了亚洲大学的性质，在今天仍然具有强大的影响力。殖民“遗产”可以在当代亚洲高校中看到——从教学语言等显而易见的因素，到高级公共空间和学术等级制度的性质等不易察觉的因素。关于亚洲高等教育的讨论不能完全忽视殖民经历的影响。

非殖民传统：日本、中国和泰国

有三个重要的亚洲国家从未被完全殖民过。因此，在这些国家，西方高等教育的影响虽然显著，但与曾经沦为殖民地的国家有所不同。没有受到外国直接统治的日本、中国和泰国在发展高等教育方面具有不同程度的独立性。这三个国家的大学体系在基本组织模式方面很大程度上都借鉴了西方，这一事实意义重大。这些国家高等教育的历史发展也值得注意，不仅因为它们是亚洲大国，而且因为它们说明了西方影响是如何在独立的国家起作用的。

这三个国家的本土精英都清楚地认识到，鉴于西方经济、军事和政治利益的要求，它们必须向西方秉承“开放”的原则。日本是一个关键的案例，不仅因为它作为一个主要经济大国在当代具有重要意义，也因其在1945 年以前作为一个殖民大国的经历。在美国海军强制进入日本海域并要求贸易互通之后，日本在 19 世纪中叶才被迫向西方开放贸易。1868 年明治维新后，日本积极开启现代化进程，从此改变了国家面貌，并在1904—1905 年日俄战争中击败沙俄，一跃成为亚洲强国。高等教育是日本
209 现代化进程的重要组成部分，新建立的大学是传授新知识与技术的关键渠

道，也是培养日本人并在工业化社会中发挥作用的重要途径。这些大学帮助将欧洲语言的重要资料翻译成日语。很快日本人就明白，他们必须找到一种合适的高等教育模式，并迅速建立适合传播西方知识的大学体系。因此，日本人被派往国外学习——学生们被派往许多西方国家，以便带回不同的思想。外国学者也受邀到日本访问，甚至有一些关于使用外语（英语）作为高等教育教学语言的讨论。对比了几种西方大学模式之后，日本最终决定借鉴德国大学的模式，因为 19 世纪的德国在发展目标方面与日本接近。

此外，德国大学被认为是当时欧洲最活跃和最具创新性的大学模式之一。德国模式曾长期主导日本近现代高等教育，直到“二战”结束，美国占领当局将美国的高等教育理念强加于日本传统的学术等级之上。当代的日本大学集古老的德国渊源和美国高等教育元素于一身。日本能够借鉴其他国家的一些高等教育理念，并进行调整，以适应本国的国情。大学所用的书籍是从多种语言翻译而来的，在日本高等教育体系形成时期，外籍教师在日本很常见。在三十年时间里，日本建立了大学系统，这对其发展成为一个重要大国起到了重要作用。从某种意义上说，大学成为日本进入研究和技术发展世界的窗口。这些大学还培养了新一代政府官员，他们将成为塑造日本现代化的重要力量（Nagai，1971）。日本大学也被亚洲其他地方视为积极的榜样。在韩国、中国台湾地区被日本殖民时期，日本大学被强制作为现代高等教育发展的典范，并将日语作为教学语言。日本在中国大陆也有一定的影响力，在那里，出现了几种外国学术思想竞争主导权的局面。

中国高等教育发展比日本更加困难，一方面是由于 19 世纪的中国已沦为欧洲列强（以及后来的日本）殖民对抗的竞技场，另一方面是由于清政府没有一个清晰的高等教育和科学方向的发展战略。结果是当时的中国没有形成统一的政策，高等教育发展既缓慢又杂乱无章。在中国那些被西方国家和日本作为半殖民地霸权统治的地区，在大学建立之时就已经开始使用殖民者的高等教育模式了。德国、法国、英国、美国和日本的影响在

210 晚清随处可见。可以说，中国的学术发展历程是独立生长和半殖民地影响的混合体（West，1976）。在曾受英国殖民统治的中国香港地区，高等教育是仿照英国大学模式建立的，教学语言采用英语。在中国内地大学，虽然大部分教学活动采用汉语，但多种影响和语言混杂。

1949 年后，中国学术发展呈现出东西方互动的混合。中国最初用苏联模式取代了各种西方的院校和课程模式，因此，中国的高等教育迅速转变为苏联模式（Goldman，1981；Hayhoe & Bastid，1987）。在 20 世纪 60 年代中苏关系恶化之后，中国政府努力修正这种模式，并发展出有中国特色的高等教育路径。中国目前正处于重大的高等教育改革进程之中。今天，中国有大量学生留学西方。中国近代史说明了在借鉴外国高等教育模式时遇到的一些问题。近年，中国重新借鉴西方高等教育模式，并开始向学生收学费（Hayhoe，1996）。

泰国更倾向于发展现代大学（Silcock，1964）。泰国在选择适合本国需求的高等教育模式方面表现出很大的独立性。泰国大学的发展过程要缓慢得多，并且主要受君主政体的控制（Wyatt，1964）。泰语虽然以前没有用于科学或学术目的，但它从一开始就是高等教育的教学语言。来自法国、英国、德国，以及后来美国的专家为泰国当局提供咨询服务，并在泰国的高校工作。由于这三个欧洲国家的早期影响，以及当代美国的重要作用，泰国大学今天展现出了各种各样的外国影响。

这三个亚洲非殖民地国家的经验在许多方面都具有重要意义。很明显，这三个国家，特别是日本和中国，来自西方的压力要求它们在教育上做出回应，随后它们在世界上开辟了一席之地，保持了国家独立，并发展
211 自己的科学和管理能力。但三个国家在教育方面的回应都是适应西方中学后教育发展的制度和其他模式。虽然这些国家都没有被迫采取某种模式，但来自外部的压力巨大。每个国家都试图寻求最适合其需要的制度结构，尽管如此，它们的院校、课程和科学文化都与西方的原型非常相似。重要的是，虽然这些国家采用了西方的组织模式和课程，但是它们选择使用本国语言作为主要教学语言。

西方的当代影响

当代亚洲高等教育体系是在国际背景下运作的。虽然西方的持续影响在各国各不相同，表现各异，但在整个亚洲都是显著的。即使在日本这样一个完全工业化的、富裕的、受教育程度很高的国家，仍然受到西方学术、科学和课程发展的影响。在这里讨论所有西方的影响是不可能的，因此，我们将关注几个重要因素，以解释西方如何继续在亚洲发挥关键作用（Altbach，1987b）。

英语的影响既广泛又微妙。它不仅是一些亚洲国家的科学语言和教学语言，同时也反映了一种特定的科学文化。

对于英语的全球角色，每个亚洲国家都必须做出应对。英语几乎垄断了科学知识的国际传播：全球超过 10 万种学术期刊中至少有一半是用英语出版的，其中大部分都在国际市场上发行；大多数数据库是英文的；英语是国际科学会议的主要语言；世界上大多数留学生都在英语国家学习。显然，亚洲国家努力将英语作为全球科学和研究语言（Cummings & So，1985）。

此外，英语对亚洲高等教育的影响尤为显著。殖民经历是重要原因，英国不仅是印度的主要殖民国家，也是马来西亚、新加坡、缅甸、巴基斯坦、孟加拉国和斯里兰卡以及中国香港等国家和地区的主要殖民力量。美国曾经是菲律宾的殖民大国，并且在影响和控制韩国、日本方面担当了重要角色。早在明治时期，日本就把英语作为其主要的“世界之窗”。在许多亚洲国家和地区，英语仍然是高校教学语言，包括新加坡（英语是其唯一的教学语言）、印度、菲律宾以及中国香港等国家和地区。英语已成为整个亚洲大陆的主要第二语言。在许多亚洲国家，包括大多数科学在内的许多领域的研究生在学习和学术生涯中都必须具备英语知识。在某些情况下，国家或院校的本科入学考试会包含英语语言部分。在许多亚洲国家， 212

用英语开设课程或提供完整的学位项目的趋势也愈加明显。

英语的广泛使用促使亚洲高等教育体系购买来自主要西方国家的书刊，以及利用网站和其他互联网资源。以英语为主的学术网络使亚洲学者自然会被以英语为母语的学者和院校所吸引。在那些需要在国际期刊上发表论文以促进学术发展的国家，学者们承受着英语发表的压力。例如，中国高等教育中越来越多地使用英语，这将会产生长远的影响。尽管一些亚洲高等教育体系不再将英语作为主要的教学语言，但在高等教育体系的上层，对于科研和学术交流而言，英语或许仍然比以往任何时候都更为重要。很明显，亚洲科学家最常使用的语言仍然是英语。

大量的亚洲学者，尤其是顶尖大学的学者，都曾留学海外，主要是在西方工业化国家接受教育，而且越来越多的人留学澳大利亚。国外教育的影响往往很大，归国者与西方大学和学院网络建立了持续的联系，并保持着西方学术的倾向（Altbach，Kelly，& Lulat，1985）。海外培养的确切影响仍有待分析，但就亚洲的情况而言，由于涉及的学生人数众多，且与原宗主国高等教育体系的关系仍然存在，留学教育是保持西方影响的重要因素。不少亚洲学者也曾在西方国家任教，这为他们提供了进一步获得西方学术取向和实践经验的机会。当这些教授回国时，他们经常在本土大学担任领导职务。主要来自西方工业化国家的外籍教授在亚洲的影响也很大。在新加坡和中国香港等少数几个国家与地区，相当大比例的学术人员是外籍人士。而在其他国家，经常有外国访问教授和学者以及大量在亚洲进行研究的西方学者。这些人往往也具有影响力，因为他们是来自享有盛名的西方国家高等教育体系的代表。简而言之，学者和学生的大规模交流是西方影响的源泉之一。总的来说，尽管有许多亚洲人在西方大学任教，但西方大学并未受到亚洲科学和文化模式的太大影响。可见，这种影响的方向通常是从中心向边缘（Weiler，1984）。

各种各样的西方科学产品都能在亚洲大学中找到。教材是西方重要的
213 出口产品（Altbach & Gopinathan，1988）。亚洲各地都在使用西方教材，有时是英文原版，有时是译本，有时是由本国学者使用西方的概念、学术

取向和课程方法编写的改编版本。西方教材的使用产生了重要影响，因为其中的思想被传递给大量的亚洲大学生，而且这些教材帮助形成了特定学科的课程。西方学术期刊是受尊敬的知识来源。亚洲学者为了进入国际知识网络，经常在这些期刊上发表文章。这些期刊有助于确定研究主题。此外，西方科学设备（从显微镜到计算机）被广泛使用且口碑极佳。然而，由于日本、韩国和中国台湾地区越来越多地参与制造精密的科学仪器，并出版自己的期刊和书籍，西方科学出口的垄断已被打破。

如前所述，亚洲大学的基本模式和组织结构是西式的。西方组织模式的普遍存在以及随之而来的许多固有观念都是值得注意的。学术等级制度、课程结构、考试制度以及学术生活的节奏都起源于西方并带有西方的元素。将大学视为纯粹精英组织的观念根深蒂固——尽管在亚洲有所折扣，有时在西方也是如此。学术自由也是一种公认的规范，尽管在亚洲，它经常受到担心学术界忠诚的政治当局的严重制约（Pucetti，1972）。这里的观点是，高等教育组织模式不仅是一系列的结构，如学术等级的层次结构、院系或讲席教授的安排等，同时也伴随着关于高等教育和大学本质的思想、规范和价值观。因此，在主要采用西方组织模式的发展过程中，亚洲大学可能也接受了潜在的西方价值观，这些价值观可能难以准确地反映其自身的文化和传统。

当代西方学术思想和结构的影响的确是巨大的。在思考扩张、创新或改革的问题时，亚洲大学在考虑其内部现实的同时，也借鉴了西方的理念和做法。在过去几十年，美国高等教育模式尤其具有吸引力。美国不仅拥有庞大而成功的高等教育体系，而且其大学也积极参与科研，并率先推动了大众高等教育体系的发展。亚洲国家通常希望在这两个方向上都有所行动。此外，许多亚洲学者都在美国接受过教育，自然会被美国的学术轨道 214
所吸引。美国高等教育体系在某种程度上也比德国甚至英国等级森严的讲席教授模式更加“民主”，因此对希望促进所有学术人员最大程度参与的大学具有吸引力。此外，美国的赠地学院思想在许多发展中国家也是一种强有力的思想观念（Hanson，1968），这一观念强调大学服务州和地方。

这一理念的要素——如重视应用研究和服务，发挥实践课程的作用，以及加强大学与周边社区和更广泛社会之间的联系——正吸引着亚洲国家，因为这些都是新兴高等教育体系的重要目标。美国大学在全球排名中表现良好的事实也增强了这种模式的吸引力。

美国的学术理念——诸如设置院系组织而不是讲席教授，本科通识教育，持续评估而不是学位课程结束时考试，以及设置跨学科中心以激励创造性思维和科研等——在亚洲已经变得像在美国一样普遍（Raghaviah，1982）。当在亚洲建立新的院校时，它们往往有意识地模仿西方的大学或采纳西方的主要学术理念（Srisa-an，1982）。学术规划委员会经常聘用来自西方国家的教授或管理人员，以便利用他们的专业知识。

这些例子说明了西方思想和模式对当代亚洲高等教育的重要性。亚洲大学追随西方潮流并不令人意外。许多亚洲的大学是模仿西方模式建立的，西方的许多创新也都直接对亚洲产生影响。许多西方国家——尤其是美国——以前都经历过亚洲国家目前正在经历的高等教育的扩张和发展阶段，这一事实也使西方模式更具吸引力。

对西方高等教育的本土回应

亚洲大学不仅是对西方院校的简单复制，其在发展过程中也进行了一系列调整。亚洲大学至少与它们所依据的西方模式一样，反映出其社会、历史、文化和政治背景。这些院校是混合型的，结合了几种不同文化的元素（Altbach，1987a；Virasai，1977）。西方的学术文化和组织在其中占据主导地位，但它们同时又受到本土文化的影响。

215 很明显，完全拒绝西方学术思想并没有奏效，历史上也曾有过建立完全本土的高等教育体系或完全忽视高等教育的尝试。18 世纪末 19 世纪初，印度穆斯林精英对西方高等教育的排斥只在次大陆走向独立的过程中成功地将穆斯林降为社会的底层（Lelyveld，1978）。这种教育劣势是促成南亚穆斯林独立国家——巴基斯坦——出现的一个因素。穆斯林坚持传统价值观，拒绝接受西方高等教育，徒劳地试图保持他们的传统权力。印度教徒和其他团体很乐意填补这一真空。在另一个例子中，1868 年明治维新前，日本抵制来自西方的影响；1868 年以后，日本的快速现代化可能阻止了日本落入西方的控制。

在印度，殖民时期遗留下来的以英国为基础的繁复的高等教育体系虽然经过了修改，但基本保存了下来。其中一些变化受到了普遍的批评。例如，来自中产阶层和其他阶层的压力迫使高等教育大规模扩张，因此，大学学位在许多领域确保高薪和有声望的工作时作用不大（Singh，1985）。此外，由于在学术任命中以权谋私，以及在联邦评估的大学考试中普遍存在的不诚实行为，精英主义的概念已被玷污。在印度，大众高等教育在政治和社会上扮演的角色与其在教育中的作用同等重要。

在马来西亚，原来精英式的英国大学经过了几番重大改变，使其更符合当地需求（Selvaratnam，1985）。最重要的决定之一，也是许多亚洲国家的共同决策，是将教学语言从英语改为当地语言——马来语，尽管近年来存在一些回归英语的趋势。就像在其他生活领域一样，这个国家的族群政治在高等教育中具有重要影响，因此精英统治已被削弱。马来族学生比该国其他两个主要种族——华人和印度人受到特殊优待。新成立的大学在组织结构方面既有英国特色，也有美国特色。

在一些亚洲国家，学术自由受到了一定程度的限制，这是一个颇具争议的问题。当代西方学术自由的观念不仅包括传统的德国观念，即大学教师在其专业领域拥有科研和教学的自由，而且还包括学术职业应该拥有完 216
全的言论自由的观念，无论在校内校外，也无论其所属领域，只需受到诽谤法和相关规定的约束。事实上，西方的学术自由还包括出版自由，不仅包括研究和学术成果，还包括其他方面的著作（Shils，1983）。在一些亚洲国家，如日本、菲律宾和印度，几乎所有西方学术自由的规范都被接受了。然而，在另一些国家，政治现实限制了学术自由。例如，在新加坡和马来西亚，某些话题被认为是学术研究和分析的敏感话题。此外，上述国家的学术团体必须谨慎地对待可能出现的不稳定的种族和宗教问题。

在西方国家，人们期望学者，特别是高级学者，应该拥有长聘教职，作为保护他们的学术自由不受侵犯和确保教学与科研自由的一种手段，避免其因担心被解聘而受到种种束缚。虽然长聘教职在西方遭受了一些批评。例如在英国，撒切尔政府废除了新聘教师的长聘教职，但事实上，学者被裁员是不寻常的，学术自由的规范根深蒂固而且几乎受到普遍尊重。在亚洲，长聘教职呈现出与西方迥异的方式。一些国家（如日本）采用西方式的长聘教职制度，保证学术聘用的长聘制，正如日本在许多其他工作领域所做的那样。在印度，拥有研究生院的大学，学者有强有力的长聘职位保障，并且通常拥有不受限制的学术自由，而本科学院教员的工作保障薄弱，被解聘的情况并不少见。然而，在中国台湾地区，高等教育没有长期的任命，所有学术人员任期均为两年。尽管实际上是自动续约，而且在现实中大多数高校教师都拥有事实上的长聘职位，但缺乏法律上的工作保护会导致不安全感，尤其是对于社会科学领域的学者而言。在包括韩国和印度尼西亚在内一些国家，人们期望学术人员会得到工作保障。然而，长聘教职的保障是薄弱的，学者如果发表与政府或大学政策相左的观点，很容易陷入严重的困境。

一般来说，亚洲高等教育体系采用本国语言作为高等教育主要的教学
217 和话语媒介。在一些国家，如印度，高等教育使用的语言不止一种，但英语仍然在教学中占据主导地位。印度的大学也提供本国语言如印地语和十多种地区语言的教学。日本中学后教育一直使用日语教学，并率先将教材和其他科学书籍译成日语。尽管如此，英语在日本也是一种主要的科学语言，而且几乎是大学里每个学生必修的外语。一些学位项目甚至提供主要面向国际学生的用英语授课的课程。如前所述，马来西亚在独立后不久就将其高校教学语言从英语转变为马来语，虽然在适应新语言和提供该语言的书籍方面存在严重问题，但这种转变还是完成了。随着马来西亚高等教育寻求国际化，现在有一种回归英语的温和趋势。虽然菲律宾已经在高等教育中尝试使用他加禄语，但是英语仍然占主导地位，新加坡也是这样。

在中国香港地区，英语仍然是高校工作的主导语言。大多数其他亚洲国家和地区在高等教育中使用本土语言，虽然它们中的大多数在提供教材方面(特别是在高层次的教育)，以及用本土语言编写科研材料方面存在问题，但是这一体系运作良好。语言选择是亚洲高等教育本土化的一个关键因素，虽然转型存在困难，但变化已经发生。

虽然亚洲大学参照了西方模式，但每个亚洲国家也都在调整这种模式，以满足本国的需求和现实。在某些情况下，对高等教育本土化的精心规划导致了变革。而在另一些国家，政治和其他压力导致了适应。亚洲大学受到西方大学的重要影响。随着西方模式的不断演进，亚洲大学变革、适应和发展的过程也在继续。

结　论

亚洲大学在许多重要方面都受到西方工业化国家的影响。亚洲大学的历史模式是西方的，它的基本精神、组织结构和课程在很大程度上都是基于西方传统的。在许多情况下，亚洲国家高等教育最初使用的语言也是西方的。西方国家在当代也有一些重要的影响：一个不容忽视的事实是，北美和西欧产出了世界上大部分的科研成果，出版了大多数科学、学术书籍和期刊，并使用了世界上大部分的研发资金；英语是 21 世纪主要的科学语言；全球大学排名的影响进一步巩固了西方的学术价值和研究；世界上 218
大多数留学生都来自发展中国家，并流向工业化国家；当代科学文化基本上是西方的——在西方发展并用西方语言传播。世界上大多数国家都认识到，它们得适应这一现实。

亚洲国家在建设自主的学术和科学文化方面取得了令人瞩目的进展。其高等教育体系虽然在组织结构上保持了西方大学的许多特点，但反映了国家的需要和发展方向。在亚洲大学，本土语言得到广泛使用。本土科学能力得以形成，并研究了对亚洲国家特别重要的一些相关课题。在一些亚洲国家，特别是日本、印度和中国，科学出版体系得以创建，尽管到目前为止，西方的出版体系仍占主导地位。虽然亚洲的高等教育体系一般着眼于西方而不是其他亚洲国家，但它们在区域合作方面也做出了一些努力。

虽然亚洲高等教育模式还没有出现，但亚洲已经产生了一系列西方模式的变体，以适应国家的需求和现实。一些国家鼓励大规模高等教育体系的发展，但其质量参差不齐；其他国家则保持着一种更加精英化的模式。一些国家强调科研，而大多数国家的高等教育体系主要进行教学。很少有亚洲国家借鉴邻国的经验，它们大多数都从西方寻求理念和模式。

亚洲会不可避免地成为国际科学体系的一部分，在这一体系中，该区域各个国家和地区发挥着越来越重要的作用。日本是世界上先进的科学强国，其高度发达的大学和科研体系现已成为世界领先的高等教育体系之一，而中国正迅速迎头赶上。一些亚洲国家，如印度、中国和日本，已经成为学术“大联盟”的一部分。新加坡、韩国等国家和地区在发展高等教育“卓越中心”方面也取得了令人瞩目的进展。

参考文献

Altbach, P. G. (1987a). *The knowledge context: Comparative perspectives on the distribution of knowledge*. Albany: State University of New York Press.

Altbach, P. G. (1987b). *Higher education in the Third World: Themes and variations*. New York: Advent.

Altbach, P. G., & Gopinathan, S. (1988). Textbooks and Third World higher education. In P. G. Altbach & G. P. Kelly (Eds.), *Textbooks in the Third World* (pp. 51 – 73). New York: Garland.

Altbach, P. G., & Kelly, G. P. (Eds.). (1984). *Education and the colonial experience*. New Brunswick, NJ: Transaction.

219 Altbach, P. G., Kelly, D. H., & Lulat, Y. G-M. (1985). *Research on foreign students and international study*. Westport, CT: Praeger.

Ashby, E. (1964). *African universities and Western tradition*. Cambridge, MA: Harvard University Press.

Ashby, E. (1966). *Universities: British, Indian, African: A study in the ecology of higher education*. Cambridge, MA: Harvard University Press.

Basu, A. (1974). *The growth of education and political development in India, 1898–1920*. New Delhi, India: Oxford University Press.

Ben-David, J. (1977). *Centers of learning: Britain, France, Germany, United States*. New York: McGraw-Hill.

Cummings, W., & So, W. C. (1985). The preference of Asian overseas students for the United States: An examination of the context. *Higher Education*, *14* (4), 403–424.

Dore, R. (1988). *Taking Japan seriously: A Confucian perspective on leading economic issues*. Stanford, CA: Stanford University Press.

Gilbert, I. (1972) The Indian academic profession: The origins of a tradition of subordination, *Minerva*, *10*, 384–411.

Goldman, M. (1981). *China's intellectuals: Advise and dissent*. Cambridge, MA: Harvard University Press.

Hanson, J. W. (1968). *Education, Nsukka: A study of institution building among the modern Ibo*. East Lansing: Michigan State University.

Hayhoe, H. (1996). *China's universities, 1895–1995: A century of cultural conflict*. New York: Garland.

Hayhoe, R., & Bastid, M. (Eds.). (1987). *China's education and the industrialized world: Studies in cultural transfer*. Armonk, NY: M. E. Sharpe.

Lelyveld, D. (1978). *Aligarh's first generation: Muslim solidarity in British India*. Princeton, NJ: Prince ton University Press.

Makdisi, G. (1981). *The rise of colleges: Institutions of learning in Islam and the West*. Edinburgh, UK: Edinburgh University Press.

McBee, S. (1985). English: Out to conquer the world. *U. S. News and World Report*, 49–57.

Nagai, M. (1971). *Higher education in Japan: Its take-off and crash*. Tokyo: University of Tokyo Press.

Pucetti, R. (1972). Authoritarian government and academic subservience: The university of Singapore. *Minerva*, *10*, 223–241.

Raghaviah, Y. (Ed.). (1982). *Third World education and postwar American influences.* Hyderabad, India: Osmania University.

Selvaratnam, V. (1985). The higher education system in Malaysia: Metropolitan, cross-national, peripheral or national? *Higher Education*, *14* (5), 477–496.

Shils, E. (1983). *The academic ethos.* Chicago: University of Chicago Press.

Silcock, T. H. (1964). *Southeast Asian university: A comparative account of some development problems.* Durham, NC: Duke University Press.

Singh, A. (1985). *Redeeming higher education.* Delhi: Ajanta Books.

Srisa-an, W. (1982). *Innovations in higher education for development in Thailand.* Singapore: Maruzen.

220 Thomas, R. M. (1973). *A chronicle of Indonesian higher education.* Singapore: Chopmen.

Veysey, L. R. (1965). *The emergence of the American university.* Chicago: University of Chicago Press.

Virasai, B. (Ed.). (1977). *Higher education in Southeast Asia in the next decade.* Singapore: Regional Institute for Higher Education and Development.

Weiler, H. (1984). The political dilemmas of foreign study. In E. Barber, P. G. Altbach, & R. G. Myers (Eds.), *Bridges to knowledge: Foreign students in comparative perspective* (pp. 184–195). Chicago: University of Chicago Press.

West, P. (1976). *Yenching University and Sino-Western relations, 1916–1952.* Cambridge, MA: Harvard University Press.

Wyatt, D. (1964). *The politics of reform in Thailand: Education in the reign of King Chulalongkorn.* New Haven, CT: Yale University Press.

第四篇

比较视野

第十四章 比较视野下的私立高等教育

223

21 世纪初，私立高等教育是中学后教育中最具活力和发展最快的领域之一。目前，其规模扩张仍在继续。对高等教育的入学需求空前增长，而各国政府又无力或不愿提供必要的资助，这两种因素的混合将私立高等教育推向前沿。私立高校在许多国家有着悠久的历史，目前私立高校的规模不断扩大和数量不断增长，在世界上那些依赖公立高等教育部门的地区，私立高校也变得日益重要。一个相关的现象是一些国家公立高校的“私有化”（privatization）。随着学费和其他费用的上涨，公立高校与私立高校也变得越来越相似。

在规模方面，私立高等教育长期以来一直主导着日本、韩国、菲律宾以及中国台湾地区的高等教育体系。拉丁美洲经历了从公立中学后教育到私立中学后教育的迅速转变，除古巴以外的拉丁美洲国家至少有一半的高校学生在私立大学就读。在中东欧的许多国家和原苏联成员国（包括俄罗斯在内），私立高等教育都有了显著发展。私立高等教育部门的这种空前增长在很大程度上是由于许多国家的政府无力为高等教育规模扩张提供资金。

需求的增长不仅超出了政府的支付能力，而且人们对高等教育的看法也发生了重大转变。人们普遍认为，学位是一种有益于个人的“私人产品”，而不是有益于社会的“公共产品”。今天市场经济的逻辑与私有化观念推动了私立高等教育的复兴，使得以前从未有过私立高等教育的地方也出现了私立高校。

私立高等教育正在全球范围内扩张，而且无疑将继续下去。因此，有必要考虑私立高等教育的角色和私立高校面临的特殊问题。虽然私立大学与公立大学有着共同的根源和一些相似的功能，但也有其特殊性。其中最重要的就是私立高校的财政基础。虽然有些国家的私立高校会接受一些公
224 共资助，但它们要对自身的财政负责，并控制其内部治理。

本章聚焦于理解世界范围内私立高等教育的特征。这里突出了共性和差异性，以及私立高校面临的挑战。私立高等教育部门能够创造性地应对学生数量不断增长、新型问责制、创新型技术驱动的教育项目和其他方面的挑战吗？或者说，私立高校是否将会集中在中学后教育系统的底端，开设一些低质量的课程并授予有限价值的学位呢？位于一些国家学术层级顶端的著名私立大学能否为新建私立高校提供某些指导呢？在新型的私营教育环境中，是否会设立一些适当的机构来保障教育质量并维护学生和社会的利益呢？营利性院校在许多国家的私立高等教育领域占主导地位，它们应该扮演什么样的适当角色呢？

主题与差异

在国际上，私立高等教育存在着巨大的差异。哈佛大学拥有数百亿美元的捐赠基金，萨尔瓦多新建的在个别领域提供专门培训的低质量“车库大学（garage university）”比之相去甚远。一些私立高校的教学主要集中在一些专门领域，如坐落于巴黎的举世闻名的欧洲工商管理学院。还有一些大规模的综合性大学，如马尼拉的远东大学（Far Eastern University），拥有超过 10 万名学生，而另外许多私立高校却只有几百名学生。有一些私立高校是其所在国家久负盛名的学府，如日本的早稻田大学和庆应义塾大学、美国的耶鲁大学、菲律宾的马尼拉雅典耀大学（Ateneo de Manila University）和哥伦比亚的哈维尔利亚那天主教大学（ Pontificia University Javieriana）等。但在全球范围内，绝大多数私立高校都处于质量标准的底端。虽然一些私立高校由于各种原因能够获得政府的资助，但大多数私立

高校需要自筹经费。以印度为例，2000 余所私立高校主要依靠的是公共资金。一些国家的私立高校享有高度自主权，而另外一些国家，如韩国和日本则对私立高校实施严格的管制。在世界范围内私立高校之间存在着巨大的差异，在许多国家内部也是如此。

尽管私立高等教育在全球范围内迅速扩张，但是各国的情况大相径庭。在大多数西欧国家公立大学仍然占主导地位。虽然西欧私立高校的数量不断增加，作用也在不断加强，但它们仍然只占极少数。其中一些是教
会院校，主要是天主教教会举办的大学和神学院，另外一些是数量不断增 225
长的专业学院，特别是商学院。还有少数是综合私立大学，英国的白金汉大学（University of Buckingham）就是其中一例。虽则如此，超过 95%的西欧学生就读于公立大学。值得注意的是，私立高等教育在欧洲取得最大成功的地方是东欧和原苏联地区。在这些地区，政府无力为公立大学的扩张提供充足的资金；在苏联解体、东欧剧变后，国家支配地位的观点受到质疑，并且对新建私立高校的监管也较少。

虽然美国许多著名的大学都是私立大学，但是 80%以上的美国高校学生就读于公立院校。在过去的半个世纪里，在公立学院和大学就读的学生比例呈稳定上升趋势，比率基本稳定在 80%。在美国，私立高校包括以下几种类型：处于院校等级顶端的是著名的研究型大学，如哈佛大学、耶鲁大学、普林斯顿大学（Princeton University）、斯坦福大学、芝加哥大学、麻省理工学院等；一些小型的只提供本科学位的私立高校，如阿默斯特学院（Amherst College）、史密斯学院（Smith College）、威廉姆斯学院（Williams College）和斯沃斯莫尔学院（Swarthmore College）等也负有盛名。这些私立大学和学院的招生选拔十分严格，并且都拥有大量的捐赠基金。教会举办的大学和学院是美国私立高等教育部门中的另一主要类型，其中有顶级学府如乔治敦大学（Georgetown University）、圣母大学（University of Notre Dame）和波士顿学院（Boston College），也有许多天主教团体和新教团体举办的小型圣经学院（Bible Colleges）和勉力维持的文理学院（Liberal Arts College）。还有许多世俗的私立学院和大学，以及一些鲜为

人知的“私立”（营利性）专业院校，它们大多数规模较小，而且只有极少数获得了认证，这些院校并不处于美国高等教育事业的中心。最近出现了一类新型的私立院校：营利性大学（for-profit sector），这类院校发展迅速。例如，凤凰城大学现在是美国最大的私立中学后教育机构。营利性大学在经历了急剧扩张之后，在21世纪头十年中期遭受了一系列丑闻的打击，招生人数下降，有几所大学破产倒闭。美国2000余所私立学院和大学种类繁多，它们中的大多数依靠学费来维持生存，构成了美国高等教育中富有活力和多样化的一部分。

比较而言，私立高等教育在亚洲最为突出，其次是拉丁美洲。在一些亚洲国家，包括日本、韩国、菲律宾和印度尼西亚在内，就数量而言，私立高校在高等教育体系中占主导地位。上述这些国家超过60%的学生就读
226 于私立学校。尽管在这些国家公立大学声誉最高，但一些私立高校也居于院校等级顶端之列。泰国和中国台湾地区也存在大量的私立院校。在传统上由公立院校占据主导地位的一些亚洲国家如马来西亚等，高等教育中增长最快的部分是私立院校。即使在中国和越南这样的社会主义国家，私立高等教育也在迅速发展。中国只有少数民办高校获得了政府的官方认可，能够授予学位的院校数量更少。在印度，本科教育大多是由公立大学附属的私立学院提供的。与其他亚洲国家不同的是，印度的私立学院获得了大量的公共经费。

拉丁美洲传统上就拥有由天主教会主导的私立高等教育部门。最古老的院校往往与教会有关，而且通常属于声誉最高的学府之列。在过去几十年，拉丁美洲新建了一些私立高校，并且在数量上已经超过了教会举办的大学。这些新建院校是多样化的世俗中学后院校，包括在市场需求强劲的领域授予学位的综合性大学，也包括提供从信息技术到旅游等单一领域教学的专业学院。其中有些院校已经获得较高的地位，但大多数仍处于院校等级的底端。它们中的大多数都是营利性的。

在西欧以外，最依赖公立高等教育的地区是撒哈拉以南非洲地区。即使在这一地区，私立高等教育也是中学后教育中发展最快的部分。受原主

要殖民国家英国和法国公共导向的高等教育传统的影响，加之大多数非洲国家私立高校经费有限，这一地区传统上几乎不存在私立高等教育。然而，在过去十年中，私立高等教育部门急剧扩张，因为政府没有财力提供更多的入学机会。在举办私立高校方面，天主教组织在这一地区一直都很活跃，新教团体则在津巴布韦和其他一些国家较活跃，另外，尼日利亚和加纳等国的其他一些私立组织也在行动。资金短缺和学生无力支付学费，将使私立高等教育在非洲的扩张更为困难，而且可能比大多数其他地区的进程更为缓慢。

对私立高等教育发展的这一全球性概述表明，私立高等教育既在国家和地区之间仍存在差异，也显示出其爆炸性的扩张。在几乎所有地区，私立高等教育都是一股重要的力量，即便在以前私立高等教育不处于主流地位的地方也出现了迅速发展的现象。私立高校之间存在很大的差异，但规模扩张大多发生在高等教育体系的底端。由于私立高等教育能够迅速适应 227
不断变化的市场环境、学生兴趣和经济需求，它所发挥的作用将会越来越大。

问题与趋势

随着私立高等教育在世界范围内逐步走向高等教育体系的中心，需要对其中的一些重要问题和发展趋势进行讨论与分析。下文在比较框架内探讨这些问题。

私立高等教育财政

私立高等教育财政收入有多种形式。对大多数私立高校而言，学费收入是其主要的经费来源。大多数私立高校面临着一个重要的事实，即学费是院校的财政基础，没有学费就不可能生存。学费收入必须为院校生存提供充足的经费，这就要求各院校对学生数量、生均成本和支出水平进行仔细的规划。计算错误、招生计划未完成或非预期开支都会给院校预算造成压力，乃至危及院校生存，因为大多数新建的私立高校都缺乏财政缓冲能力。对学费的依赖意味着学生必须有能力支付所在院校收取的费用。这反过来又给学生所属的社会阶层造成了影响，也会影响院校提供的教育项目的种类。由此，私立高校有可能加剧社会的阶级划分和其他分化。

只有相对较少的一部分私立高校拥有其他经费来源。宗教组织主办的大学有时可以从主办方获得资金，或者至少可以在教职人员聘任方面获得帮助。在一些国家，少数大学可以依靠校友和其他支持者提供的捐赠资金或其他资金。美国尤其如此，那里少数的私立高校拥有大量的捐赠基金，这为院校提供了持续运作的资金。但是除了少数学院和大学外，美国大多数私立高校仍然依靠学费收入。有些国家的政府也给私立高校提供经济援助。在美国，政府虽然没有直接给私立高校提供资金，但是通过认证的私立高校的学生可以申请政府的贷款和助学金，并且一些科研能力强的私立高校可以争取政府的科研经费。在印度，私立学院的许多学生享有政府提供的经济资助。菲律宾设有一项为私立高校提供部分资源的基金。日本、
228 智利和其他一些国家也为私立高校提供有限的财政援助。然而，世界范围内私立高校的大部分经费都由院校自筹。随着私立高校的发展，将会出现关于经费来源的争论，特别是私立高校能否获得政府资助的科研项目、学生资助项目和高校建设项目之类问题的争论。

所有权与利润

从传统上看，学院和大学属于非营利性机构，它们在国家法定权威的框架内运作，开展教学、科研和其他与教育相关的活动。这些院校为非营利性机构如宗教组织、科学协会和其他团体所有。在许多情况下，尽管这些院校获得了高度的自主权，但它们不得营利。在某些情况下，大学由资助机构所有，在其他一些情况下则由教师和行政人员所有，还有一些情况则由董事会或理事会所有，这些董事会或理事会可能部分由学者组成或由外部人士主导。各国在这方面的法律安排差异显著。

宗教组织长期以来一直参与建立和资助高校的活动。许多早期的高校都是由罗马天主教会创办的，不仅在欧洲如此，后来在拉丁美洲和亚洲也是这样。新教团体在资助高校方面表现也很活跃，包括在美国创建第一批学院。基督教教会也参与建立了亚洲许多早期的大学，如菲律宾、韩国、中国、日本和其他国家的一些大学。其主要动机是巩固基督教对当地精英的影响，最终让民众皈依基督教。在菲律宾等国家，宗教组织创办高校的一个目标是培养神职人员。印度的印度教组织，日本的神道教和佛教团体，泰国的佛教徒，马来西亚、印度尼西亚和其他地区的伊斯兰教徒都积极创办高等院校。今天，虽然宗教组织举办的院校的目标各不相同，但是全球各类宗教组织在私立高等教育领域仍然很活跃。

在包括日本、韩国在内的一些国家，个人和企业也可能创办和拥有大学，这些院校通常由家族主导，并通过董事会进行管理。在这种情况下，院校在法律上仍然是非营利性的，但有时候很难分清营利和非营利之间的界限。像董事或管理者这样的所有权集团的成员通常有权任命自己的继任者，从而能在较长一段时间内维持控制权。

目前存在着营利性私立院校迅速发展的趋势。这些院校可能集中于工 229
商管理、计算机或其他需求旺盛的专业，尽管其中部分是综合院校。营利性院校依靠所在国家的法律规定而生存。然而，即使法律不鼓励创办此类院校，院校还是可以通过规避现行法律来达到营利的目的。

在美国，营利性院校的存在由来已久，主要集中在一些处于声誉等级底端的以职业为导向的领域。这些营利性院校很少能获准授予学位，它们只能颁发专业技能证书。在20世纪末，凤凰城大学加入了营利性高等教育的行列。这所高校已经在纽约证券交易所上市，它在不需要大量设备投资的高需求领域开设学术课程。凤凰城大学没有校园，它在十多个城市设有办公室，利用科技辅助教学。它目前已成为美国规模最大的私立大学，并获得了一家区域认证组织的认证。

菲律宾长期以来一直有营利性大学，其中几所私立高校在证券交易所上市多年。如前所述，在拉丁美洲，目前大多数在校生就读于私立高校，这些院校主要由营利或准营利机构控制。其他国家包括韩国和马来西亚也出现了类似的趋势。

营利性高等教育无疑已经成为一种重要的全球现象。在越来越多的国家，法律允许创办营利性院校。在其他许多国家，教育机构营利在文化和法律上都还没有得到认可，结果是一些新建院校为了营利而游走于现有制度的边缘。但是，营利性高等教育将会持续扩展，高等教育体系应当加以调整以适应这一趋势，让两类院校在双方都被认可的地区能够共存。只有极少数营利性院校具有较高的声誉，绝大多数营利性院校是一些规模较小的职业学院，其中许多院校无权授予学位。尽管如此，它们仍有很大的市场需求，它们通过提供教育产品赚取利润。营利性部门给院校的认证和管理带来了特殊的挑战，因为这些院校往往是在高等教育市场的无规则地带运作。

对于私立高等教育所有权和财政的国际模式，很难一概而论，因为私立高等教育存在相当强的多样性，并且这种多样性会继续保持下去。顶尖私立大学或有望在声誉等级体系中名列前茅的私立院校一般都是非营利性
230 院校。它们在学术自由和教师参与院校管理方面享有与世界顶尖公立大学相同的规范与价值观。与之相对的是，处于学术声誉层级底端的综合性大学和中学后专业院校更有可能是营利性的。无论所有权性质如何，这些私立院校享有的学术自主权较少，而受到管理部门的控制较多。所有权的实际情况取决于法律框架，在某种程度上还取决于所在国的学术传统。在制度上允许不同的筹资渠道和所有权形式的国家将拥有多种教育模式。

私立高等教育与院校体系

随着高等教育规模的扩大和入学人数的增加，高校不但数量激增，而且在类型、角色和职能方面也越来越多样化。传统大学已经不能满足社会对高等教育的需求。此外，学生群体本身也变得更加多样化，他们对教育的兴趣和目标各不相同，能力也千差万别。高校作为传统大学招收2%—3%的适龄学生，如果被要求去招收25%或更多的适龄学生，并为许多以

前无法入学的学生提供教育，机构的性质就改变了。高等教育规模扩张和多样化催生了旨在增强合理性和方向性的高等教育体系。私立高等教育不可避免地成为中学后教育体系的一部分。

在几乎所有国家，高校的数量都有所增加，这些院校类型及其所教学生的多样性也有所增加。大学的规模扩大了，许多公立高校成为多类型院校高等教育体系的有机组成部分。教育部和其他政府部门力求理解和管理高等教育大众化这一现象。一些国家已建立了协调机构来确保中学后教育机构能满足社会需要，并尽量避免重复。在另一些国家，高等院校已被纳入负责分配职责和资源的集权化体制之内。事实证明，对私立高等教育的协调和管理很困难，由此产生的法律和财政成本也很高。

私立高等教育已成为世界许多国家高等教育体系的一个有机组成部分。然而，由于私立高校的资源一般不是来自公共经费，所有权也不在政府手中，问责问题扩展到了许多机构和团体，因此私立高校比公立高校更难协调。例如，对私立高校实施严格控制是韩国高等教育体系的一部分。韩国政府机构有权对私立高校的招生、学费、教师数量和薪酬等加以限
制。近年来，这些规定有所变化，但韩国仍然是政府对私立高校实施严格 231
控制的国家之一，日本在这方面的控制略微松一些。与之相对的是，美国依靠非政府的认证体系来保障私立高校的质量达到可接受的水平。

大多数私立高校想成为所在国家高等教育体系的一部分，因为它们的生存依赖于吸引学生，并提供具有吸引力和合适的“产品”。如上文指出的，在大多数国家尤其是在发展中国家，几乎所有新建私立高校都处于院校等级的底端。这些新建院校声誉低，部分原因不但在于树立学术声誉和地位需要时间，还在于这些院校提供的是应用课程，而且资源有限。

当然，在新建院校中也存在例外的情况。在巴基斯坦，阿迦汗大学（Aga Khan University）获得了阿迦汗基金会的慷慨资助，很快就发展为著名学府。位于巴黎的欧洲工商管理学院几乎从建校伊始就是一所顶级学府。印度已经有几个富有的捐赠者建立了资金充足的非营利性大学，例如，新德里附近的希夫·纳达尔大学和班加罗尔的阿齐姆·普莱姆吉大学

（Azim Premji University）。在美国高等教育史上，斯坦福大学和芝加哥大学等19世纪末创建的私立大学很快就跻身名校之列。在所有这些案例中，充足的财政资助和娴熟的领导力使这些院校在一个需要创新型院校的学术和社会环境中得以迅速发展。

自主权及其限度

由于私立高校一般很少获得公共经费，并且法律对大多数学术活动或教育项目没有规制，因此大多数国家私立高等教育的运行都拥有较大的自主权。当然，也并不完全自主。关于非营利组织和公司的法律也适用于私立高等教育的某些方面。在许多国家，政府关于高等教育的规章制度同样适用于私立院校，至少是部分适用。而某些国家就私立高等教育进行了专门的立法。

应当给予私立高等教育多大程度的自主权？私立高校在决定其办学目标、学费、课程、人事政策、学术标准等方面是否应当享有完全自由？还是应当对私立院校进行控制，以确保它们符合国家质量标准和学术实践规
232 范？是否应当将私立大学视为高等教育体系的一个有机组成部分并使其接受公共指导呢？应当测评私立高校的质量或适切性吗？私立高等教育对公共利益应当承担多大的责任？私立高等教育应该如何接受问责？问责的程度应当基于社会条件吗？发展中国家的私立高等教育应当享有与发达国家的私立高等教育同样的自主权吗？

这些都是触及私立高等教育观念和作用的核心问题。目前，各国对这些重要问题的回答各不相同。少数国家对私立高校实施了相当严格的控制，但大多数国家给予私立高校高度的自主权。国际趋势是给予私立高等教育更大的空间，同时也认为应对私立院校进行问责，以向潜在的学生提供准确的信息，确保其达到一定的质量要求，并应管理其财政事务。许多拥有新建私立高校的国家没有有效的质量保障机构，使得低质量的营利性院校得以发展，这往往会对学生和国家高等教育体系造成损害。

私立高等教育跨国化

各国高校正在与其他国家的大学建立联系、开办分校和实施合作。这一“跨国化”趋势主要由北方发达国家的大学发起，指向南方发展中国家的大学。合作形式多种多样，包括在国外开办一些特定领域的学位项目、授权课程与学位、建立国外学术中心，以及其他方面的合作。另一种合作形式是在其他国家建立分校或教育项目。例如，美国几所私立大学的知名商学院在印度与当地企业合作开办商学院。大多数跨国活动都涉及私立中学后教育机构，部分原因一方面在于外部控制相对较宽松，另一方面在于私立院校更具有创业精神。

通过从国外引进的方式实施跨国化，使得私立高校可以较快地建立新的教育项目，并有可能借鉴其他国家的最佳实践。然而，一般来说，实施引进做法的院校依赖于国外院校提供教育项目和课程，在创建新结构和开设新课程方面却没有真正的合作。有人对跨境高等教育项目的测评和问责提出了疑问。尽管存在上述问题和其他一些问题，跨境教育活动还是使得 233
私立大学能够迅速地根据当地市场的需求来建立教育项目。

跨国化同样经历了发达国家的营利性公司在全球范围内收购或开办私立大学的过程。私人控股的桂冠教育公司是一家美国企业，目前在多个国家运作八十余所高校。

私立高等教育的责任

很少有人思考私立高校对社会的责任。高等教育的产品很独特，它生产和传授知识，授予在现代社会中运用知识的文凭。传统上，高等教育既被视为公共产品，又被视为私人产品——它提供了社会发展和现代经济运行所需的人力资源，同时也为个体提供了可用来提高收入和成就事业的技能。近年来，关于高等教育的基本贡献的争论很多，争论的中心问题是高等教育该由学生及其家庭付费，还是由社会付费，前者的理由是高等教育主要使个人受益，后者的理由是高等教育为公共利益服务。

各国资料数据表明，中学后教育可以保障其毕业生获得更高的收入和更多的机会。对比上过学院或大学的人与没有上过学院或大学的人，可以发现学位获得者总是获得持续的收益。即使是进入学院或大学学习但没有拿到学位的人，经济状况也要比没上过大学的人更好一些。各国的具体情况有所不同，但这种模式在全球是较为一致的。

大学在教学和授予学位之外，还对社会做出了重要贡献。大学图书馆是主要的知识贮存地；大学是研发中心，在大多数国家它们还是从事基础研究的基本场所；大学往往是重要的文化中心，它们支持出版社、舞蹈团和乐队，为文化演出和文化机构提供场地。在许多国家，大学是产生独立思想和批判思想的极少数领地之一。这些都是大学的重要责任，难以衡量，通常也不能带来收入。

私立高校如何与高等教育的这些核心职能相联系？全球的大多数私立大学和中学后教育机构都只在各自专长的领域提供培训并授予文凭，极少
234 涉及其他方面。除了宗教组织举办的大学和大量的非营利性院校之外，其余的私立高校几乎没有社会责任感。此外，很少有私立高校能够成为科研中心或支持大型图书馆。

私立高校为那些有能力支付学费的人提供入学机会。很少有私立大学能够为经济背景较差的学生设立奖学金项目，或者为准备不足的学生提供学术支持项目。因此，私立大学对社会流动或为聪明但贫困的学生提供教育机会的贡献甚微。但是，如果完全由市场决定谁能上私立大学的话，就只能保证那些有能力支付学费的学生进入这类大学。

私立高等教育有责任向公众提供有关课程质量、学位和证书的实用信息及其办学的其他细节信息。但是，在通常情况下，私立高校的实践一般基于“货物售出，概不退换”原则，也就是购买者（学生）自己当心。在实行教育认证的地方，认证体系对教育项目的质量提供了某些监管。由于测评教育产品是一件困难的工作，并且在质量保障方面也鲜有完善的传

统，教育市场是一个特别复杂的市场。在许多国家，公立大学在预算和教育项目方面的问责实施良好，但私立高校普遍缺乏问责。另外，透明度也是必要的。

教师在任何一所大学都是核心组成部分，因而必须考虑私立高校与学术职业之间的关系。学术自由和学术自治是现代大学的核心理念，但是它们有时候似乎与私立高等教育的市场导向相冲突。大学教师历来在课程设计中发挥重要作用，并且在课堂内要保障学术自由。这些传统的学术价值观随着时间的推移而被大学吸收。然而，许多私立高校是新建的，因此，必须从一开始就将这些价值观渗透到私立高校的规范和教师的观念之中，这一点尤为重要。

未来发展趋势与议题

私立高等教育迅速扩张，并且在全球高等教育体系中发挥的作用越来越重要，因此私立高等教育面临着特殊的挑战和责任，需要讨论的问题如下：

- 私立高等教育包括哪些组成部分？存在哪些类型的私立高校？我们对于世界私立高等教育发展的模式以及私立院校融入高等教育体系的方式的认识是相对有限的。
- 私立高等教育基本是由市场驱动的。市场应当在多大程度上控制 235
其发展？应当对私立高等教育加以限制吗？在像韩国这样实施限制的国家，这些限制是如何运作的，它们表现在哪些方面？
- 那些历史悠久、地位较高的私立大学如何与新建的、获得捐赠较少的私立高校建立联系？前者有帮助和监督新建大学的特殊责任吗？
- 私立高等教育院校在问责与自治之间的适当平衡是什么？
- 如何对私立高等教育进行认证？如何确保其质量？
- 由于远程教育具有良好的成本效益，它成为私立高等教育部门的一部分。如何使远程教育成功地融入私立高等教育？

- 政府在私立高等教育中应发挥什么样的作用？公立高校与私立高校之间如何互动？应当向私立高等教育提供公共资金吗？私立高校的财政机制应当如何运作？
- 负责确保国内高等教育需求得以满足的协调机构如何与作为中学后教育体系有机组成部分的私立高校打交道？
- 新建的职业性中学后教育机构在高等教育体系中应该扮演什么角色？
- 世界各地的宗教组织，特别是在拉丁美洲，罗马天主教会和其他宗教组织在私立高等教育中应起什么样的作用？教会大学在更广泛的高等教育体系中应承担哪些责任？

自由与责任：21 世纪议程

在 21 世纪初，世界大多数地方的私立高等教育都是中学后教育中最具活力的部分。在发展中国家，未来几十年中私立高等教育在满足入学需求方面无疑将发挥重要的作用。私立高等教育的突出发展与目前极具影响的民营化思潮和削减公共经费的全球趋势相联系。多国政府无力满足国内对中学后教育的入学需求，导致了私立高等教育部门的兴起。由于这些原因，私立高等教育持续扩张是不可避免的。

对私立高等教育的特征进行概括并不容易。世界上大多数私立高校都处于高校声誉等级的底端，但也有一些久负盛名、很受尊重的私立大学。
236 私立中学后院校一般规模较小，专业化程度较高，但是也不乏一些大型的综合私立大学。很少有私立高校以科研为重点，但也有一些研究导向的私立大学，这类院校不仅存在于美国，也存在于菲律宾、日本和其他地方。

私立高等教育部门的跨国化趋势日益明显，这进一步模糊了院校差别和国家边界。发展中国家和中等收入国家的私有资本正在与工业化国家的公立或私立大学建立联系，力图提供教育项目和授予学位。这种跨国化趋势使得管理和监控过程更加复杂。在建立国际联系方面，私立高校比公立高校更为积极主动。

私立高等教育需要自治与问责之间的有效平衡。应鼓励私立高校提供新的高等教育模式和方法，以确保成本效益和实验路径。与此同时，还需要建立问责制，以保证这些新方法带来高质量的教育产品。认证和质量控制对私立高等教育的发展不可或缺。

在一些国家，发展营利性中学后私立教育机构的趋势带来了特殊的挑战。营利性院校或许能提供特定类型的中学后培训，但就其本质而言，它们无法创建具有传统学术价值、课程和精神的大学。它们的“底线”导向使得这种发展不可能实现。营利性高等教育在一些国家可能发挥一定作用，但它是中学后教育体系中需要特别监控和关注的一个组成部分，因为企业和市场的价值观在某种程度上与大学的传统价值观相冲突。

虽然私立高等教育在扩招时期前景广阔、需求明显，但是仍有一些潜在的问题。私立高等教育是否会被市场和短期需求所主导，从而无法履行高等教育的传统责任——追求知识和真理，实现学术自由和自由探究？尽管不是每一所高校都需要推进科研或模仿牛津大学或哈佛大学的模式，但是学术界的传统规则对每一所高校都很重要。即便是那些只提供职业训练和专业教育的学院，也应鼓励专业精神、学术自由和教育项目的高标准。

关于私立高等教育的社会责任讨论很少。高等教育在鼓励社会流动的同时，还承担着维护贤能主义价值观的责任。大学为学生发展提供机会，提供文化资源并开展社会分析。高校还通过公共项目、继续教育和其他途径使科学技术惠及社会。然而，这些目标以及使之成为可能的项目，很少出现在私立高校的议程之中。 237

21 世纪将见证私立高等教育在许多国家——尤其是发展中国家和中等收入国家——重要性的日益增强。在西欧和北美发达国家，私立高等教育也将成为高等教育事业的有机组成部分。理解这一现象并确保私立高等教育同时满足市场和社会的需求十分必要。

第十五章　学术自由：国际现实与挑战

238 在世界上许多地方，学术自由远远没有受到保护。在一些地方，它甚至遭到了打击。伊朗一位著名的社会科学家因为提倡民主而被判处死刑(在遭到国际社会反对之后，判刑随后被撤销)。那些曾经参与成功推翻苏哈托政权的民主运动的印度尼西亚学者时常会被政府逮捕或者解雇，失去发表言论的自由（Human Rights Watch，1998）。在马来西亚和新加坡，出于政府压力，一些主题被禁止研究和出版。学术自由在全世界范围内绝不安全。

学术自由在大学使命中占据核心的位置。它对于教学和科研而言至关重要。许多人认为，一个完善的高等教育体系不能脱离学术自由而存在。21 世纪伊始，对学术自由持乐观主义态度有相当多的理由，尽管一些重要问题仍然存在。大多数的国家和高等教育体系至少认识到学术自由这种事物，且表示了对它的认可。虽则如此，学术自由远没有受到保护，那些关注大学核心价值的人士需要不断地警醒。在学术自由问题上，一些国家取得了进步，而另一些国家则出现了倒退，还有一些地区的学术自由受到了威胁。我们有必要对学术自由进行全球性的重估。

现在很少有某个国家的大学教师完全处于政府的控制之下，而更普遍的情况是在一般的控制氛围下偶尔会出现政府的压制。事实上，对于学术自由的威胁，无论是现存的还是潜在的，都足以引起我们的高度关注，并
239 采取积极的措施来确保学术自由。然而，令人诧异的是，学术自由在国际议事日程中从未得到相应的重视。这一主题在学术会议中受到的关注比较

有限，也很少出现在联合国教科文组织或者世界银行这类机构的宣言和工作报告之中（Burgan，1999）。那些负责领导和资助高等教育的人士考虑的多是财政和管理问题。大学的使命和价值需要得到更多的关注，因为没有学术自由，大学就无法实现它们的潜能，也无法对新兴的知识社会做出应有的贡献。本章的分析主要涉及学者个体层面的学术自由，而不是讨论大学是否应该采取公开立场。

模糊的定义

学术自由看似简单，但事实上却很难定义。自中世纪以来，这个词就意味着教授享有在专业领域不受外部控制的教的自由，也包含着学生学的自由。在 19 世纪初的德国，这一概念随着研究导向的柏林洪堡大学（Humboldt University of Berlin）的出现进一步得到了界定。洪堡理念包含教学自由（Lehrfreiheit）和学习自由（Lernfreiheit）的思想。这些学术自由的理念给予教授在课堂上及其专业知识领域特别的保护。从中世纪的欧洲开始，大学被认为是一个特殊的地方，专注于知识的追求和传播。学术界要求特殊的权利，因为它致力于追求真理。人们期待权威（不论是世俗的还是宗教的）给予大学特殊的自由度。然而，学术自由从来都不是绝对的。在中世纪大学，教会和政府对大学的教学内容施加很多控制。那些在教学上与罗马天主教会的教义有冲突的教授往往会受到制裁，教会和市政当局同样期望得到教授们的效忠。虽然如此，相比于社会上的其他地方，大学拥有更多的言论自由。

在 19 世纪初的德国大学，当科研成为高等教育使命的一部分时，学术自由的理念得以扩展。在课堂和实验室里，教授被赋予了几乎是绝对的科研和表达的自由。但是，学术自由不必延伸到对更广泛的政治或者社会问题所表达言论的保护，也不应认为其他的政治反对者没有资格获得学术职位就是对学术自由的侵犯。

240 在 19 世纪末，研究型大学的理念跨过大西洋，学术自由理念再一次得到扩展。20 世纪初，美国大学教授协会（American Association of University Professors，AAUP）将学术自由定义为在课堂和实验室内的各个方面自由，而不仅仅是在学术知识领域。美国大学教授协会还将这一概念扩展到为大学之外的学者言论提供更高层次的保护。教授被认为是有价值的社会评论家，应得到就所有话题发表演讲和写作的特殊保护。几乎在同一时期的拉丁美洲，作为 1918 年区域大学改革运动的结果，一个非常宽泛的学术自由的定义在整个大学共同体得到应用：在没有学术共同体允许的情况下，禁止政府当局进入大学校园。与此同时，拉美大学的“自治”理念由此产生（Walter，1968）。

21 世纪伊始，对于学术自由的恰当定义仍存在一些混乱。此外，关于大学作为机构是否应该拥有就公共事务甚至研究成果表达立场的“学术自由”的争议，也使问题进一步复杂化。一般而言，更加宽泛的“新世界”定义得到了学术界的认可。但是没有哪个地方给学术自由以全面的论述，也没有哪个地方的学术自由具有法定效力。在一些国家，大学和政府当局采用比较狭窄的洪堡定义；而在其他地方，不论在学术界内外，都采用更宽泛的“新世界”的观念。因此，学术自由没有公认的概念。在大多数国家，无论学术自由的定义在国内被接受与否，它都仅与学者个人有关，而与大学无关。

关于大学和教授个体呼吁特殊权利与自由的同时是否应尽义务的论战出现了。例如，一些人认为，大学不应该公然地代表某种政治立场或者像其他机构那样卷入政治辩论或运动之中。有人要求，院校负有独立于片面的争论之外以提供客观分析的责任（Trow，1985）。这个观点在发展中国家尤其突出，在这些国家，学术界参与争取独立的运动，创建了政治参与的传统。例如，在拉丁美洲，在 20 世纪六七十年代，教授和学生积极参与反对军事独裁的斗争，有时会支持左翼运动，经常引起当局对大学的不满和镇压。在阿根廷、巴西和智利等国家，大量的教授和学生或被监禁，或被流放，甚至被高压政权杀害。虽然没有人宽恕镇压行径，但还是有人

认为高校应当远离党派政治，需要对教授的有关政治和社会事务发表言论 241
的权利与院校中立概念加以区分（Ashby，1974）。在美国，20 世纪 60 年代有一场关于大学作为机构是否应该在诸如反对越南战争的事件上表明自己的立场的讨论。没有人反对教师或学生个人拥有参加反战运动的权利，但是许多人认为大学自身应该保持中立。大学在社会和政治领域中的适当角色问题，仍然是有关学术自由的争辩中尚未解决的问题之一。

也有大量关于政治观念或意识形态对大学的影响的争论。在美国，批评者指控学术界各派别将其观点强加给学系或学科协会，结果违反了学术自由的规范（Kors & Silverglate，1998）。党派政治、种族问题有时候会影响学术任命、大学选举、出版和科研，这在拉丁美洲和南亚的许多国家表现明显，在世界其他地区也同样存在。这些压力通常源于大学内部，威胁着学术自由。这种入侵把外来的冲突和非精英阶层的因素引入学术管理、教学、科研的过程，影响学者之间的关系。人们通常认为这种冲突与学术自由无关。然而，如果学术自由意味着教学、研究和纯粹基于学术标准进行决策的自由，那么政治或其他非学术因素侵入人事和其他问题的决策就是对治理和学术自由的双重侵犯（Metzger，1988）。

许多人认为，学术自由意味着有自由权利的同时带来了一种相应的责任（Poch，1993；Russell，1993；Shils，1991）。人们要求那些受聘在高等教育领域从事教学和科研的学者负有特别的义务，即他们在所有的学术工作中要致力于真理和客观事实。这些批评者认为，学术与政治不应纠缠在一起。大学不是政治机构，那些潜心于学术事业的人需要认识到学术的存亡取决于是否与政治保持合适的距离。另外一些人对学术自由持有更绝对化的观点，认为大学教师应拥有参与他们认为合适的任何活动的权利，那些教师代表团体也可参与这类活动。目前学术界并没有达成一致的意见，因此仍有许多关于学术自由的恰当限制的争论。

在互联网和远程教育时代，同样需要考虑学术自由。教授在网络教室
享有学术自由的权利吗？当开发成本可能很高的时候，网上授课教师是否 242
有不受主办者（通常是营利性公司）的外部限制而设计和传播课程的自

由？谁拥有用于互联网的知识产品？这些问题影响着学术自由的传统，是高等教育转向一种新的知识提供模式时需要回答的问题。

历史先例

学术自由有着悠久且充满争议的历史。几个世纪以来，教会和政府围绕教学、科研和公共表达对学术界设置了一些限制。天主教会禁止在大学内教授与公认的教条相冲突的神学和科学学说。神学教授马丁·路德因为宗教观点与教会上层相冲突，被剥夺了教授职位。直到后来，位于那些转信新教地区的德国大学才开始认同他的观点，这样他才得以重返学术岗位。作为许多斗争的结果，特别是随着 19 世纪初科研型大学的崛起，言论自由的范围逐渐得以扩展，教授在其教学和研究的领域获得了更多的自由。

但是，学术自由一直处于争论之中，即便在有悠久历史传统的院校系统中也是如此。尽管学术自由这一现代观念起源于德国，但是它在纳粹德国时期却被强行压制。在第三帝国时期，德国大学的教学内容被直接限制，而且不接受新的意识形态的终身教授以及犹太教授或持不同政见的教授都被解雇了。在德国很少有人站出来反对这样的改变，德国的教授组织和学生团体都支持纳粹对学术自由的镇压。在许多情况下，大学自己推动了这些改变。

在 20 世纪 50 年代的冷战时期，美国一些人歇斯底里地掀起反共浪潮，学术自由受到力图消除大学内共产主义人士的政府当局的挑战。在一些情况下，如在加利福尼亚或纽约的公立大学，大量教授因为政府规定而被迫离职，特别是一些拒绝在忠诚宣言上签字的教授（Schrecker，1986）。其他高校开展了“揭露”左翼教授的调查，导致其被解雇或被迫辞职。一些大学以学术自由的名义保护教职员工，但是另外一些院校屈服于外部压
243 力而解雇教授。虽然在这段时间里只有少数学术人员被真正地辞退，但学

术自由在压制气氛下受到严重破坏，许多学术人员害怕被辞退。这些例子表明，即使在学术自由方面具有浓厚传统并对之负有学术责任的国家，大学也可能承受严重的后果。

拉丁美洲的学术传统也为学术自由争论提供了一种重要的观念。在1918年科尔多瓦改革中被奉为圭臬的大学自治观念长期以来在拉丁美洲具有强大的力量（Walter，1968）。这场源于学生抗议的运动导致了阿根廷和大多数拉丁美洲国家大学的重大改革。根据法律和传统，现在拉丁美洲的许多公立大学是自治的，这对于处理大学与政府的关系以及解决学术自由问题都具有重要的意义。自治的概念在拉丁美洲动荡时期为教授和学生提供了重要的保护。虽然保护并非随时随地，但是学术自由在形成拉丁美洲高等教育思想的过程中起到了重要作用。

在经历过殖民统治的国家，学术自由很少植根于牢固的历史传统，也很少得到保护。在英国、法国、日本、荷兰和其他殖民国家，殖民当局都害怕殖民地的人民反抗（Ashby，1966）。以宗主国大学模式为蓝本而在殖民地设立的大学，一般并不被允许享有与宗主国大学同等的自由。事实证明，殖民者势必会有对反抗的恐惧和对激进主义的反对，因为殖民地知识分子和学生往往站在独立斗争的最前线。受殖民学术传统、独立革命斗争环境或独立后的不稳定和危机影响，学术自由并没有在许多发展中国家生根发芽。政府为了保持稳定，积极干预学术事务。简而言之，许多发展中国家建立学术自由传统的条件并不有利，其学术自由仍然脆弱。

当代现实

利用更多的资料数据，有可能创建“世界学术自由晴雨表”，像创建关于腐败和其他问题的“晴雨表”一样。这种机制虽然很有用，但是由于前面讨论过的学术自由界定的问题，其整合变得十分困难。

严格的限制

244 在少数国家，学术自由并不存在。最极端的例子是在缅甸，在动荡时期，缅甸的大学周期性地被关闭，政府不相信学术界。然而，缅甸最近的局势表明，即使在有高压传统的国家，学术自由也可能发生变化。在政权不稳定的国家，大学经常被关闭，通常是为了防止学生动乱，同时也为了压制来自教职员工和其他人的批评。希望关闭大学的政权也很有可能对教师的学术自由加以严格限制，特别是限制教师对社会和政治问题的评论自由，以及他们在课堂上或研究过程中表达观点的自由。在社会科学和其他敏感领域，什么可以教或什么可以写被严格限制。违规行为可能导致失业、被判入狱，甚至更加严重的后果。在这些国家的大学校园，不允许有政治或知识上的异议。

在这一点上，伊朗是个有意思的例子。几十年来，伊朗的大学里出现了与政权相反的观念和运动，特别是德黑兰大学（University of Tehran）。学生和教职员工成为反对伊朗国王的领导者，同时也成了推翻君主统治并建立神权政体的中坚力量。学生还领导了 20 世纪 70 年代占领美国大使馆的运动，这一运动成为稳定新政权的标志性事件。20 世纪 90 年代，学术界开始要求伊朗神权政治自由化，政府中的保守派和伊斯兰宗教当局开始把大学视为威胁。教授卷入社会的权力斗争之中。原教旨主义政权在校园里压制学术自由，威胁教授，并判处至少一名批评政府的教授以死刑。这一宣判在国内压力和国际呼吁下被推翻。在 2006 年，新一轮校园学生激进主义要求伊朗社会自由化。伊朗的例子说明了大学校园内的观念是如何改变的，以及政府对大学角色的看法是如何改变的。

危机与限制

在更多的国家，虽然学术自由较广泛地体现在许多科学领域，但是也存在明显的限制。政府无法容忍教授参加一些反政府运动，违反者受到的惩罚很严重，不仅包括失去学术职位，也可能被起诉并且遭到牢狱之灾。

世界上一些国家对学术自由的限制是其大学生活不可分割的一部分，特别 245
是在社会科学领域和其他与政治或意识形态相关的敏感领域。政府当局还经常限制对某些互联网资源的获取，限制程度因当局的意识形态而异。然而，即使在这样的国家，大学通常也具有与其他在多数领域具有更大程度学术自由的国家一样的学术环境。政府允许大学教师参与国际科学和学术网络，在大部分学科领域，教学和科研受到政府的控制较少。在政治紧张或社会动荡时期，政府的镇压往往会加剧。事实上，大学、学术人员和学生可能会在之后的一些年里受到严格的约束，这反映了大学和知识分子在社会政治异见方面的历史及当代重要性。

在学术自由方面，一些伊斯兰国家也属于这种模式。社会民主传统的缺失、潜在的政治不稳定、大学内原教旨主义者与世俗力量的知识争斗、脆弱的学术传统结合起来造成了学术界与政府之间关系的紧张。除了一些特例外，基本上很少有大学拥有浓厚的学术自由和自治的传统，这使教职人员易于受到外部压力的制约。在埃及、阿尔及利亚和一些阿拉伯海湾国家，支持原教旨主义团体的学者可能会面临逮捕或限制，从左翼或世俗角度批评政府的学者也面临同样的境况。在苏丹，反对派因持不同意见而被镇压。在许多国家，确实存在对一些研究主题或解释的限制。学术自由的范围，从叙利亚的严格控制，到埃及的适度控制（一位备受尊敬的埃及社会学家被捕，学术界认为这是对他持有反对政府观点的一种惩罚；在国际压力下，政府将他释放），再到科威特和几个海湾国家的相对开放程度不等。2010 年后，高度复杂和不稳定的“阿拉伯之春”事件也对学术自由产生了重大影响，这次浪潮在一些国家推动了学术自由，但在另一些国家则阻碍了学术自由进程。

有限的学术自由

更多的国家处于相对自由的学术状态，在课堂内以及政府认为不具有政治或意识形态敏感性领域的研究尤为如此。一般来说，虽然这些国家承
诺学术自由，但学术自由也不时面临严重的困境。限制很少是被清晰表述 246

的，违反限制所受到的处罚没有相应说明，限制也不为大多数学者完全理解。在这些国家，触碰学术自由的边界可能是危险的，察觉到限制的存在会使学者惶恐不安。

政府当局可能在没有警告的情况下施加相当苛刻的惩罚。例如，在20世纪90年代，埃塞俄比亚政府以莫名其妙的原因解雇了亚的斯亚贝巴大学（Addis Ababa University）的四十余位教授，并监禁了一些教授，具有政治镇压的色彩。显然，在许多国家，在课堂或公共演讲中表达反政府情绪可能会招致麻烦。

在许多国家，大多数学者拥有较大的学术自由。但是，在这些国家，政治和其他危机可能使大学和学术自由处于困境之中，形成对许多学者来说不怎么舒适的氛围。许多非洲国家和一部分亚洲国家属于这种情况（Diouf & Mamdani，1994）。属于这个范畴的还包括那些政府力量薄弱且缺少合法性的国家。这些国家没有很好地建立学术传统，这通常是殖民主义的结果，并且这些国家的大学倾向于依赖政府的支持。尼日利亚拥有大规模的高等教育体系，偶尔享有相当程度的学术自由，尼日利亚的学术自由经常受限，特别是在军事独裁时期。一般来说，在学术传统较弱的一些非洲小国，学术自由程度较低。

在政治不稳定的条件下，建立学术自由所面对的挑战是相当大的。大学经常充当政治和知识异见的中心，政府当局不愿意给予那些可能引起不稳定的院校以自由和办学自主权。不习惯学术自由或从事政治反抗斗争的学术共同体无法创建学术自由或形成自己的学术纪律。

不太完全的学术自由

一些国家对大学教师的研究内容以及学者的公开言论自由都有相应的
247 限制。虽然许多教授反对这些限制，但是这些限制在学术界却是被广泛接受的。对于违反这些通常未明确说明的规范的行为，其惩罚情况各不相同，包括从上级的轻微责备到离职，在一些极端的情况下当事人会被法院起诉。新加坡和马来西亚这两个国家长期以来都有非正式的禁令，禁止对某些问题进行研究和发表不同观点。种族冲突、某些宗教问题以及地方腐败就被认为是不适合学术研究的主题，特别是当研究发现可能会就政府有关政策质疑的时候。学者也必须注意他们在课堂内就敏感问题讲授的内容，因为对于违反这些禁令的处罚可能会很严重。前新加坡总理李光耀生前有时会出席新加坡国立大学教职工大会，批评个别学者的著作，鼓励教师为他所界定的国家利益工作。近年来，由于更宽容的政治领袖掌握了权力，新加坡和马来西亚都变得更加开放。在阿拉伯世界，有少量学术自由的国家对于研究主题也是有禁忌的，如关于伊斯兰教的一些课题或阿以冲突的课题。

许多国家对学术自由有着类似的限制（Altbach，1988）。政府当局向大学行政人员明确表示，与政府的关系、预算分配和研究经费取决于部分教职员工恰当的学术和政治行为。

学术自由的重现

在世界上其他一些地方，学术自由正在得到加强。如拉丁美洲，它具有浓厚的学术自由和学术自治的传统，至少可以追溯到 1918 年的科尔多瓦改革（Walter，1968）。在 20 世纪六七十年代，许多拉美国家发生的政治动乱导致了军事政变、社会动荡和游击战。包括大学（特别是首都的公立自治大学）在内的许多组织深深地卷入政治争斗之中，并且总是站在左翼政见者一方。遍及整个拉美地区的情况是，一些学生激进主义者离开大学去参加甚至领导游击队运动从而对抗政府。因此，认为学术自由于已毫无用处的军人政权对学术界进行了猛烈的打击，这并不奇怪。在这一时期，秘鲁、巴西、阿根廷、乌拉圭、萨尔瓦多和智利等国的学术自由和大学自治的观念遭受了严重的挫折。因持不同观点而闻名的教授被迫流亡、
入狱，甚至被杀害，学生运动也被强行镇压。随着强烈反对意见的减少， 248
军事统治逐渐被民主政府所取代，拉丁美洲的这种局势得到了改变，学术生活逐渐恢复正常。

至少从科尔多瓦运动以来，拉丁美洲大学一直参与国家政治，党派政

治持续影响大学的人员聘任，进而侵入一些大学的学术生活。在重建民主之际，拉美大学的学术生活也逐渐重建，并且学术自由得到了巩固。拉美经验表明，学术自由的较深厚传统可以在几经强烈压制之后恢复。

249 工业化国家的情况

在 21 世纪初，学术自由作为一种理念和实践，在工业化国家有着坚实的基础。在日本和德国这样的国家，学术自由一度被废除，但在“二战”后它们又重建了学术自由传统。在 20 世纪 50 年代，美国的反共产主义限制也只持续了几年。所有工业化国家都注重教学和科研中的学术自由，承认教授在大学和社会中享有言论自由权利。人们普遍认为，学术自由是大学履行其教学和科研职责的必要条件。大学的活动、教授和学生很少受到外部的限制。虽然学术自由的总体情况比较稳健，但是仍有一些问题值得关注。

在美国，一些人认为学术自由最大的威胁来自学术界内部。批评者声称学术群体（主要是社会科学和人文学科领域内）的主导力量伺机加强“政治正确”，通常从自由或激进的角度在一些学科中加强学术正统的观点，试图让其他持不同观点的人保持沉默（Kors & Silverglate，1988）。一些学术组织，例如现代语言学会（Modern Language Association），就经历过意识形态的激烈斗争。虽然很少有持不同学术观点的学者受到限制或失去工作，但是某些学科政治化的辩论引发了人们对于大学对不同观点的容忍度的质疑。政治化和意识形态对高校与学科产生影响并不仅发生在美国，在 20 世纪 60 年代的西欧，意识形态在学术政治和学科中发挥着作用，在许多情况下干扰教师的选择和聘用。

企业日益卷入学术界和一些私人资助研究改变了研究经费格局的问题引起了广泛的争议，这对学术自由具有重要影响（Slaughter & Leslie，1997；Slaughter & Rhoads，2004）。一些人认为学术界已经“公司化”，企
250 业的兴趣和利益逐渐主导了校园。基础研究越来越不受重视，取而代之的是应用研究，因为这将为企业赞助商快速带来经济利益。政府对基础研究

的支持要么减少，要么无法满足科学发展的需要。科研经费增长的部分直接由公司提供，在生物医学领域尤为如此。研究成果被视为资助者所有——为其带来专利和其他报酬。研究成果有时会受制于公司的资助协议而不允许传播。许多人认为这侵犯了传播研究成果的学术自由。

一个不常出现在学术自由背景下的相关问题是高等教育领域中“管理主义”（managerialism）的加强。管理者和其他管理部门的权力在显著扩大，这与大学治理和管理中的教授权威明显不同。学术自由与学术自治相互关联，这些治理趋势削弱了教授的自治和权力。这一趋势危及教授决定大学发展方向、开发课程、保持对课堂的完全控制以及决定研究课题的选择与实施的权威。毫无疑问，权力和权威从教授向职业管理者和外部管理机构转移，将会极大地影响学术职业的传统角色并压制学术自由。然而，行政安排和教员的相对权力以及学术自由的传统规范和价值，两者之间有着明显的区别。

另一个与当前事实相关的方面是学者自身如何审视学术自由。20 世纪 90 年代一项对 14 个国家和地区的学者所进行的调查（包括所有的中等收入和大多数工业化国家和地区，涉及除非洲之外的各大洲）显示，关于学术职业是否受到有力的保护，存在一系列的观点。各个国家 75%以上的学者对这个问题进行了积极的回应，但有两个例外的国家——巴西和俄罗斯，在这两个国家中大多数回应都是负面的。同时，除以色列以外，其他国家和地区大约有 20%的教师做出了消极的回答。相似的数字表明，学者并未感到在科研和教学中受到限制。然而，当提及“学者发表的内容在所在国家不受政治和意识形态的限制”时，选择“不赞同”的数字出现了分歧——美国是 34%，英国是 25%，墨西哥是 27%（Boyer，Altbach，& Whitelaw，1994）。研究结果表明，虽然学者对这些国家的学术自由现状整体上持乐观态度，但仍有某种程度的不安。

事实上，学术自由在工业化国家受到的挑战更加微妙，也许在某些方 251
面比上述更加公然地侵犯学术自由原则的国家的情况更加有害，因为对于后者人们更容易准确地把握和反抗。

能够做什么？

历史表明，学术自由不仅是大学存在的基本前提，而且是学术界的核心价值观。学术自由必须置于全球高等教育共同体优先考虑的位置。高等教育的范围是国际性的——在这种意义上，影响一个国家的问题也会牵连到其他国家。因此，需要对与学术自由相关的复杂问题做出明确的理解。以下方面或许可以作为学术自由行动计划的一部分。

- 学术自由对于每一个关心高等教育的人而言，应当排在议程的前列。然而，现在它却很少受到讨论。在国际学术会议上，很少有小组专门讨论这一主题。学术事业的主要行动者似乎更加热衷于财政、问责制和院校生存问题。

- 学术自由需要一个普遍的定义。学术自由的范围是应该局限于洪堡式理念（对大学内和学者专门领域的教学与科研保护）呢？还是应包含更宽泛范围的大学内外的言论或者行为呢？目前，由于缺少对学术自由性质的统一看法，导致了难以达成共识和联合行动。

- 对学术自由的侵犯必须受到监控，并且在全球范围予以公开。在互联网时代，很容易跟踪侵犯学术自由行为以及迅速发布其危害和发展趋势的信息。一个基于互联网的“预警系统”会提供信息并强化人们的意识。

- 调查侵犯学术自由的更加严格的机制将加强对严重违规行为的国际关注。多年来，上文提到的美国大学教授协会一直在监控美国的学术自由。侵犯学术自由的大学会受到谴责，这对学术界是一种警示。侵犯行为被纠正之后，谴责就会解除。但是，对有关院校而言，除了被列入受谴责
252 的名单中，并没有受到什么制裁，因此美国大学教授协会谴责的实际影响微乎其微。建立一种类似的国际组织将面临更多的问题，并且组织起来需要更高的费用，但是对于增强学术自由意识却是一种有价值的方式。

• 某些组织力求寻找处在学术自由麻烦之中的学者，将其安顿在致力于帮助这类学者的大学。我们需要说明全球范围的学术自由状况，并采取新的行动保护学术自由。

结　论

学术自由是高等教育的核心问题之一。尽管它基本被忽视了，但学术自由应当是有关大学的讨论的重要问题。学术自由如同管理问责、远程教育和其他 21 世纪的流行话语一样重要。事实上，没有学术自由，大学的教学和科研使命就不能真正有效地实现。进一步说，学术自由在 21 世纪初面临挑战，主要的挑战来自新技术和传统大学重建，以及通过迫害教授而侵犯学术自由的力量。为学术自由建立一个健康的环境，关乎大学的未来。

参考文献

Altbach, P. G. (1988). Academic freedom in Asia. *Far Eastern Economic Review*, 24–25.

Ashby, E. (1966). *University: British, Indian, African: A study in the ecology of higher education*. Cambridge, MA: Harvard University Press.

Ashby, E. (1974). The academic profession. In E. Ashby, *Adapting university to a technological society* (pp. 73–87). San Francisco, CA: Jossey-Bass.

Boyer, E. L., Altbach, P. G., & Whitelaw, M. J. (1994). *The academic profession: An international perspective*. Princeton, NJ: Carnegie Foundation for the Advancement of Teaching.

Burgan, M. A. (1999). A report from Paris. *Academe*, *85* (4), 45–48.

Diouf, M., & Mamdani, M. (Eds). (1994). *Academic freedom in Africa*. Dakar, Senegal: CODESRIA.

Human Rights Watch. (1998). *Academic freedom in Indonesia: Dismantling Soehartoera* 253 *barriers*. New York: Human Rights Watch.

Kors, A. C., & Silverglate, H. A. (1998). *The shadow university: The betrayal of liberty on America's campuses*. New York: Free Press.

Metzger, W. (1988). Profession and constitution: Two definitions and academic freedom in America. *Texas Law Review*, *66*, 1265-1321.

Poch, R. K. (1993). *Academic freedom in American higher education: Rights, responsibilities, and limitations*. Washington, DC: George Washington University, School of Education.

Russell, C. (1993). *Academic freedom*. London: Routledge.

Schrecker, E. (1986). *No ivory tower: McCarthyism and the universities*. New York: Oxford University Press.

Shils, E. (1991). Academic freedom. In P. G. Altbach (Ed.), *International Higher Education: An Encyclopedia*, (pp. 1-22). New York: Garland.

Slaughter, S., & Leslie, L. L. (1997). *Academic capitalism: Politics, policies, and the entrepreneurial university*. Baltimore: Johns Hopkins University Press.

Slaughter, S., & Rhoades, G. (2004). *Academic capitalism and the new economy: Markets, state, and higher education*. Baltimore: Johns Hopkins university Press.

Trow, M. (1985). The threat from within: Academic freedom and negative evidence. *Change*, *17* (5): 8-9, 61-63.

Walter, R. J. (1968). *Student politics in Argentina: The university reform and its effects, 1918-1964*. New York: Basic Books.

第十六章　巨人觉醒：中国和印度的高等教育体系

印度和中国都致力于发展经济，并经历了高速经济增长，两国都把高 254
等教育放在优先发展位置，以培养受过高等教育的人才，开展高质量研究。本章对两国高等教育体系的发展历程、面临的挑战以及未来的方向进行了比较评估。中国顶尖大学取得了长足的进步，印度理工学院和印度其他几所高校也证明了建设高水平大学的可能性。然而，质量问题以及毕业生不符合劳动力市场需求的相关问题依然存在。从短期看，中国和印度至少不会在高等教育的整体学术质量方面发生重大变化。一个有效的教育质量保障体系有助于保障高等教育水平，两个国家都不存在这样的体系，但目前仍有能力进行全面有效的监督。两国的高等教育体系分层可能会变得更加严重，少数研究型大学位于顶层，而大量选拔性弱的学院和大学位于底层。

中国和印度拥有全世界约三分之一的人口，是世界上经济增长最快的两个经济体，两国都意识到高等教育对科技发展和全球知识经济的重要性。它们现已拥有世界上最大的高等教育体系——在校生数量上中国第一，印度第二，而且中印两国是全球最大的留学生输出国。

虽然中国和印度的最初发展主要得益于廉价劳动力和低端制造业，但是情况已经在很大程度上发生了变化，两国经济的未来都将取决于受过更好教育的劳动力。大学在提供拥有专门技能的劳动力，使两国在全球知识体系中更具竞争力，以及两国参与全球知识经济方面，起到了至关重要的作用。

中印两国均认识到高等教育是发展的关键，并且深知扩展高等教育体系以及在多样化高等教育体系的顶端建设世界一流研究型大学的必要性。
255 印度接受高等教育的人数占适龄人口的25%，而中国大约为27%。中国的在校生数居全世界第一位。印度的在校生数超越美国位居世界第二。近年来，两国高等教育都在迅速扩张。自20世纪90年代初期以来，中国的中学后教育在校生数从500万增至3300万①，而印度则从500万增至2900万（Agarwal, 2009）。全球2亿名接受中学后教育的学生中，大约有三分之一在中国和印度的高等教育机构就读。

中印两国的低选择性院校都普遍存在质量问题。根据麦肯锡公司的一份报告，印度大量工程专业的毕业生中，有75%的人由于受教育程度低，以至于如果不接受额外的在职培训就无法有效发挥作用（Jha, 2009；Surowiecki, 2007）。中国部分毕业生失业与专业素质有关。

中印两国近年都优先发展高等教育。近二十年来，中国一直致力于提升其顶尖大学的质量，同时大幅扩大所有高等教育机构的入学规模。几十年来，尽管印度已意识到增加高等教育入学人数和提升教育质量的重要性，只是在最近，当知识委员会（Knowledge Commission）提出2006年高等教育建议以及政府承诺后，印度才将大量资源投入高等教育（Tilak, 2007）。目前印度的计划是增加顶尖大学的数量（Agarwal, 2009）。

展望二十年或更多年后，中国和印度的高等教育前景也面临一些问题（Li et al., 2008）。例如，目前的数据往往缺乏准确性和可获得性，难以概括当前的状况。中印两国未来的发展依赖于宏观经济、社会和政治趋势，而与OECD大部分国家相比，这两个国家的这些趋势是难以预测的。

中印两国的基本稳定且一贯的高等教育政策导向，虽然以今天的视角来看是相当明确的，但都不能准确预测两国未来几十年的情况。印度或许是过于不稳定，其相对开放的政治体制可能允许在应对逆境时拥有更大的

---

① 2022年中国高等教育在学规模4655万人。

灵活性，但它未能提出切实可行的解决方案或富有创造力的计划以改善高等教育。与世界上的许多地方相比，中印两国更易受到内部力量以及地区或全球变化的深刻冲击。

中印两国高等教育政策的未来在很大程度上取决于多重因素。中产阶 256
层的需求持续扩张——他们是最有动力教育其子女适应社会流动并参与现代经济的群体，他们有资源和财力来支付学费和其他费用，使其子女拥有入学资格。其他群体也对接受高等教育感兴趣，但中产阶层是最大的一支力量，近年来他们的人数急剧增长，而且很可能会继续。虽然估算数字差别很大，但许多专家认为，当前印度的中产阶层人数已超过 5000 万，中国的中产阶层人数则更多。据估计，到 2025 年，中印两国中产阶层人数将达到 5 亿左右。

中产阶级群体中的绝大部分人都有接受高等教育的需求，这将对高等教育体系造成巨大的压力。政府关于为高等教育提供经费、支持研究型大学和高等教育体系中的卓越部门的政策，是高等教育发展前景的关键因素。无疑，随着两国加入全球主要经济体的行列，它们认识到为参与全球竞争而建设世界一流大学的重要性。

艰难的历史

对高等教育而言，历史仍然影响着今天。无论是中国还是印度，过去的高等教育状况导致了现在的困难和问题，而且还可能影响未来。与世界上所有国家的高等教育体系一样，这两个国家都采用了西方的高等教育模式（Ben-David & Zloczower，1962）。两国都没有充分利用自身极为丰富的本土智慧和深厚的学术传统。中国发明了延续千年之久的全国性科举考试，用于选拔官员，并且还建立了先进的书院以培养人们参加这些考试。印度则拥有世界上古老的一些大学，譬如比哈尔的那烂陀大学，这些大学的建立早于欧洲的中世纪大学。然而，这些早于西方大学的学术传统在今天已难觅踪迹了。

在 19 世纪，一些有远见的中国知识分子和官员认识到现代化的必要性，即只有现代化才能抵抗西方侵略并发展经济。晚清政府选择了西方高等教育模式。早在 19 世纪，欧洲列强控制的中国东部沿海地区就建立了
257 少量的欧洲模式的大学（Hayhoe，1999）。20 世纪初燕京大学在美国的帮助以及日益衰落的清政府的支持下建立。当时，基督教教会在中国很活跃，建立了几所大学。因此，到 1911 年辛亥革命时，中国已有少量西式大学存在，而且有许多中国人到西方和日本留学。

就在民国政府努力壮大既有的大学并建立了更多的高校时，内战、经济崩溃以及日本入侵都极大地阻碍了中国高等教育的发展进程。到 1949 年中华人民共和国成立前，中国的高等教育体系既微小又薄弱。全国仅有 205 所高校，而且大部分集中在东部沿海城市、北京以及其他为数不多的大城市，在校学生也只有 116504 人（Hayhoe，1999）。中国共产党向苏联寻求知识支持，并按照苏联模式重建了高等教育，将大部分高校拆分为更小的、以专门化和专业训练为导向的院校。苏联式的科学院独立于大学之外。当时，中国的学生、学者鲜有机会出国学习，留学生基本上是到苏联和东欧的社会主义国家学习。

目前，中国学生到世界各国留学，大学也能够向国外学习新的学术理念，并且还获得了重建的资金。20 世纪 90 年代，随着中国经济的腾飞，大学系统也有计划地扩展起来。

两个多世纪以来，印度很长一段时期是英国的殖民地，直到 1947 年才获得独立。这段历史塑造了该国的高等教育，并对之产生了持续的影响。英国并没有给予其殖民地的高等教育太多的支持。19 世纪中叶，印度中产阶级日益壮大，同时英国政府也认识到要统治印度，就需要受过教育的公务员，这些促成了该国高等教育的第一次扩张。1857 年，印度第一批大学在加尔各答、孟买和马德拉斯建立起来。印度的学院和大学在组
258 织上都是英式的。这些院校采用英语教学，逐步取代了那些日渐萎缩和消逝的传统院校。当时的印度高等教育建立在一种组织模式的基础上，在这

种模式下，大学与其说是教育机构，不如说是考试机构。大多数教学行为是在大学附属的本科学院中进行的，考试和课程总体而言是由大学控制的。这种结构使对院校的集中控制成为可能。少数英国学者被延聘至印度，以领导当地的大学和学院。一些印度人获得了到英国学习的机会，大多数人回国后在政府部门服务，也在学院和大学工作。此外，很多人加入追求民族独立的组织，最终为引领印度走向独立起到了领导作用（Basu，1974）。

从 19 世纪早期开始，印度高等教育各领域都使用英语；无论是教学还是考试，都不使用印度本土语言。结果超过 90%的印度人都被摒弃于高等教育之外。课程也主要限定于对管理和新兴职业阶层有用的领域，比如法律、社会科学和其他相关领域。虽然独立时印度高等教育体系规模一直很小——只有 36.9 万名学生在 27 所大学和 695 所学院学习，但是这也成功地培养了一批毕业生骨干，这些人后来组成了印度的领导阶层。一直到 1961 年，仅 1.5%的适龄人口接受中学后教育（Agarwal，2009）。由于英国无意为印度的科研事业花钱，在印度取得独立时，国内的学院和大学几乎没有科研能力。在印度独立时期，其高等教育体系规模很小且高度官僚化，学术自由也受到限制，并且使用一种大多数印度人无法理解的外语作为教学语言，课程设置也受到了限制。

尽管有许多的报道和批评，从印度独立到 20 世纪后期，其高等教育在没有发生结构性变化的情况下仍旧快速扩张。在校生数从 1950 年的 30 万人增加至 20 世纪末的 900 万人（Agarwal，2009），年增长率有时高达 10%。大多数观察家认为，印度高等教育的整体质量下滑了，并且该体系的基本结构与从英国继承而来的殖民体系非常类似（Kaul，1974）。

在独立后头几年里，印度高等教育规模扩张缓慢，之后速度才有所加快，但几乎没有进行结构性改革。这导致印度的大学在满足社会需求方面效率较低。

259

当代特征

中印两国都是在各自的高等教育组织有些功能失调的情况下进入20世纪中期的。1950年以后，中国效仿苏联模式，将很多综合性大学拆分成小型的专业院校，而这些院校均隶属于相关的行业部委，而不是教育部。这些小型院校多半是专业化教育机构，而且很少开展研究。科研工作主要由科学院各研究所负责，这些研究所主要以学科或领域来划分，且不隶属于大学系统。后来，这些专业院校才开始慢慢地重新并入大学。科学院目前仍然存在，它们在某些情况下与大学相联系。在中国某些高校，依旧存在教学与科研相脱离的问题（Min，2004）。各高校都设有一个由校长领导的行政体系，并且还设有由党委书记领导的党组织。

印度独立后的高等教育体系承自英国。当时的印度大学主要是考试机构，同时也提供一些小规模的研究生项目，多达700所本科学院都附属于大学。这些学院通常规模很小，一般只有500名左右的学生，附属于某所大学，并由大学决定它们的课程、考试设置与管理、招生以及学位授予。这些本科学院行使的自主权很小。虽然这种从属体制广受批评，但一直延续至今。全印度有超过35000所的本科学院。只有极少数的印度高校是没有附属学院的单一校区的单一机构，这些院校类似于西方那种提供本科、研究生及专业学位课程的高等教育机构。少数专业领域的科研机构从事一些自然科学领域的前沿基础研究。尽管印度的高校已经在承担着越来越多的职能，但是高校的基本结构并没有什么变化（Jayaram，2004）。

所有有效的大众高等教育体系都是多样化的，各院校因功能，经常还因资金来源及其他因素而异。大部分高等教育体系也都包括了私立高校。通常而言，多样化的高等教育体系的特点是院校等级化，高选择性的顶尖研究型大学居于顶端，综合性大学居中，一些选择性较弱且经常不授予学位的学院则处于底部。专业院校也是高等教育体系的组成部分。高等教育的卓越部分通常只录取很小比例的学生，它们获得与招收学生人数不成比例的慷慨资助。除了美国和日本外，全世界几乎所有的顶尖大学都是公立的。

中国已经有意识地向多层次、多类型的高等教育体系转变。迄今为止，国家对顶尖大学投入了特别的关注，尤其是中央政府直接管理的研究型大学。在中国约1700所高校中①，大多数高校都是由各省级政府出资并对各省级政府负责，有些地方高校对市级政府负责。这些大学一般处于高等教育体系的中间位置，并且有向底部发展的趋势。中国现在正致力于推动非学历教育的扩展，这在某种程度上和美国的社区学院类似。这种新兴的私立高校基本处于高等教育体系的底层，且大多数没有学位授予资格。虽然中国现在还没有正式发展起连贯、分工明确且资助模式多样化的高等教育体系，但这种体系的萌芽已经出现。在未来几十年，随着中央政府和省级政府的两级投入，这种分工明确且多样化的高等教育体系将逐步建立起来。 260

印度现在还没有一个既连贯又多样化的高等教育体系，虽然2012年第十二个五年规划的一些条款体现出政府已经认识到需要一个系统的方法来组织高等教育机构，但直到2014年，印度还没有找到推动这种系统方法发展的策略。印度有少量广受尊敬的精英型专业学院，最著名的是印度理工学院，目前共有16所。印度政府2008年宣布将另外建立8所印度理工学院（在当时的13所学院之外）和7所印度管理学院，同时还要建成30所以研究为导向的联邦大学、10所国立理工学院、2所印度科学院和1000所新的科技专科学院。然而，印度高等教育体系的大部分院校层次不明显。665所大学绝大部分由在印度联邦体系中负有主要教育责任的各邦政府管理，这就使得它们一般区别不大。虽然其中42所由联邦政府管辖的大学会获得更多的资助，并且其质量也比其他大学要好，但是它们之间没有什么显著差异。印度拥有总数超过47000所的中学后教育机构，其

① 截至2022年，中国高等学校共计3013所，其中成人高等学校253所。——译者注

中有超过 35000 所主要授予本科学位的学院。尽管其中的少数学院受益于立法（许可高质量学院与其所附属的大学分离），并且自主授予学位，但这些学院之间仍没有太大差别。这些学院被认为比其他学院更有声望。印度还有其他一些形式的中学后教育机构。以“deemed”这一很少见方式命名的“准大学”是一些具备大学水平的高等教育机构，而且绝大部分都是专业性的，该类大学得到中央政府机构——大学拨款委员会（UGC）的
261 认证，因此该类学校还拥有学位授予的权力。另外的一些技术学院则由另外一个联邦政府机构——全印技术教育委员会（All-India Council for Technical Education）来认证和评估。印度还没有计划建立一种连贯且多样化的高等教育体系。由于机构、赞助和管辖的多样性，使得难以在当前的环境中建立这样一种体系。

如果这种描述让人感到困惑，那是因为在没有计划服务大众化教育需求和满足经济发展对新型教育机构的需要的情况下，印度高等教育已经发展起来了。高等教育职责被划分给联邦政府的一些机构、邦政府（各有不同的政策和观点）和逐渐强大起来的私立高校，法院偶尔也会参与其中。多年来，改革高等教育的努力绕开了传统大学，甚至还增设了与它们并行的新的院校机构。印度理工学院就是以这种方式建立起来的。印度没有官方的部门负责招生或科研（Jayaram，2004）。

治　理

建立一个有效的高等教育体系是必要的，在高校内部进行有效的治理和管理同样必不可少。中印两国的大学和其他中学后教育机构都面临着内部治理方面的挑战。

以印度为例，附属于大学的本科学院一般受制于大学的规章制度，基本上没有什么自主决策空间。绝大多数大学都被邦政府严格监管。从聘用教师到建立新的项目，邦政府对于学术决策的政治干预范围是极其广泛

的。虽然新建的私立大学的董事会经常直接参与学校的日常事务管理，但是这些私立大学并没有受到过多的外部控制。

262

资　助

在支持迅速扩张的高等教育体系方面，中印两国都面临着严峻的挑战（Agarwal，2009）。尽管中印两国近年来都经历了快速的经济增长——有时GDP年增速达到10%，但它们依然是发展中的经济体。在这两个国家，公立和私立高校日益增长的学费已将资助高等教育的负担转移给了学生和他们的家庭。两国都设有一些经济资助项目，并努力为贫穷学生和弱势群体学生提供接受高等教育的机会。

中印两国高等教育公共资助的来源多种多样，并且它们之间相对缺乏协调。中国和印度两国的高等教育经费主要来自省级或邦政府，在高等教育的支出和拨款分配方面，这些政府部门具有很大的自主权。有些省级或邦政府倾向于优先发展高等教育，而其他一些则不然。中国和印度的中央政府主要关注资助顶级大学，同时确保给予科研足够的支持。中国通过“985工程”和“211工程”这两个中央政府高等教育支持计划，为高水平大学提供了大量的资金，有多所大学加入了这两个重要的项目。顶尖大学同样还会从当地和省级政府中获得资助。比如，上海市政府为该市的研究型大学提供了大量资源，其他一些省份和城市也是如此。

印度政府主要通过大学拨款委员会资助了20所大学，并为其他一些 263
院校和大学的创新性研究项目提供资金。印度和中国公立高等教育的大部分资金来自邦或省级政府，它们在支持高等教育方面有不同的优先级，能力各异。与中国的高等教育经费投入相比，印度高等教育经费投入微不足道。

统计中国和印度对高等教育的私人资助是非常困难的。两国都在发展私立高校，而且公立大学也都向学生收取学费。实际上，印度大部分学生都在私立院校就读，有些私立院校获得了邦政府的公共资助，但越来越多的私立高校是“无资助的”（unaided），没有任何公共支持。截至2007年，印度还有11所完全私立的大学没有获得过任何的政府资助。私立高校的学费水平各异，而且通常由政府部门监管。中国的情况也同样复杂。民办高校的办学目标和角色也各不相同。其中只有一小部分得到了政府部门的认可能够授予学位。几乎所有的民办高校主要依靠学费，而且学费差异也很大。

与世界各国的情况一样，中国和印度在对高等教育的公共资助方面难以满足质量和入学机会的需求，这是达成普遍共识的。21世纪初，印度和中国分别将国内生产总值的0.37%和0.6%投入于中学后教育，均低于其他新兴经济体国家，更低于发达国家1%甚至更高的投入比重。

作为世界高等教育参与者的中国和印度

在很大程度上，中印两国在世界高等教育舞台上异军突起，在不远的将来将变得更加重要。自20世纪70年代以来，这两个国家的学生和专业人员大量进入西方及其他国家。在过去的20多年里，中国和印度一直是
264 全球最大的两个学生输出国。2012年，大约有18.9万印度学生和69.4万中国学生留学海外，这些数字几乎占据了全球国际学生总数的一半。不考虑招生规模的扩大，在未来几十年，基于其他一些因素的考虑，中印两国有可能仍将持续保持学生输出人数的榜首位置。特别是印度，最主要的原因是本国精英大学没有足够的位置来容纳那些最聪明的学生，从西方顶尖大学获得的学位被认为是很有威望的，而且还有一批数量不详的年轻人想要到海外求学并将其作为移民的第一步（Agarwal，2008；Altbach，2006）。对那些在一流大学的入学考试或者其他考试中表现不好的学生来说，获得一个海外学位比在当地不算太有声望的大学就读要更为可取一些。两国日益壮大的中产阶层能够越来越多地承担起送孩子出国学习的费用。到海外

求学的中国和印度学生的数量将持续增长。

数量难以统计的大量中国和印度的学者以及研究者在海外工作。留学美国并获得博士学位的大部分中国和印度学生都没有回到祖国。有人估计，从 20 世纪 70 年代到 2005 年，在美国获得博士学位的中国和印度留学生中，有 75%—80% 并没有回国，但他们当中的很多人与祖国具有学术或者其他方面的联系。根据中国教育部的统计，1978—2004 年，81.5 万名留学生到海外学习，其中有 19.8 万人回国。自 20 世纪 90 年代以来，由于中国和印度经济的发展与学术条件的提升，更多的毕业生倾向于回国，并且那些未归国的人与祖国的联系也比以前更加密切。两国都担心人才流失，并且都力图采取措施来吸引留学生回国工作。

2000 年以来，中国实施新的留学教育政策，印度也正在讨论高等教育国际化的途径。中国制定多方面的政策以积极吸引国际学生来华留学。2013 年，超过 35.6 万名的国际学生在中国学习，其中四分之三来自亚洲其他国家。中国提供了多项奖学金。很多中国大学为国际学生扩建校园，它们视接收留学生为增加收入、扩大自身国际影响的一种方式。政府资助的孔子学院已超过 350 所，主要是在大学校园里为外国人提供中文教学指导和文化交流项目。

印度大学的国际化滞后于中国。2008 年，大约有 3 万名国际学生在 265
印度留学，大部分来自南亚和在国外的印度裔。很少有印度大学会为国际学生配备相应的设施和教职员工。由于印度高校多采用英文教学，一些政策制定者认为印度还是有巨大潜力的。然而，没有基础设施方面的大量投资，缺乏连贯一致的政策，印度的举措不大可能成功（Agarwal, 2006）。

作为区域性高等教育强国，中国和印度的作用具有独特的意义。中国已经是其东北亚邻国的重要合作伙伴，例如，它接收了约 6.3 万名来自韩国的学生。印度拥有南亚最大的高等教育体系，吸纳了众多留学生，并与斯里兰卡、尼泊尔、孟加拉国和不丹等开展交换项目。政治上的差异极大地阻碍了印度与巴基斯坦的合作。

其他一些国家将中国和印度视为本国高等教育倡议推进的主要市场。

国外力量的卷入在两国的高等教育中已经显著存在了，并且其大规模扩张的可能性也是可以预见的。例如，至少有 1.1 万名学生通过各种形式的合作协定在中国攻读英国学位，而且有 200 多所英国高校在中国设有项目。美国高校，譬如约翰·霍普金斯大学、密歇根大学、纽约大学及其他包括许多小规模高校在内的院校，也在中国积极开展活动。据估计，包括英国的大学在中国设立的 7 所正式分校在内（根据中国政府的规定，它们都是中外合作办学机构），超过 1000 家外国高等教育机构与中国签署了某种形式的合作项目（Fazackerley，2007）。在印度，至少有 150 所外国高校设有联合学位或其他形式的合作项目，其中美国的合作数量最多（66 家），英国排名第二（59 家）（Helms，2008）。大多数合作项目都提供专业课程。新闻报道指出，许多国家对到印度合作办学有很浓厚的兴趣，一旦法规制度能够跟上，那么合作办学和外国机构的参与可能会显著增加。

自 2003 年以来，中国已经开始通过行政规章来规范与外国的合作办学，印度仍处在实施某些规定的过程之中。海外分校的作用、院校的所有权、私立和营利性院校的作用、外国院校的质量保障、被授权的海外学位项目的作用以及其他复杂的事项都引发了争议。对中印两国而言，规则的制定和实施方面的复杂性源于中央和省级（或邦）政府多样化的管辖权以及政策变化。它们在自己境内欢迎国际参与的同时，想保持对在本国的外国教育机构和项目的控制（Agarwal，2008；Helms，2008）。

266 由于中印两国具有广阔的领土、庞大的高等教育市场、不断扩大的中产阶层，以及巨大的高等教育发展潜力，全球高等教育界对之产生了浓厚的兴趣。中国和印度在高等教育中扮演着重要的国际角色——主要是作为学生和学者的来源地，以及作为高等教育“商业”的重要场所。这就要求两个国家实施关于国际合作和参与的透明政策与规则，以便保护本国民众利益，保障教育质量，并且明确与潜在的海外合作伙伴的协议。

研究型大学

高等教育体系的顶端是研究型大学（Altbach & Balán，2007；Altbach & Salmi，2011），它们往往是连接国际科学家和学者网络的纽带，是高等教育体系中大量科研成果的主要生产者，以及为社会中关键职位培养人才的教育者。像中国和印度这样的国家，拥有大规模高等教育体系与以知识为基础的日渐复杂而先进的经济体，如果有一些研究型大学能够与世界顶尖大学竞争，并服务于国家的高等教育体系和快速增长的经济，那么两国将会从中受益。两国都认识到在其高等教育体系的顶端建立研究型大学的必要性。

截至 2014 年，中印两国都没有建成学术“重地”，尽管中国正在朝这个方向努力。在 2014 年以大学科研生产率为主要衡量标准的世界大学学术排名前 100 名中，这两个国家都没有大学上榜。从以大学学术声誉和大学表现为衡量标准的 THE 大学排名来看，2014 年中国有两所著名大学（北京大学和清华大学）进入世界前 100 所顶尖大学的行列，中国香港地区有几所大学在上述排行榜中名列前茅，而印度则没有大学上榜。然而，中印两国高等教育体系都有跻身于科研超级大国行列的抱负。

由于历史原因，中国和印度设立了独立于大学之外的专门科研机构。就中国的情况而言，科学院是苏联学术组织的遗留物。而印度的一些科研机构则源于独立前时期。以往，中国科学院有着优越的工作条件和比大学更高的声誉，能够吸引优秀人才。而印度科研机构的数量要少一些，而且也并不处于核心地位。中国科学院和中国社会科学院的一些研究所可以授予硕士和博士学位，比如，中国科学院大学招收了相当数量的研究生。印 267
度也有与之类似的机构并授予学生高级学位。人们普遍认为，教学和科研最好能在同一个机构进行，中国已经开始着力于将科研机构与周边的大学联合起来。

中国建设世界一流研究型大学的计划是多方面的，而且中国已投入超过200亿美元（以购买力平价计算）用于建设国内的一流大学。其核心是几项战略性措施。从20世纪90年代开始，一系列专业院校和有关大学合并，这形成了许多大学的基础，而其实质是重建综合性大学。最主要的努力包括获得中央政府支持的两项重大举措："211工程"和"985工程"。1995年开始实施的"211工程"致力于重点建设100所左右大学，将其升级和建设为高水平大学；在1998年北京大学百年校庆时提出的"985工程"致力于在中国建设39所具有世界先进水平的一流大学（Liu，2007；Ma，2007。"985工程"以国家现存的所有以科研为导向的大学为基础，但其中沿海各省份和北京的大学占据了主导。中央政府资金主要用于基础设施建设，包括建设新校园、成立一系列跨学科中心以及进行其他方面的更新等，省级以及其他政府部门另外提供其他的资助。比如，上海市政府支持位于该市的4所"985工程"大学，在中央政府支持之外还为这几所院校提供了大量的资源。在一些情况下，邻近的几所大学合并，建设新的校园，并注重科研。少部分由省级政府资助的不在此列的大学也试图加入研究型大学的行列。

中国的研究型大学效仿世界顶尖大学，而且主要是效仿美国的研究型大学。"985"高校着重强调研究生项目、跨学科中心、教学课程，在某些情况下还包括开设英文学位项目，强调在公认的国际学术刊物上发表成果以及聘请具备国际水准的教员。中国教育部已经决定不再扩大"985"高校的数目，而是要增强现有高校的能力。①

这些改革对中国高等教育体系中的顶尖大学产生了深远影响。较大力度资金的注入帮助高水平大学建设了令人瞩目的众多新设施。重组则强调跨学科的工作，在某些情况下，合并促成了卓越的跨学科中心的产生。新的组织结构增强了学术生产力，形成了一种更有效的职业结构。一般而

① 2017年起，中国政府实施新一轮高等教育重点建设政策——"双一流"计划。——译者注

言，这种改革增加了高等教育体系的多样性。

印度现在还没有世界一流研究型大学（Jayaram，2007）。只有很少的几所印度高校能够进入全球高校排名，主要是印度理工学院，与其说它们是大学，不如说是高水平的技术学院。虽然在印度国内 665 所大学中只有很少几所大学拥有卓越的专注于科研的院系和学院，但公平地说，几乎没有哪所大学能够称得上是一所卓越的研究型大学。42 所由联邦政府支持的大学质量高于 290 所邦立大学。6 所联邦大学和大部分邦立大学都设有附属的学院——总计约 35000 所。备受推崇的印度理工学院、印度管理学院以及其他几所专门的学院被视为是具备国际竞争力的。以印度理工学院为例，共招收了约 60000 名学生——其中一半以上是本科层次。但它们均是小规模的专业院校。虽然印度理工学院的研究能力令人瞩目，但却受制于院校的规模和使命。

“阿喀琉斯之踵”

传统大学是印度高等教育的“阿喀琉斯之踵”。邦立大学主要表现出如下特点：普遍的资金不足，政治干预，学术任命中常常存在的严重腐败现象（有时在入学和考试方面也存在），还有设施的不足以及管理不善（Indiresan，2007）。监管附属学院的繁重负担消耗了大多数大学的精力和创造力。例如，孟买大学（University of Mumbai）有 711 所附属学院，加尔各答大学（University of Calcutta）有 168 所，德里大学有 77 所。虽然大多数学生就读于本科学院，但是孟买大学、加尔各答大学以及德里大学要负责大量的考试。因此，在过去半个多世纪里，对印度传统大学的改革几乎都没有取得成功，而且也几乎没有建立类似于印度理工学院这样的全新的高等院校。事实是，除非能够对传统大学进行改革和提升，否则印度高等教育将无法超越如印度理工学院以及其他一些相关的专业院校这样优秀的院校。

虽然有很多官方的报告呼吁对大学及其附属学院进行改革，但是在过去半个多世纪里，几乎一无所成。从 1948—1949 年的大学教育委员会（University Education Commission，也称为 Radhakrishnan Commission）开始，再到 1964—1966 年的教育委员会（Education Commission，也称为 Kothari Commission），都对高等教育改革提出了众多建设性的建议，包括促进研究型大学建设，将学院从大学里“剥离”出来，以及其他许多建议。但是，政治意愿的缺乏、根深蒂固的学术机制和时常出现的政治利益、分裂的政治体制、资源短缺等诸项因素结合在一起，共同导致了当前的僵局（Jayaram，2007）。

印度政府当前建设新大学的计划并不能解决改革的问题。建立新的印度理工学院、中心型大学、技术学院及其他机构的举措，也没有抓住现存大学的问题，而且也没有指出在现有组织或其他现行机构实践的基础上该如何改进这些新大学。实际上，印度高等教育的卓越标杆仍有可能继续存在于印度的传统大学之外。比如，建设印度理工学院、印度管理学院和提出其他革新措施的改革者均忽视了传统的大学，而建立了一些并不能称之为大学的新的高等教育机构。

中国已经在很好地进行世界一流研究型大学的建设，并且也对此投入了巨大的资源，推行一系列计划，但当前面临重大的挑战———包括建设学术文化等。中国已经有了一个良好的开端，而印度距离创建具有全球竞争力的研究型大学还有很长的路要走。

学术职业与学术文化

任何一所中学后教育机构的核心都是学术职业。没有受过良好教育且尽职尽责的教授，任何高校都不可能取得学术上的成功。在某种程度上，中国和印度由于其高等教育体系的规模，使得它们在维持能够提供教学和领导的教授职位方面面临着重大挑战。两国因高校的日益扩张而需要大量学者的情形前所未有。想让绝大部分学术人员攻读博士学位将是很难实现的。为学术人员创造条件，使他们能够尽其所能地工作，并留住“最优秀和天赋最高”的人才，这些也是需要考虑的问题。最后，建设一种倡导选贤任能、诚实和学术自由的学术文化对于一个成功的高等教育体系也是必要的。 270

超过 180 万名全职教师执教于印度的大学和学院，中国则有 150 万名。另外还有 35 万兼职教员在中国的高等教育领域工作，印度的高校兼职教师则少得多，但人数日渐增加。学术成员中的大部分人主要承担本科教学工作，几乎不做研究。那些专门从事本科教学的教师教学负担往往会很重。位于农村和欠发达地区的高校的学术条件与城市的高校相比有较大差距。那些指导研究生，而且被安排在最好大学的研究型部门的学术人员的人数比例不到 3%，他们的薪酬待遇和工作条件相对更为优厚。在印度，只有在大学和专门的科研机构工作的学术人员才有可能做研究。这些学术人员中，就算不是全部，也有大部分人拥有博士学位，而且很多都毕业于西方的著名大学（Chen，2003）。

由于学术职业的规模、多样性及其组织等原因，中国和印度都面临着一些特殊的问题（Chen，2003；Jayaram，2003）。两国高等教育体系都有着对大学进行行政管理的传统。在印度独立前，学术自由受到限制，而且存在大量的旨在控制教师和学生的官僚机构（Basu，1974）。

虽然印度宣称其高等教育有一个更好的环境，但是学术自由仍是其一个重要问题。在印度，学术自由是贯穿整个高等教育体系内的官方政策，但问题在于对其规则的遵守。过度的行政权力、对宗教和民族的敏感以及学术事务中的某些政治干预共同影响着学术自由。大学的情况比本科学院要好得多。尽管有以上这些束缚，一般而言，学者还是能够不受限制地在学术期刊、报纸或者其他出版物上发表文章。对学术自由的妨碍更多只是一些特例。

有效的学术文化必须远离腐败。然而，中印两国大学均存在着一些腐败问题。印度的此类问题更加广泛和常见，包括剽窃及相关的不当行为。 271

此外，学术管理者和教授有时候会在内定招生、伪造考试成绩、贩卖考题和答案及其他类型的渎职行为中收受贿赂。虽然学术腐败十分普遍，但是在印度的某些地区和院校中却尤为严重。例如，在精英型的印度理工学院、印度管理学院及其他顶尖院校很少会出现此类情况，但是在一些邦，如比哈尔邦和北方邦，则经常报道此类问题。

为了建设有效运行的高等教育体系，学术职业必须提供较高的待遇和良好的工作条件。在一项关于高校教师薪酬的国际调查中，根据购买力平价计算，中国在 28 个国家中排名最低（Altbach et al.，2012）。中国高校教师的平均月工资为 720 美元。然而，应该注意的是，很少有中国高校教师只挣平均工资——大多数人的薪酬要高于平均工资，因为他们在校内外的其他相关工作也会得到报酬，当然还有很多人在其他大学兼职。印度高校教师的平均薪酬要高于中国，以购买力平价计算为每月 6070 美元，按照印度国内的标准，这让许多印度高校教师过上了中产阶级生活。与许多国家不同的是，大多数中国和印度的高校教师都是全职聘用，其中许多人还可以通过额外的津贴获得更多的收入。

272 与许多其他国家一样，中印两国高校都有聘请自己的毕业生回来执教的惯例，但是这在建设高效且独立的学术文化方面产生了很多问题。大学自己的毕业生可能不是这些职位的最佳人选，他们已经融入了这所大学的文化，很难再进行创新性工作。他们太容易适应现存的部门和人员等级。中国的顶尖大学已经认识到了“近亲繁殖”所带来的挑战，并且也在采取措施来阻止这一传统的继续。学术“近亲繁殖”在印度也很常见（Jayaram，2003；Yudkevich，Altbach，& Rumbley，2015）。在印度，附属于某所大学的本科学院一般都倾向于聘用该大学的毕业生。

中印两国的一些顶尖大学以及高等教育体系的其他部分均存在高效的学术文化元素，但挑战仍然存在，即在聘用和学术等级晋升的绩效考评方面，如何植入一种透明且具竞争力的学术文化。与边界不明的行政管理、学术“近亲繁殖”及其他问题一样，轻微的腐败在有些高校中依然存在。这些问题都有碍世界一流学术文化的创建。

值得注意的是，虽然印度国内生产总值较低，但是印度高校教师的平均薪酬水平却高于中国。此外，印度政府宣布了大幅加薪的计划。然而现实是，与国内受过类似教育的专业人士或发达国家学者的薪酬相比，印度大学教师的薪酬并不理想，这可能意味着许多优秀的人才不会选择进入印度的大学工作。在许多情况下，学术职业可能无法留住最优秀和天赋最高者。

建设学术文化，为高校教师提供充足的薪酬和良好的工作条件，对整个学术职业，特别是对处于学术等级顶端的高校来说至关重要。的确，建设有竞争力的研究型大学需要薪酬优厚的教授职位，以及可以与国际标准相媲美的工作条件，因为顶尖学者是全球劳动力市场的一部分。中国顶尖大学的薪酬政策较为灵活，允许顶尖学者的薪酬高于本校一般标准，在某些情况下还允许“明星”教授在校外兼职。

入学机会与公平的挑战

中印两国高等教育面临的重大挑战之一是为持续增加的人口提供中学
后教育的机会。与之相关的一个问题是为学生群体中代表性不足的群体提 273
供公平的机会。2015 年，印度处于大众高等教育的当口，接近 25%的适龄人口接受高等教育（Trow，2006）。

在“十一五”规划（2006—2010 年）期间，中国政府认识到要将毛入学率提高到 25%，并且在 2015 年下一个五年规划结束时，全国高等教育毛入学率要增加至 36%。事实上，中国已经提前达到并超过了此入学率水平，这表明高等教育的大众需求旺盛。2015 年中国的高等教育入学率已经达到了 40%①，处于大众化阶段。虽然这主要是基于中国人口的大基数，但是未来高等教育入学率还会有显著的增长。事实上，未来 20 年世

① 2022 年中国高等教育毛入学率达到 59.6%。——译者注

界上大部分的高校招生增长将发生在中印两国（Kapur & Crowley，2008）。

中印两国都认识到有必要更加重视中学后教育，过去十年两国中学后教育都经历了急剧扩张，而且计划在未来几十年中继续发展。两国都有各种战略且十分相似。私立高等教育是“满足需求”的主要来源。虽然如前所述，中印两国在私立高校运作的条件、营利性院校的角色及其他议题等方面都持矛盾态度，但是中国和印度已允许私立高等教育继续发展。对印度而言，“无资助的”私立学院和大学是发展最快的部门；而在中国，民办高校也吸纳了更多的希望入学的学生。

与入学机会问题不同，公平问题则涉及系统内接受高等教育代表性不足的人口群体的教育，包括由国家或地区差异、性别和社会经济不平等、城乡差别、对种族或其他少数民族的歧视造成的问题。中国和印度的城乡差距也影响着两国的入学和教育公平问题。在发展中国家，大部分人口居住在乡村地区。即便是在城市化现象显著的中印两国，相当比例的人口仍然生活在农村地区，那里的收入、文化程度、各级教育的入学机会、人均寿命及确保生活质量的措施等方面的水平都低于城市地区。在农村，居民接受高等教育的机会大大降低，教育质量也不如城市地区。

相对于高等教育入学问题，公平问题在许多方面是一项更为艰难的挑战。综观历史，公平一直是中国和印度政府关注的主要问题。中国许多顶尖大学本科招生都有地方配额，因此来自全国各地的申请者都能获得入学机会。在过去的几十年中，入学已经成为比公平更重要的优先事项。与社会和经济的其他方面一样，经济发达的沿海地区与广大的内陆地区之间的高等教育差异巨大。中国西部地区的高等教育入学率远低于沿海省份和大城市，大学的整体质量也是如此。从中华人民共和国成立起，中国通过提高西部地区入学率的方式对这些不公平的问题予以改善。在 20 世纪 80 年代，助学贷款项目的实施使得贫穷学生能够有机会接受高等教育。然而，不公平现象仍然存在。中国政府付出持续努力以解决这一问题。

印度高等教育中最有争议的问题包括出台一系列旨在提高部落群体、低种姓群体及达利特（印度种姓制度中传统的“贱民”或者低等群体的自我称谓）入学率和公平性的政策。与“积极歧视”相关的印度政策充满政治色彩，而且经常引发激烈讨论、法律冲突和诉讼。自1947年印度独立以来，“积极歧视”（又被称为预留制），贯穿全印的公共聘用体系及高等教育体系，这就意味着“达利特”及另外一些低种姓（被称为其他落后种姓）、部落群体的人口占据了学院及大学入学名额的一定比例，而且国家行政部门和其他部门也都会为他们保留一定的机会。这也意味着中学后教育机构必须雇佣和招收这些群体中固定比例的员工或学生，这一比例在一半左右。虽然印度政府实施这种“积极歧视”政策已达几十年了，但是人们仍然对此政策的正当性及有效性进行大量的讨论。“积极歧视”政策被认为在提升被帮助群体的地位方面是无效的，而且在这个精英统治的社会里，这被视为一种错误的社会政策（Mahajan，2007）。与此同时，法院指令已经将这种预留制的范围扩展到如印度理工学院这些之前并未被完全涵盖的机构。2008年，印度政府做出一项决定，要求之前被视为精英统治堡垒的印度理工学院必须根据“积极歧视”法律的相关规定来聘用教师。总之，这项决定重新引发了人们对该政策的讨论。

在世界上许多地区，尽管政策在逐年创新，公平问题仍处在一个进退两难的境地中，入学机会仍然是许多社会群体所关注的问题。对中国、印度和其他一些国家而言，入学机会在某种程度上是最容易解决的问题。允许私立高等教育发展，制订各种各样的平权行动计划，增加偏远地区的中学后教育机构，为弱势群体学生提供经济资助及其他政策都已在不同程度上发挥了作用。中印两国巨大的人口规模和社会普遍存在的不利因素共同 275
导致它们在规模上面临着比其他拥有类似问题的国家更大的挑战。

私立高等教育供给

就全世界而言，私立高等教育正在成为中学后教育中发展最快的部分（Altbach，2005）。中国和印度都拥有大量的私立高校，虽然中国的民办高校在机构数量和招生人数方面都只占总量的较小部分。2007 年中国大约有 430 万名学生就读于私立中学后教育机构，其中约 160 万名学生在民办高校，180 多万名学生在独立学院，还有约 87 万名学生在其他类型的院校。此外，中国还有庞大的民办职业院校，其中大部分是没有资格授予学位的，小部分自称为大学，还有更小的一部分已经获得教育部授权可以授予学位。有些新的民办高校是非营利机构，而其他的均为企业、家族或者另外一些团体举办。虽然现在尚没有关于各类民办高校（包括那些未被授权提供学位的机构在内）的准确统计数据，但是民办高校的数量已远超过 1000 所。允许设立私立高校是近些年才开始的，因此大多数民办高校都仅存在了十年或二十年。

一般来说，私立高校是为了满足人们接受高等教育的入学需求，以及对一些现有高校无法提供的职业课程的兴趣而发展起来的。关于高校营利的规定并不明晰，而且一些看上去适当的安排往往一点儿也不透明。有关政府机构试图维持私立高校的质量，并且对其进行财政控制。然而，规则

276 在不断变化，私立院校的数目也在急剧增长，此外，一些私立高校的管理、财务公开度和质量保障方面也出现了问题。尽管如此，少数私立大学与中国较好的大学竞争，私立高校将会不断发展，并且会变得日益多样化。就目前而言，如果一个学生有机会在公立大学与私立大学之间进行选择，他肯定会选择公立大学，这不仅是因为学费问题（私立学校的费用远高于公立），更是因为学校的声誉。很少有私立大学会与海外的教育机构建立合作关系。在未来几十年，这种情况可能会有所改变，随着私立高等教育的发展，它们有可能会与海外大学合作，但是对私立高校来说，未来仍不明朗。私立教育现在已经成为中国高等教育中的一股不可忽视的力量，未来它还可能会继续发展以满足日益增长的入学需求。

印度私立高等教育的情况更为复杂（Gupta，Levy，& Powar，2008）。总体来说，大多数印度本科生就读于私立高校，其中大约有 95%的私立高校由私人机构（如宗教组织、文化机构和慈善组织）管理。然而，很多私立院校会从政府那里获得大量资金，这些学院被称为“受资助的”院校。

其他一些学院则可能没有从政府那里获得资助，这包括很多医学院（医学在印度是本科教育）在内。但几乎所有的私立院校都附属于大学。少部分私立大学获得了邦政府或者联邦政府的认可，可以授予学位，这些大学没有从政府获得任何资助，它们主要依赖学费，并且在某些情况下还依靠慈善机构的资助。此外，还有一些专业化的私立中学后教育机构，主要是商学院。其中有些拥有学位授予权，其他的由于没有得到政府的学位授予许可，因此只能提供证书。这些私立教育机构几乎所有的资金均来自学费收入。

印度几家老牌的私立大学已经获得了相当大的声望。成立于 20 世纪初，并于 1964 年升级为“公认大学”的比拉理工学院（Birla Institute of Technology and Science）是印度顶尖大学之一。1953 年作为一所医学学校而建立起来的马尼帕尔大学（Manipal University）现在已经拥有 25 所学院、12 万名具有不同学科背景的学生，并在尼泊尔、马来西亚、迪拜及加勒比海沿岸等地设有分支机构。此外，由于认识到当前印度许多现有大学质量偏低，慈善家普莱姆吉和纳达尔着手创办了非营利私立大学，旨在为印度高等教育提供新理念和高标准。

印度私立教育发展引人注目。当前，这些私立高校中的 43%是未受资助的私立院校，有 30%的学生就读于这些未受资助的私立院校（Agarwal, 2009）。虽然现在尚无法获得准确的统计数据，但是这些院校大部分都是营利性或准营利性教育机构，而且很多为家族所有。

在印度，复杂且功能失调的规章制度反而有助于私立高等教育扩张。277
邦政府与中央机构都有权对学院和大学进行认证。比如，2002 年，印度的一个较落后的邦——恰蒂斯加尔邦，通过了私立大学认证的法律。在此之后，很快就出现了 134 个申请成为私立大学的机构，其中 97 个获得了批准。这些申请的私立机构绝大部分都不位于该邦，而是在印度的其他地方。其他一些邦也认可了新建的私立院校。当大学拨款委员会发现了这种无政府的状况后，便制定了新的规章制度。在经过激烈的讨论后，印度最高法院于 2004 年认定大学拨款委员会的权威高于邦政府。这个例子表明了印度高等教育政策制定各个方面的复杂性和缺失的全局性。

印度这些新成立的私立院校往往存在着财政问题和道德缺失问题。执法标准宽松，规章制度不完善，就为类似于收取高昂的入学费用的问题提供了机会，出现了“均摊费”（在预科阶段收取的昂贵费用）、高出规章制度所允许的学费，以及招生、聘用与授予学位方面的腐败及其他一些问题。这些问题影响了私立教育的声誉（Gupta，2008）。

中国和印度的私立高等教育正在发展。现已成为两国高等教育体系的重要组成部分，而且由于公立高校无法提供充足的财政资源以满足日益增长的人口的入学需求这样一个简单的原因，其发展也将会继续下去。将来的情况有可能是，私立高校会继续主要在学术等级的底部发挥作用，其性质将大多是职业性的，而且，如经济学家所言，私立高校将来主要是“需求导向”的。为了给私立高校制定基本规则，为教育质量保障及财政监管提供必要的规程，中印两国在建设稳定且透明的规章制度方面都面临着严峻的挑战。有些问题，如营利性院校的地位、外国的私立教育提供者能否与本地的私立大学和学院建立联系等，在很大程度上仍未得到解决。中印两国目前虽然有一些质量相对较高的私立高校，但是那种类似于美国和日本的全面综合性的私立研究型大学在中国或印度不太可能出现，因为创建和维持这类大学的成本太高。

未　来

中国和印度已成为全球高等教育的两股主要力量（Altbach，2007）。随着中印两国的高等教育入学率向国际标准迈进，预计两国会占到全球新增学生总数的一半以上。这将意味着学术职业需求的急速扩张，以及对更多的实验器材和设备、先进的计算机及其他基础设施等的需求。部分需求可以在国内得到满足，但是中印两国也很可能将目光投向海外。其中一部分高等教育规模扩张将出现在高层次的研究生水平教育上。增加设施的费

278

用很高，因此在未来几十年里，两国都需要为高等教育提供大量额外的财政支持。

高等教育的部分扩张将取决于私立教育和远程教育的持续发展。中印两国尚未将私立高校完全纳入高等教育体系中，或是为私立教育制定合理的监管制度和质量保障框架。两国私立教育发展仍然存在一些模棱两可的地方。在未来一些年，如果中印两国高等教育要实现全面的扩张，就需要将私立高等教育纳入主流高等教育体系中。

中国和印度将在全球高等教育中发挥重大作用。两国可能会继续输送大量的学生出国深造，而且其输出的留学生人数可能会超过全球海外留学生人口的三分之一。在过去几十年，两个国家中大约有80%的留学毕业生没有回国（Agarwal，2009）。虽然学生回国率取决于国内的工资水平和工作条件，但是总体来看，学生不回国的比例可能大幅下降。尤其是中国，国内大学和企业已经为海外留学毕业生创设了很多机会。

中印两国可能会日益成为海外留学生的接收国。为了吸引国际学生，中国已经开始实施了一系列计划并且取得了很大的成功。只要高校能够得到发展，中国和印度两国的经济能够在世界经济体系中崛起，那么它们将会被视为新的学术中心，吸引海外留学生。中国吸纳的最大的留学生群体估计会来自东亚和东南亚地区，而印度吸纳的留学生则主要来自南亚。

中国和印度是海外高等教育计划的主要市场，全球其他国家对这两国都表现出相当大的兴趣。关于外国参与高等教育中国有明确的规定，如建立分校等，印度尚未制定明确的政策。虽然在与外国教育提供者的合作中，每个国家都需要制定有利于本国的政策，但是国际参与有助于教育的需求扩张和质量提升。

在未来几十年，中国和印度会成为“科研超级大国”并建成世界一流
的研究型大学吗？中国在建立具备国际竞争力的研究型大学方面已经取得 279
了相当大的成功。“985 工程”和“211 工程”建设的大学取得了显著的进步，中国在顶级学术期刊上的发表率和专利申请令人印象深刻。但是，持续的发展需要稳定的支持。拥有少数具有全球竞争力的研究型大学并不

能证明中国将成为一个科研超级大国，但中国已经加入主要的科研生产国家的行列中。在未来二十年，如果现在的发展势头仍继续下去的话，那么中国的顶尖大学将跻身全球最重要学术机构之列。

印度达到这一层次成功的可能性则小得多。印度目前的顶尖学府，如印度理工学院及其他为数不多的一些机构，规模都很小，太过于专门化，不可能成为世界一流研究型大学，而且现行的计划也没有表明印度正在制定一种切实可行的策略。虽然印度以英语作为主要的教学和科研语言，而且现在也有许多训练有素的学者和科学家，但是这个国家不太可能在未来几十年里拥有具备国际竞争力的研究型大学。

中印两国都表现出了更好地利用海外学术资源的迹象，因为两国都有大量的、高素质的研究人员和学者在海外工作。这一重要群体能够被动员去协助本国的学术发展，并且与国际学术界建立联系。

虽然中国和印度无疑拥有世界上规模最大的高等教育体系，但是它们在未来是否具有全球竞争力却是难以确定的。正如前文所述，中国在建设顶尖大学方面已取得了极大的进展，印度也通过印度理工学院及其他一些学院发展的实例证明了建立高标准的院校是可能的。然而，要达到体系整体的卓越和高效率，还需要对其进行改进。质量问题及其他如毕业生能否胜任劳动力市场的要求等相关问题仍然存在。一般而言，在急剧扩张的高等教育体系中，整体标准往往会下滑。一个有效的质量保障体系能够帮助确定标准，对高等教育进行全面的监管。

由于中印两国都建立了较为成熟的经济体系，需要更多具有高学历的职员和研究人员，两国未来经济的发展需要建立包括世界一流大学在内的复杂而多样化的高等教育体系。未来，中印两国高校学生人数和院校数量
280 的增长是可以预见的，质量上的改进也是有可能的，但仍存在不确定性。显然，中国和印度高等教育的未来发展不但将对这两个国家自身产生重要影响，而且将对全球高等教育体系产生重要影响。

参考文献

Agarwal, P. (2006). Higher education services and trade liberalisation. In R. Chanda (Ed.), *Trade in services in India: Prospects and strategies* (pp. 299–358). New Delhi, India: Wiley-India.

Agarwal, P. (2008). India in the context of international student circulation: Status and prospects. In H. de Wit, P. Agarwal, M. E. Said, M. T. Sehoole, & M. Sirozi (Eds.), *The dynamics of international student circulation in a global context* (pp. 83–112). Rotterdam, Netherlands: Sense.

Agarwal, P. (2009). *Indian higher education: Envisioning the future*. New Delhi, India: Sage.

Altbach, P. G. (2005). The private higher education revolution: An introduction. In P. G. Altbach & D. C. Levy (Ed.), *Private higher education: A global revolution* (pp. 1–13). Rotterdam, Netherlands: Sense.

Altbach, P. G. (2006). Tiny at the top. *Wilson Quarterly*, *30* (4), 49–51.

Altbach, P. G. (2007). Fostering Asia's brightest. *Far Eastern Economic Review*, 53–57.

Altbach, P. G., & Balán, J. (Eds.). (2007). *World class worldwide: Transforming research universities in Asia and Latin America*. Baltimore: Johns Hopkins University Press.

Altbach, P. G., & Salmi, J. (Eds.). (2011). *The road to academic excellence: The making of world-class research universities*. Washington, DC: World Bank.

Altbach, P. G., Yudkevich, M., Reisberg, L., Androushchak, G., & Pacheco, I. F. (Eds.). (2012). *Paying the professoriate: A global comparison of compensation and contracts*. New York: Routledge.

Basu, A. (1974). *The growth of education and political development in India, 1898–1920*. New Delhi, India: Oxford University Press.

Ben-David, J., & Zloczower, A. (1962). Universities and academic system in modern societies. *European Journal of Sociology*, *3* (1), 41–82.

Chen, X. (2003). The academic profession in China. In P. G. Altbach (Ed.), *The decline of the guru: The academic profession in developing and middle-income countries* (pp. 107–135). New York: Palgrave-Macmillan.

Fazackerley, A. (2007). *British universities in China*. London: Agora.

Gupta, A. (2008). Judicial interventions and private higher education in India. In A. Gupta, D. C. Levy, & K. B. Powar (Eds.), *Private higher education: Global trends and Indian perspectives* (pp. 239–253). Delhi, India: Shipra.

Gupta, A., Levy, D. C., & Powar, K. B. (Eds.). (2008). *Private higher education: Global trends and Indian perspectives*. Delhi, India: Shipra.

Hayhoe, R. (1999). *China's universities, 1895–1995: A century of cultural conflict*. Hong Kong: Comparative Education Research Centre, University of Hong Kong.

281 Helms, R. M. (2008). *Transnational education in China: Key challenges, critical issues and strategies for success*. London: Observatory on Borderless Higher Education.

Indiresan, P. V. (2007). Prospects for world-class research universities in India. In P. G. Altbach & J. Balán (Eds.), *World class worldwide: Transforming research universities in Asia and Latin America* (pp. 95–121). Baltimore: Johns Hopkins University Press.

Jayaram, N. (2003). The fall of the guru: The decline of the academic profession in India. In P. G. Altbach (Ed.), *The decline of the guru: The academic profession in developing and middle-income countries* (pp. 199–230). New York: Palgrave-Macmillan.

Jayaram, N. (2004). Higher education in India: Massification and change. In P. G. Altbach & T. Umakoshi (Eds.), *Asian universities: Historical perspectives and contemporary challenges* (pp. 85–114). Baltimore: Johns Hopkins University Press.

Jayaram, N. (2007). Beyond retailing knowledge: Prospects for research-oriented universities in India. In P. G. Altbach & J. Balán (Eds.), *World class worldwide: Transforming research universities in Asia and Latin America* (pp. 70–94). Baltimore: Johns Hopkins University Press.

Jha, A. (2009, February). Abysmal global ranking of India's best university. *Education World*, 64–72.

Kapur, D., & Crowley, M. (2008). *Beyond the ABCs: Higher education and developing countries* (Working Paper Number 139). Washington, DC: Center for Global Development.

Kaul, J. N. (1974). *Higher education in India, 1951–1971: Two decades of planned drift*. Simla, India: Indian Institute of Advanced Study.

Li, Y., Whalley, J., Zhang, S., & Zhao, X. (2008). *The higher educational transformation of China and its global implications* (Working Paper 13849). Cambridge, MA: National Bureau of Economic Research.

Liu, N. C. (2007). Research universities in China: Differentiation, classification, and future world-class status. In P. G. Altbach & J. Balán (Eds.), *World class worldwide: Transforming research universities in Asia and Latin America* (pp. 54-69). Baltimore: Johns Hopkins University Press.

Ma, W. (2007). The flagship university and China's economic reform. In P. G. Altbach & J. Balán (Eds.), *World class worldwide: Transforming research universities in Asia and Latin America* (pp. 31-53). Baltimore: Johns Hopkins University Press.

Mahajan, N. (2007). The cream of India's colleges turns sour. *Far Eastern Economic Review*, *170* (1), 62-65.

Min, W. (2004). Chinese higher education: The legacy of the past and the context of the future. In P. G. Altbach & T. Umakoshi (Eds.), *Asian universities: Historical perspectives and contemporary challenges* (pp. 53-84). Baltimore: Johns Hopkins University Press.

Surowiecki, J. (2007). India's skills famine. *New Yorker*, 54.

Tilak, J. B. G. (2007). Knowledge commission and higher education. *Economic & Political Weekly*, *42* (8), 630-633.

Trow, M. (2006). Reflections on the transition from elite to mass to universal access: Forms and phases of higher education in modern societies since World War II. In J. J. F. Forest & P. G. Altbach (Eds.), *International handbook of higher education* (pp. 1: 243-280). Dordrecht, Netherlands: Springer.

Yudkevich, M., Altbach, P. G., & Rumbley, L. E. (Eds.). (2015). *Academic inbreeding and mobility in higher education*. New York: Palgrave Macmillan.

第五篇

教师与学生

第十七章　学术薪酬与合同：全球趋势与现实①

学术职业是大学的核心。没有实力强大的、受过良好教育且忠于职守的教师群体，任何高校或高等教育体系都不可能取得成功。然而，学术职业现在面临着巨大的挑战。高等教育的入学大众化、私有化、问责制的压力日益增长，全球人才竞争加剧，以及经济衰退，这些因素共同影响着多国高等教育政策。此外，学术人员还被要求满足日益多样化的学生群体的广泛需求。不断恶化的就业条件、不断下降的薪酬以及对就业保障的威胁，使得学术职业对一些国家的年轻学者缺乏吸引力，而另一些国家正在共同努力使薪酬和工作条件变得更具吸引力。 285

本章关注的问题主要包括薪资、酬劳等关键要素，以及作为学术聘用核心的学术工作的条款和条件。如果没有可观的工资、适当的合同和服务条件，学术职业就无法欣欣向荣，实际上也不能很好地发挥作用。如果没有一个安全的工作环境，以及与劳动力市场上的其他选择可竞争的条件，整个学术事业就会举步维艰。本章中的大多数国家，以及世界上许多国家，学术人员通过超负荷教学、增加科研生产力、非学术性工作、在多个院校任职或从事行政服务等方式赚取额外收入以补充其基本薪酬。在当代，大多数国家的大学都处于危机中，部分原因在于学术职业面临着风险

① 本章由菲利普·G. 阿特巴赫、利兹·瑞斯伯格和伊万·帕切科合著。本章报告的数据来自一项关于28个国家高校教师和合同的研究，其完整信息可以在阿特巴赫等人（Altbach et al.，2012）的书中找到。

(Altbach，2003)。

本章内容基于对全球各大洲 28 个国家学术职业的研究 (Altbach et al.，2012)。在全球范围内，有如此多的新力量塑造着高等教育，学术职业可能也面临着新的挑战和严重的风险。此外，高等教育薪酬和职业生涯问题是当代世界学术职业危机的重点。

286

学术革命与学术职业

关于 21 世纪的学术革命有很多研究 (Altbach，1996；Altbach，Reisberg，& Rumbley，2010)。高等教育的当代转型对学术职业产生了直接影响，其中三种关键力量具有特殊意义。大众化改变了世界各地的高等教育，在 21 世纪头 12 年，全球高校在校生数从 1 亿增加到 2 亿，翻了一番。持续增长将对印度、中国以及撒哈拉以南非洲地区产生显著影响。然而，在欧洲大部分地区、东亚部分地区以及北美，高等教育体系已经成熟，不再显著扩张。在一些国家，传统上的高等教育适龄群体实际正在萎缩。这种转变也对学术职业产生了影响。高等教育不再是一项精英事业，这一新的现实对学术职业产生了重要影响。

信息技术革命带来的全球知识经济发展也影响着高等教育和学术职业。研究已经成为全球顶尖大学的一项重要职能，为学术界的顶尖学者带来新的选择和挑战。大众化和知识经济都在高等教育的多样化中发挥了作用，使得大部分高校主要致力于教学和为学生提供入学机会，而较少一部分高校则专注于科研和研究生教育。

院校多样化导致学术职业分化，并造成共同体意识的弱化。伯顿·克拉克 (Burton Clark) 在提到美国学术职业时写道，高校教师群体分化为“小的差异化的世界”，即高校教师在复杂的高等教育体系中处于各种亚文化和职业环境中 (Clark，1987)。在大多数国家的顶尖研究型大学中，顶尖教授的工作条件、薪酬和作用与那些在接受大众化入学、学术地位较低的院校任教的教师差别巨大，而后者目前构成了学术劳动力的主要部分。在新的热门学科领域（如工商管理和信息技术），高校教师的薪酬和工作条件日益与人文学科拉开差距。无疑，21 世纪的学术职业不像过去那样是一个共同体。仅仅是规模就使共同体问题重重，更不用说其很强的多样性了。2007 年全球至少有 600 万名高校教师，而且这一数字还在迅速增长，以适应不断增加的入学人数（Altbach，Reisberg，& Rumbley，2010）。

问责需求的日益增加，更加注重满足学生的职业需要，中小学教育的缺陷以及其他压力，都增加了学术职业面临的挑战。由于国际压力往往与 287
本地需求相冲突，人才和院校声誉方面的国际竞争造成了新的张力。

私立高等教育的迅速发展影响了学术职业。目前，营利性与非营利性私立高等教育是全球中学后教育中增长最快的部分，在拉丁美洲和亚洲的部分地区成为高校招生的主力军。虽然许多在私立院校任教的教师同时也在公立大学拥有职位，但是私立高校的学术环境有所不同。在全球范围内，私立高校的学术任命条款和条件各不相同，有时并不优于公立大学。在一些国家，私立院校薪酬更高，但提供的工作条件缺乏吸引力，往往要求更多的教学时间，且没有用于科研、备课、咨询或其他类型服务的报酬和时间。

最后，全球化促进了人才流动，特别是对处于声望等级顶层的学者而言。对国家而言可以大致分为人才流失和人才引进。南非从非洲地区获得了人才，但同时其顶尖人才也向欧洲和其他更发达的国家流失。拥有更多资源的国家能够从较弱的经济体吸引人才。传统上，这一特质是加拿大、美国和西欧大学的优势；但是，新的参与者（如沙特阿拉伯和中国）已经加入了顶尖研究人员和学者的全球竞争。这种情况不利于亚美尼亚、拉脱维亚和埃塞俄比亚等较为脆弱的经济体，这些国家的资源相对有限，但也有着同样强烈的人才需求。

面对新的现实

如上所述，若干趋势合流改变了高等教育的格局，从而改变了学术工作的条件和学术职业。除少数例外，发展中国家和中等收入国家的入学人数大幅增加。快速扩招导致对更多职位、基础设施和学术人员的迫切需求。

大多数工业化国家，如澳大利亚、加拿大、法国、挪威、英国、美国以及其他一些国家，在20世纪末或更早一些时候通过规模扩张实现了高等教育转型，现在情况相对稳定。作为一个发达国家，日本面临着高等教育规模扩张超出其需求的挑战，产能和人员过剩问题突出。

288 在所有国家，高等教育迅速扩张时期对院校和教师的需求都会增加。其结果是高等教育的优先事项之间存在着持续的张力。更大的需求要求高校教师在课堂上教授越来越多的学生，但同时又继续以科研生产力来衡量其声望和价值。虽然越来越多的高校专门致力于教学，但是教师薪酬、晋升和其他奖励更多基于科研生产率，而很少基于教学业绩。大学排名所带来的国际声誉很大程度上受到研究成果的影响，而这反过来又常常影响国家政策和资源配置。

在一些历史上高等教育仅限于公立高校或由公共财政支持的院校主导的国家，政府已向私立教育提供者敞开大门，以满足日益增长的入学需求。私立大学（很少有例外）往往完全致力于教学。在俄罗斯、哈萨克斯坦、拉脱维亚、埃塞俄比亚、亚美尼亚、沙特阿拉伯和捷克等国家，私立高校以前即使存在也微不足道，现在通常以营利为目的，在招生中所占的比例越来越大。如前所述，私立高校也已成为公立院校学术人员额外收入的一个来源。有关这方面的研究有限，因为几乎所有国家的私立高校普遍缺乏数据，特别是在高校教师薪酬方面。总体而言，私立高校似乎比公立高校缺乏透明度和责任感。

学术聘用与合同模式

尽管高校教师聘用和合同的模式在全球各地区差别很大，但学术职业仍是一种非常稳定的职业，而且社会声誉高——即使并非总是带来合理的生活水平。最近几十年，高校教师的面貌发生了改变。学术共同体不仅比过去更大，而且更加多样化。

在许多国家，高校扩大招生的紧迫性使得预算和人力资源方面的压力无处不在。在全球高等教育财政紧缩之际，填补如此多新职位的挑战带来了几个显著的趋势和模式。

一般而言，更多的兼职或全职固定合同制高校教师的聘用已经满足了这种需求。即使有聘用长聘教职学术人员的强大传统，或者在具有长期公务人员聘用安排的体系中，学术职业也正朝着更多的固定期限任命的方向发展。例如，在美国，新聘用的高校教师中有一半是兼职或全职合同制人 289
员（Schuster & Finkelstein，2006）。西欧似乎受聘用兼职高校教师趋势的影响最小，尽管其数量也在增长。

有趣的是，虽然本章涉及的国家相对较少地拥有正式的长聘教职体系，但大多数国家的全职和兼职高校教师都理所当然地被续聘。长聘教职制度往往有明确的规范来确定合同何时续签，并明确规定了长期任职的门槛。虽然沙特阿拉伯等少数国家较早地实行长聘教职制度，但是它没有太多的考核评价制度。在没有正式终身教职的体系中，高校教师很少受到对其相关活动的正式和全面的审查，也很少被解聘。只有在少数几个国家，如德国、日本和美国，续聘条款明确且相当严格。在德国和美国，高校教师经常因为业绩不佳或出于合同原因而被解聘。奇怪的是，没有长聘教职或长期工作保障的国家可能比那些拥有长聘职位体系和相关教师评价制度的国家提供的职业更为稳定。

此外，发展中国家尤其难以用拥有高级学位的高校教师填补空缺。在一些国家，学术等级的入门职位由只有第一级大学学位的教师担任。事实上，第一级大学学位（相当于学士学位）可能是当今世界中学后教育教师的平均学历。然而，值得注意的是，这种情况在大众化之前也很常见，比如在研究生项目稀少的阿根廷、巴西和哥伦比亚等国。随着研究生教育项目在各国的扩张，越来越多的国家要求新入职高校教师拥有高级学位，而年轻的教师更有可能拥有这样的学位。过去一个世纪，北美、欧洲和大洋洲几乎所有的高校教师聘用都要求博士学位，而现在，博士学位已成为世界各地研究型大学聘用教师的必要条件。

高校教师聘用实践往往遵循一种类似的模式，这种模式通常表现为：高校通过媒体公布教师职位聘用信息，并向所有候选人开放。通常，高校在决定何时有职位空缺以及如何晋升和填补空缺方面拥有较大的自主权。本章提到的一些国家（如法国），在考虑候选人担任特定的学术职位之前，必须在国家层面进行审查，但这种做法并不普遍。

尽管就业趋势使得高校教师聘用过程更具竞争性和透明度，有的应聘者仍然通过人际关系网络获得职位，或绕过正式公开竞争系统签署临时合
290 同。在阿根廷，高校教师可以绕过公开竞争，通过“过渡合同”更快地受聘；哥伦比亚也采取了同样的做法聘用短期或临时教员。即使公开宣布职位空缺，并且存在正式的程序，这些职位也往往是由内部人员——低级别的教师或高校自己的毕业生填补，这在许多国家造成了学术“近亲繁殖”。例如，在俄罗斯，一位讲席教授有相当大的自主权来做出聘用选择，通常选择包括自己的博士生，这导致广泛的“近亲繁殖”（Yudkevich, Altbach, & Rumbley, 2015）。同样，亚美尼亚的大学也优先考虑本校毕业生。日本高校倾向于依靠个人关系来获得初级学术职位任命。事实上，从研究数据可以观察到，在初级职位的招聘和晋升中“近亲繁殖”是全球较普遍的做法。

多种因素鼓励了学术“近亲繁殖”，包括学术传统、缺乏全国性市场、不变的经济激励，以及工作条件缺乏吸引力等。大多数分析者认为“近亲繁殖”会损害学术创造力，因为它强调的是思想和实践的连续性，而不是

革新。这种做法也强化了学术等级，因为由自己的前辈培育的年轻学者很容易适应现有的安排。与此同时，“近亲繁殖”强调高等教育体系中的忠诚和团结，这可能是柄双刃剑。

然而，也有一些国家抵制学术“近亲繁殖”。意大利的教育部提供补贴，鼓励拥有长聘教职的学者到另一个地区的大学任职，以此作为一种削弱“近亲繁殖”传统的方法。美国、德国和土耳其等国家都有要求毕业生申请另一所大学的初级教师职位的传统。

印度的高校教师聘用因预留制而变得复杂，该制度为特定种姓或其他社会阶层的成员保留了一定比例（有时接近一半）的大学职位。如果找不到具备所需特征的合格教师，该职位将会保持空缺，这就给应对快速增长的入学人数带来了额外的挑战。

在许多国家，公立大学的教师是公务员体系的一部分（如巴西、德国、马来西亚和沙特阿拉伯等国）。在这些国家，大学教师的聘用、评价和薪酬往往依据公务员制度的规则和程序。从任命开始，学者往往会得到类似于长聘教职的强有力的工作保护。他们的薪酬通常取决于服务年限和级别，而不是对工作绩效的评估。许多欧洲大陆国家已将公务员制度应用于高校教师聘用，因为它们将公立大学高级教师作为公务员，但荷兰等国家在聘用高校教师过程中放弃了公务员模式。

学术薪酬

291

在不同的高等教育部门或国家，定义学术薪酬（即高校教师薪酬）涉及许多因素。学术薪酬往往由基本工资、补助、奖金、津贴和补贴的复杂构成，因此，极难进行国际比较。另一个问题是，多少金额的薪酬才足以让高校教师跻身中产阶层。但显然，中产阶层的定义因经济和文化环境而异。

比较各国高校教师薪酬的另一个挑战是，如何准确地了解各国高校教师薪酬的购买力。简单的货币换算是不够的，因为它没有考虑各国生活成本的差异。更准确的检验方法是使用购买力平价指数。这些指数是基于一个项目或一组项目（一揽子商品）编制的，其价格与参考国（本例中为美国）同一物品或一揽子货物的价格进行比较，从而为比较提供了统一的工具。本章使用第七版宾夕法尼亚大学世界表（Penn World Tables）的指数，将每种当地货币的高校教师薪资调整为购买力平价指数，以获得可比较的购买力平价美元金额。购买力平价指数允许跨国的定量比较。

表 17-1 显示了一些国家高校教师月薪的三种水平：入门级别的平均薪酬、平均薪酬以及薪酬等级顶端的平均薪酬。表 17-1 还指出了入门薪酬和高级薪酬之间的一些差异。与本章中的所有比较一样，这些数字反映了高等教育体系的不同规模和院校的多样性。例如，美国呈现的每个级别的平均薪酬涉及许多大学（包括小型本科院校和精英研究型大学在内）的大量教师个体。报告的平均值反映了相当大的薪酬范围。德国的院校数量较少，多样化程度较低，因此薪酬差异也较小。换句话说，报告的平均值可用于比较，但反映了来自完全不同系统的计算结果。这些数据仅限于公立院校。亚美尼亚、俄罗斯、中国、埃塞俄比亚和哈萨克斯坦是入门级别高校教师平均薪酬最低的五个国家，而加拿大、南非、意大利、沙特阿拉伯和英国的高校顶端教师平均薪酬最高。

表 17-1　高校入门级别与顶端的教师月薪以及平均薪酬情况（以购买力平价美元计）

国家	入门	平均	顶端
亚美尼亚	405	538	665
俄罗斯	433	617	910
中国	259	720	1107
埃塞俄比亚	864	1207	1580
哈萨克斯坦	1037	1553	2304
拉脱维亚	1087	1785	2654
墨西哥	1336	1941	2730
土耳其	2173	2597	3898
捷克	1655	2495	3967

续表

国家	入门	平均	顶端
哥伦比亚	1965	2702	4058
阿根廷	3151	3755	4385
巴西	1858	3179	4550
日本	2897	3473	4604
法国	1973	3484	4775
挪威	4491	4940	5847
尼日利亚	2758	4629	6229
以色列	3525	4747	6377
德国	4885	5141	6383
荷兰	3472	5313	7123
美国	4950	6054	7358
印度	3954	6070	7433
澳大利亚	3930	5713	7499
马来西亚	2824	4628	7864
英国	4077	5943	8369
沙特阿拉伯	3457	6002	8524
意大利	3525	6955	9118
南非	3927	6531	9330
加拿大	5733	7196	9485

资料来源：各国专家从多个来源收集的数据（Altbach，et al.，2012）。

从高校教师薪酬的变化范围可以推出几点重要的结论。在顶端薪酬高、入门级别与顶端薪酬差距小的国家，整体薪酬明显具有吸引力。在入门级别和顶端的平均薪酬都较低的地方，很容易看出，学术职业的吸引力将会降低，这些国家将容易受到人才流失的影响。到目前为止，相对而言 292
中国的入门级别和顶端级别的高校教师薪酬倍差最大，而挪威、德国和阿根廷的差距最小。

如上文所述，在大多数情况下，高校教师实际薪酬的中位数难以界定。在从印度到墨西哥的全球高等教育体系中，公立高校的教师薪酬由基本工资、奖金、竞争性奖励和因个人情况而异的津贴组成。因此，在许多国家，高校教师总收入是由多种来源组成的，只有将这些来源综合起来才能获得完整的情况，表 17–1 中的平均薪酬只说明了部分情况。额外的就业也为全球大多数高校教师提供了重要的收入来源。在本章研究的 28 个国家中，只有
293 不到一半国家的大多数全职高校教师能够靠基本薪酬过上舒适的生活。

即使在本土环境下，全职高校教师的薪酬能够达到中产阶层收入水平，数据也显示，这种情况往往只限于高校全职高级教师，而对较年轻的教师则不太适用。在许多发达国家，学术薪资落后于需要同等教育水平的其他职业的薪资。包括对日本、德国、以色列和美国在内的国家的研究发现，除非入门的薪酬水平有所提高，否则未来高校教职吸引年轻人才将变得更加困难。另外，教学负担的增加、一些国家学术界对出版数量的强调（如中国、哥伦比亚以及其他许多国家）以及其他方面的要求，也把年轻教师挡在了大门之外。在其他国家，高校教师的薪酬还远不能提供舒适的生活。在哈萨克斯坦，高校教师的薪酬往往只有其他行业同等资历者的一半。在俄罗斯，年轻教师的收入约是劳动力平均薪酬的 70%；高校教师的薪酬通常比其他受过高等教育的劳动力平均薪酬低 10%。在大多数国家，高校教师达到中产阶层的收入水平一般依赖在本校内部、其他院校或非学术机构的额外工作。所有这些都降低了学术职业的吸引力，并进一步阻止最优秀和天赋最高者选择学术这条职业道路。

如上所述，很难对所有 28 个国家的高校教师薪酬进行概括，因为奖金、津贴和补助体系导致实际工资在其国内甚至在同一院校或同一学科内部都存在很大差异。津贴和奖金通常是对较低的基本薪酬或低得无法提供中产阶层生活水平的薪资的补偿。在一些国家，这些补偿既不包括在应纳税或应计养恤金的收入内，也没有报告，这就使得收集各国完整和准确的数据变得更加困难。

奖励、奖金和津贴的实际价值也存在很大差异。例如，墨西哥高校教师圣诞节的冷冻火鸡，埃塞俄比亚、印度和日本的住房津贴，德国的婚姻和子女、家庭津贴，印度补偿通货膨胀的津贴，等等。

许多国家的大学采取措施鼓励教师科研，特别是顶尖的研究型大学。

在墨西哥，国家科研人员体系（National System of Researchers，在当地以其西班牙语首字母缩写“SNI”而闻名）为符合条件的高校教师提供了50%的基本工资补贴；阿根廷的国家科学研究院（National Science Institute，CONICET）也有类似的资助项目；法国高校教师因其科学成就可获得重要的额外奖金；以色列高校教师的薪资可因其科研成就提高13%以上；南非也有 294
类似的奖励计划，根据高校教师的成就提供工资补助，从7000美元到18000美元不等；中国顶尖大学向其学术人员支付高额奖金，以奖励他们在国际公认的期刊上发表论文。这些项目为鼓励高水平的生产力提供了重要的激励和认可，但它们仅使得这些国家整体高校教师中的一小部分受益。

对本章研究的大多数国家的许多高校教师来说，保证中产阶层的收入水平需要额外的工作。许多高校教师通过从事各种学术和非学术工作来赚取额外收入。高校教师经常接受额外的教学任务以增加收入：在某些情况下，额外教学是在所在学校内部但超出合同规定时间的“超负荷”教学，或教师在晚间课程、专业研讨会或夏季小学期教学；在另一些情况下，教师则在其他的院校任教。另外一些高校教师也为产业或政府提供咨询服务，在研究机构或智库担任职务，为报纸撰稿，或同时从事医生、会计师、律师或信息技术等工作。

同时从事学术活动和非学术活动的动机很难分析，因为它们常常因人而异。有些高校教师追求全日制的职业生涯，兼职教学只是为了享受教学带来的快乐和满足；而另一些人是出于经济上的需要而兼职教学或进行额外的专业活动；还有一些高校教师拥有全日制学术职位，从事兼职的专业活动是为了赚钱，获得职业挑战与进步或者声望。这些数据甚至不足以得出学术聘用与非学术活动结合程度的初步结论。

对于高校教师额外工作的利弊存在争议。某些类型的额外工作无疑会带来实践和相关经验，有利于课堂教学和学术指导。然而，当高校教师为了经济、生存而必须从事额外的工作时，他们的注意力就会分散，不太可能为所在的高校贡献全部力量。从长远来看，如果存在大量教师兼职，高等教育质量势必会降低。

在许多国家，国家或地方政府为公立院校制定薪酬等级。在所有国家，私立高校的教师薪酬都是由教职人员和聘用院校的管理部门私下秘密协商，很少有公开数据。一般来说，私立高校教师的薪酬仅由工资组成，
295 但法律规定的退休金和健康保险除外。在少数情况下（阿根廷和墨西哥就是两个例子），私立高校的教师如果具有科研和发表成果的重要经历，就有资格获得政府提供的薪酬补助。

在阿特巴赫等人的研究中，工会的存在和影响在不同的国家差异很大（Altbach et al.，2012）。在 28 个国家中，有 12 个国家的高校教师组成了工会。教师薪酬结构和工作条件在不同程度上通过工会或集体谈判形成。在一些国家，如以色列、日本、荷兰和尼日利亚等国，政府谈判确立了国家基准。在澳大利亚，协商是在国家层面正式进行的，但趋势是与院校管理层进行实际的协商。同样，在加拿大、挪威和南非，工会倾向与当地的各个院校进行谈判。阿根廷的模式有些不同寻常，因为公立大学的教师工会在与地方工会和大学当局进行直接谈判之前，首先要与国家公立大学校长委员会（National Council of Public University Rectors）和教育部进行协商。在阿根廷、巴西和加拿大，工会大大改善了高校兼职教师的工作条件。在美国，高校教师工会的影响范围有限，主要是在接受大众化入学的公立学院和大学。各国允许个人和院校管理部门之间进行协商的范围差别很大。

决定高校教师薪酬的因素往往包括职级、资历、资格和成果发表情况，职级和资历通常是最重要的。阿特巴赫等人的研究显示，另一个明显的特征是不同院校类型、地理位置和学科的薪酬差异程度不同：研究型大学总是比教学型院校提供更高的薪资；公立大学教师往往比私立大学薪酬更高、条件更好（教学时间更少），但埃塞俄比亚、法国、沙特阿拉伯、土耳其和美国例外；在中心城市，工资收入往往更高，工作条件也常常更有利。劳动力市场上的就业选择也具有影响力。在大多数国家，高校教师薪酬因学科而异，医学、法律、经济和会计等领域的薪酬通常更高，而在这些领域，高校必须与劳动力市场的其他部门竞争人才。尽管如此，在一些国家，高校教师薪酬几乎完全由政府决定，要么由公务员制度规定，要

么由教育部决定。在这些情况下，高校教师薪酬可能无法反映市场状况、学科、生产力或任何其他因素。

晋升与职业发展

全职的学术职业非常稳定，但通常很少有国内（或国际）的流动性。
高校教师职业生涯的主要特征是学术等级缓慢而稳步地攀升。在某些高等 296
教育体系中，只有一小部分专业人士能够达到正教授或讲席教授的最高级别，而在另一些系统中，如美国，大多数获长聘教职的学者在其职业生涯结束时都达到了正教授的级别。

正式的工作安全保障并不普遍，尽管很少有教师在其职业生涯的任何阶段失业。在调研的 28 个国家中，有 12 个国家公立院校的高级学术人员具有公务员身份，这通常提供了退休前长期工作保障。拥有正式长聘教职制度的国家（包括美国、加拿大、澳大利亚和荷兰）提供了职业生涯的长期保障，并将学术自由作为长聘教职制度的一部分使其得以巩固。在大多数情况下，长聘教职是在相关人员服务五年或更长时间后经过严格审查后授予的。只有墨西哥同时向兼职和全职学术人员提供长聘教职。虽然大多数国家没有提供正式的工作安全保障，但事实上，大多数高校教师在退休前都能够长期保有他们的职位。从某种意义上说，他们拥有事实上的长聘教职，只是没有被写入法律或院校规章制度。

在本研究中，相当多的国家（包括俄罗斯、英国、日本和拉脱维亚等国）提供高校教师可续签合同，这些合同经过几次实质性审查后，基本上会自动续签。如上所述，许多高等教育体系的学术文化存在一定程度的惯性，因此合同几乎都会自动续签，除非出现重大过失。

高校教师职务等级往往由三到五个级别组成，从讲师（lecturer）开始，晋升至教授（professor），通常每个级别都包含几个薪酬等级。晋升往往基于资格和资历，有时是对高级学历的奖励，有时也是对科研生产力的奖励。

教师在教学方面的服务和卓越表现较少得到认可。很少有国家采取有效的评价制度来进行有益的绩效评估，重新聘用和晋升往往是惯性的产物。

通常，新聘任的高校教师会获得助理教授或同等级别的定期聘用，之后可能会晋升到更高的级别，他们通常在经过某种类型的评估之后获得长聘教职或永久职位。这种聘用制度的关键因素也许在于它是由高校控制的，很少依靠政府的参与或批准。当然，具体执行因国家和院校而异。

学术等级中的晋升可分为两类。在一些高等教育体系（如澳大利亚、加拿大、挪威和美国）中，研究型大学中的教师等级晋升在很大程度上取
297 决于同行评审所确定的研究成就。主要致力于教学的高校采用其他标准，教师可以根据用学生评价和行政服务等一系列标准评估的绩效晋升。

另一种体系是阿根廷、德国和英国所采用的体系，在这些国家，大学内的高级学术职位数量有限，必须先空出职位，才能由另外的人选填补。事实上，由于每个学术等级中的职位有限，在高级职位出现空缺时也不会优先考虑内部候选人，他们得与校外候选人进行公开竞争。

来自 28 个国家的数据显示，各国学术职业模式存在一些显著差异。高校教师一旦被聘用，多数人的职业生涯将主要在同一所高校中度过。令人惊讶的是，在大多数国家，各院校之间的工作流动性非常小。俄罗斯、日本就是很好的例子，这些国家根本没有在本国高校之间进行个体学术流动的传统。只有在少数几个国家，特别是美国和加拿大（主要是在声誉较高的大学），职业生涯才有较大的流动性。全球范围内的规律往往是，一个人学术生涯开始的地方也是其结束的地方。当然也有例外，最有才华的学者倾向于接受国外学术机构的职位，以追求更高的收入、学术自由、更好的基础设施，以及更多与国际同行合作的机会。

不断发展却鲜为人知的私立高校的教师

私立高校的扩张对学术职业产生了巨大的影响。然而，在几乎所有国

家，私立高校的数据都无法获得。从全球来看，对这一类院校的监管和报告责任相当不均衡。一般来说，私立高校非常不透明，直到最近还基本上免于问责要求。

虽然这些数据并不能提供多少关于私立高校的准确信息，但是该类院校教师的聘用条款不甚稳定，有更多兼职的可能性，在工作条件方面享有的自主权也更少。私立高校教师的就业条件和薪酬因院校类型而异。在全球为数不多的顶尖私立大学中，教师更有可能获得全职性的工作，收入也高于公立高校的同行。这种考察主要基于数量日益增多的知名商学院，如法国的欧洲工商管理学院和意大利的 SDA 博科尼商学院（SDA Bocconi School of Management），以及有着悠久私立教育传统的哥伦比亚、日本和美国等国久负盛名的私立学院和大学。但这些学校是例外，因为大部分私立高校的学术人员往往收入较低。

在世界上许多地方，私立高校聘用公立大学的教师，这些教师在私立高校兼职教学。私立高校也经常会聘用退休教授。这种兼职为许多人提供了所需的额外收入，但却占据了他们在原本就业院校从事科研或其他工作所需的时间和精力。 298

私立高校极为多样化，营利性机构（许多为公司所有）数量越来越多，这在发展中国家尤为突出。私立高校很少鼓励或支持教师的科研，因此，它们聘用教师通常只是为了教学。这些院校通常聘请专业的管理人员，教师很少承担行政责任，因此教师的教学负担重于公立高校或非营利性院校。

国际流动

地区和国际的学术与经济趋势促进了人才流动。毕竟，我们处于一个全球化时代，大学和学术职业都被深深地卷入其中。不断变化的政治和经济模式为高校教师提供了一种“推与拉”的力量，他们追求更好的工作条件和更高的薪酬，以从事学术与研究。近年来，流失人才的不仅是欠发达国家。例如，经济和学术环境推动意大利和以色列的学者赴海外工作；英国也经历了一定程度人才流失（流向加拿大和美国）；经济和政治条件把非洲各国的人才吸引到南非的大学，同时也把南非的人才吸引到欧洲和其他地方。

本研究解释了全球学术流动的一些核心因素。教师薪酬和学术工作条件的严重不平等使较富裕的高等教育体系和院校受益，并极大地促进了人才从资金储备不足的地方流向资源较多的地方。虽然金钱不是唯一的影响因素——学术自由、良好的设施和追求卓越的学术文化也是相关因素——但薪酬肯定是关键因素。

在某些情况下，国家政策是为吸引学者归国或国际人才而制定的。以色列为愿意回国工作的以色列籍学者提供经济奖励。尼日利亚调整了高校教师薪酬，以便与其他国家竞争，并增加了一项慷慨的允许人员流动的休假计划，希望不会永久失去这些学术人员。中国已经实施了几项卓有成效的人才计划，以吸引在其他地方定居的中国学者返回家园。为了与国家战
299 略保持一致，马来西亚向具有国际知名度的外国学者提供较优厚的酬劳待遇。一些俄罗斯大学在国际市场上聘用的学者薪酬明显高于本国的标准薪酬。正如本研究所指出的，由于国家之间高校教师薪酬和学术生活条件的显著差异，发展中国家此类努力难以取得显著成果。

结　论

对于大多数从事学术职业的人来说，目前并不是最好的时期。高校教师薪酬既跟不上通货膨胀的速度，也无法与同等资格专业人士的薪酬相提并论。长聘教职或长期聘用的安全性没有保障，问责制削弱了高校教师的自主性，增强了监督。一个主要的问题是，学术界对最优秀和天赋最高者不再那么具有吸引力。

为满足大众化的需要，高校兼职教师的急剧增加造就了“二流”学者，他们的薪酬和福利水平明显低于全职教师。然而，凡事总有例外，本章揭示了这种异常现象：在墨西哥，高校兼职教师有资格获得长聘教职；在加拿大，他们通常由所在工会代表；在阿根廷，他们被视为长期雇员，往往与全职教师报酬相当。

私立高等教育发展进一步促进了高等教育多样化，私立高校内部存在着较大的差异。营利性与非营利性院校在教师薪酬和工作条件方面往往存在差异。整体而言，私立高校的迅速扩张为高校教师提供了额外的就业机会。然而，除了少数国家的个别精英私立高校外，私立高校只提供兼职和低收入的教学岗位，几乎不支持科研或知识生产。

无论是在一国内还是在全球范围内，学术职业都出现了前所未有的分化。高等教育多样性的增加反映了高校教师就业条件的多样性。由于国家、院校类型、职级和学科不同，高校教师薪酬、合同和工作条件也存在显著的差异。“官员”存在于高等教育体系的顶端，而许多全职和兼职高校教师则位于底层。发达国家和发展中国家的高校教师之间存在着显著的差异。

高等教育大众化的压力很有可能使得当前的不平等在许多国家持续存在或深化，而世界各地的许多学者将继续经历收入和工作条件的恶化。在许多国家，全职与兼职职位的比率正在缩小；相反，兼职职位在当今的学 300
术劳动力市场占据主导地位。与此同时，全球知识经济造就了一批“超级教授”，他们将继续拥有更好的薪酬、工作条件和流动前景。

虽然没有确切的数据，但据估计，世界上多数高校教师只拥有大学本科学位，因此他们在改善其薪酬或工作条件方面的影响力有限。近几十年来，发展中国家的博士数量一直未能跟上扩招的步伐。

然而，本章研究中的一些国家提高了高校教师薪酬，以弥补多年来薪酬增长停滞带来的购买力损失，增加学术职业对年轻学者的吸引力，鼓励科研产出，并遏制人才流失的趋势。在印度和马来西亚等国家，薪酬水平总体上有所改善。在其他情况下，如尼日利亚，其所提供的福利往往可以补偿较低的基本工资，使高校教师总酬劳更加合理。在其他体系中，对（大多数）科研生产力的激励和奖励意味着高校教师合理的生活水平。

一个重要的问题是，学术薪酬是否能达到中产阶级的收入水平。根据本章收集到的每个国家的数据，许多国家——包括阿根廷、巴西、加拿大、捷克、法国、德国、印度、意大利、日本、马来西亚、荷兰、尼日利亚、挪威、南非、美国和英国等——报告，高校全职教师尤其是高级教师的薪酬确实带来了中产阶级的生活水平。其收入往往依赖于额外津贴、奖励和奖金的分配，或者是暑期学校或专业研讨会等额外课程的更多教学。

埃塞俄比亚和哈萨克斯坦等一些国家报告高校教师薪酬不足以达到舒适生活的标准。此外，无论学术等级高低，学术职业所提供的待遇都显著低于同等教育程度的专业人士。在本章研究中，很少有国家的高校教师薪酬与需要同等教育水平的专业职位的薪酬相比具有竞争力。有趣的是，在美国，学术职业一直处于最具吸引力的职业行列，但其高校教师整体薪酬水平正在逐渐下降（Schuster & Finkelstein，2006）。

事实证明，对 28 个国家的学术薪酬进行精确比较几乎是不可能的。每个国家在计算高校教师的薪酬方面都有其独特的模式，包括复杂的补贴和福利制度，这些补贴可能奖励给所有的学术人员或少数人。此外，国家规范使得比较进一步复杂化。有些国家存在国民医疗保险和国家养恤金计
301 划，而另一些国家则把这些内容作为薪酬的一部分。有些国家实行由政府制定的薪酬制度，而有些国家则实行个人与院校之间单独协商的薪酬制度。最后，这 28 个国家高等教育体系的规模差异巨大，这也使比较难以进行。

学术合同作为一种高校教师工作聘用、评估和晋升的安排，已经发生了很大的变化。总的来说，从高度官僚主义的公务员制度向更加灵活的聘用合同制度的转变是缓慢的。然而，数据显示，尽管聘用条款各不相同，但大多数学术职业的稳定性都非常高。

如果没有种种例外，大多数归纳都是不可能完成的。这里收集的数据提供了有关全球学术职业现实的重要见解。令人怀疑的是，许多人从事学

术职业是因为该职业提供的潜在收入。这些国家的专家证实，即使在薪酬较低的地方，学术职业也意味着较高的社会地位，能保证职业的独立性和灵活性（较长的假期），而且往往还提供有吸引力的福利。

随着全球经济格局的转变，加大对高等教育的投资，特别是对高校教师的投入，更有可能改善巴西、中国、印度、马来西亚和南非等新兴经济体的情况，而不是那些过去一个世纪“巨人”的情况。

参考文献

Altbach, P. G. (Ed.). (1996). *The international academic profession: Portraits from 14 countries*. Prince ton, NJ: Carnegie Foundation for the Advancement of Teaching.

Altbach, P. G. (Ed.). (2003). *The decline of the guru: The academic profession in developing and middle-income countries*. New York: Palgrave Macmillan.

Altbach, P. G., Reisberg, L., & Rumbley, L. E. (2010). *Trends in global higher education: Tracking an academic revolution*. Rotterdam, Netherlands: Sense.

Altbach, P. G., Reisberg, L., Yudkevich, M., Androushchak, G., & Pacheco I. F. (Eds.). (2012). *Paying the professoriate: A global comparison of compensation and contracts*. New York: Routledge.

Clark, B. R. (1987). *The academic life: Small worlds, different worlds*. Prince ton, NJ: Carnegie Foundation for the Advancement of Teaching.

Schuster, J. H., & Finkelstein, M. J. (2006). *The American faculty: The restructuring of* 302
academic work and careers. Baltimore: Johns Hopkins University Press.

Yudkevich, M, Altbach, P. G., & Rumbley, L. E. (Eds.). (2015). *Academic inbreeding and mobility in higher education: Global perspectives*. New York: Palgrave Macmillan.

第十八章　学生政治激进主义

303 学生政治激进主义现象难以解释，甚至更难预测，因此，目前尚无对此问题的权威理论解释就不足为奇。然而，了解学生政治的复杂现象至关重要。由于一些国家的政权已经受到了学生抗议的威胁，甚至有些已经被推翻，因此政治领导人不仅要倾听学生运动的诉求，更要了解其动态。学术界也需要了解学生激进主义，因为学生往往是大学改革运动的主要参与者，他们经常使学校陷入混乱。此外，激进主义者本身应该充分了解学生抗议运动的历史、政治及潜力，因为正如人们常说的那样，那些不了解过去的人注定要重蹈覆辙。本章虽然不能为理解学生运动提供一个全面的理论框架，但将提出一些关于学生政治的一般性观点。要理解一个国家的一连串事件已经相当困难，而要关注世界范围内的这一现象则难上加难。然而，我们将在比较的背景下思考学生运动（Altbach，1989）。学生抗议在很大程度上是一种国家现象，甚至是一种院校现象，但进行一些跨国比较仍是有意义的。此外，一国的经验可能对理解另一个国家的情况有所裨益。

历史背景

学生政治激进主义并非肇始于20世纪60年代，尽管有关这一主题的许多研究和分析都可以追溯至这动荡的十年。学生参与政治有着悠久的历史。例如，学生长期以来被民族运动所吸引，一些最早的学生运动隶属于更广泛的民族主义运动的一部分。大学生是 1848 年德国革命运动的重要力量（Altbach，1969）。虽然 1848 年的斗争并不主要是学生运动，但是大学生、教授和知识分子在其中发挥了关键作用。学术界尤其迫切要求民主 304
权利以反对绝对君主制，并为这些运动在德国各州的发展提供了更广阔的民族主义视野。事实上，从 1848 年运动中发展起来的民族主义意识形态，成为 19 世纪后期推动德国统一的强大力量，并深刻影响了大约同一时期的意大利统一运动。在 20 世纪 20 年代和 30 年代，意大利和德国的学生组织支持以民族主义为基础的法西斯和纳粹运动。德国学生组织是最早支持希特勒的群体之一（Giles，1985；Steinberg，1977）。

在非洲和亚洲的殖民时期，民族主义也是主要的推动力之一。学生参与几乎成为每一场民族主义和独立斗争的一个重要组成部分。在某些情况下，大学共同体处于领导地位，表达着独立国家和文化的愿景，而在另一些情况下，学生是运动的关键参与者（Lipset，1966）。通常，在国外受过教育的学生会积极参与民族主义情感的表达。印度尼西亚国家概念和民族语言的发展就兴起于一群学生知识分子，这为民族主义斗争的成功奠定了基础（Douglas & Bachtiar，1970）。印度、肯尼亚、越南和缅甸等国的学生也成为他们各自国家摆脱殖民统治的核心力量。虽然中国从未受到过直接的殖民统治，但也遭受了外国列强的压迫。在 1911 年辛亥革命和其他几次运动中，学生为了推动中国的现代化，带头发起了民族主义和革命运动（Israel，1966；Tse-Tsung，1960）。诚然，学生并不是任何反殖民民族主义运动的主要领导者，但他们积极、深入地参与其中（Altbach，1970）。

高校学生激进主义在本质上通常是对抗的。这种对既定权威的反对可能来自左翼或右翼，也可能以文化或宗教的形式表现出来。在德国和意大利，学生支持右翼民族主义事业。而在第三世界，民族主义往往具有左翼性质。学生有时是文化民族主义者（cultural nationalists），关注种族或文化问题，而非政治意识形态问题。近年来，尤其是在伊斯兰世界，宗教激进主义已经成为校园里的一股强大力量。

高校学生也同样参与了学术事务。具有重要影响力的大学改革运动——1918年的拉丁美洲改革运动即由学生领导。这一运动始于阿根廷，并蔓延至整个南美大陆，反映了拉丁美洲中产阶级的成长。它对社会和大学
305 都产生了深远的影响，学生因此开始参与大学治理（Walter，1968）。1918年拉美大学改革运动的传统是一股强大的力量，其影响持续了近半个世纪之久。

在西方，除了1848年革命斗争有学生的参与之外，在20世纪60年代以前，学生都不是政治舞台上的主要力量。偶尔爆发的学生政治激进主义热潮是零星的，虽然它们对大学影响巨大，但是整个政治体系并未受到影响。在20世纪30年代大萧条时期，一些欧洲国家的学生——无论其代表左翼还是右翼——异常活跃。如前所述，德国和意大利的右翼倾向很受关注，一些法国学生也参与了右翼运动。然而，在大多数工业化国家，学生属于政治左翼。美国在20世纪30年代经历了一场重大的学生政治运动，其学生组织完全是自由派或激进派（Cohen，1993）。在某些第三世界国家的历史和当代，学生更是一股强大的力量，他们参与了民族主义运动，被视为政治方程的合法组成部分。

大学“持久革命”的不可能性

学生运动的一个显著特点是其分散性。尽管也存在持续较久的激进主义的案例，通常情况下它只能持续很短的时间——一两年甚至都是罕见的。正如很难预测激进主义运动的兴起一样，预测其消亡也是一个巨大的挑战。各种各样的结构和心理原因可以解释为什么学生运动缺乏持久性。学习生活的节奏对激进运动既有促进亦有阻碍作用。在大多数高等教育体系中，学生有大量投身政治活动的自由时间。在20世纪中叶以前传统的欧洲教育体系中，考试并不频繁，学业进度很大程度上取决于学生自身。这意味着学生领袖可以全身心地投身于政治之中，同时仍然保持他们的学生身份。在更加规范的美国高等教育体系中，由于频繁的考试和课程学分制度，持续的激进主义运动就变得更加困难（Horowitz，1988）。在美国，

成为一名“长期学生”并不容易，虽然这在一些欧洲国家和发展中国家很常见，因此，美国学生领袖经常是昙花一现。另外，许多国家都加强了对学生的问责，这使得长期保持学生身份变得更加困难。很明显，高等教育体系中学习生活的结构性现实影响着学生运动的性质和寿命。

学生的“代际”更替频繁，这使得持续的校园政治激进主义运动十分 306
罕见，因为领导者和追随者都在不停变换。本科生每三到四年就会更新一代。此外，即便是在最自由放任的高等教育体系中，通过学位项目最后阶段的考试和获得学位的压力也非常之大，此时学生不太可能参与激进主义运动。参与者的快速更替使得运动难以持久。再者，未来的校园一代可能有着截然不同的取向和兴趣，因而激进主义的“传统”有时转瞬即逝。正是因为学生领袖意识到运动可能是短暂的，所以学生运动可能对结果缺乏耐心。在与大学改革或校园条件相关的问题上，他们往往迫切希望取得成果，以便当前的一代学生能够从变革中获益。

社会因素也不利于学生运动的持续进行。在大多数国家，大学生都来自相对富裕的阶层。在工业化国家，某种程度上还包括第三世界国家，广泛的政治问题有时与意识形态问题有关，这激发了学生政治激进主义。通常，学生并不是为了自己的直接利益而斗争，而是受理想主义的驱动，这可能使他们对斗争的投入程度不深，可能比不上为一个直接影响其生活的问题而战的投入程度。学生运动往往带有理想主义的色彩，这可能对持续的学生激进主义既是一种激励，也是一种限制。学生激进主义运动很少能持续一或两年，也很少成立永久性的组织或政党。此外，虽然学生运动经常试图与大学以外的政党、工会或其他组织建立联系，但很少成功，或者比较短暂。

对激进主义的反应

学生运动无法持续与外界对激进主义的反应有关。学生运动很少在纯粹的校园环境中发生（Rudolph & Rudolph，1972），学生往往关注广泛的政治或社会问题，并有意识地试图影响大学以外世界的发展。即使是以校园为中心的运动，其影响也常常蔓延至大学的围墙之外。学生运动至少在某种程度上取决于社会对激进主义的反应。如前所述，在发展中国家，校园激进主义可能聚焦于社会的重要政治问题，从而引发严重的社会动荡，
307 有时甚至导致政权的垮台。这在工业化国家是罕见的。学生运动受到大众媒体的回应、大学外主要社会群体以及其他校外因素的影响（Gitlin，1980）。当学生把注意力集中在一个重要的社会问题上时，他们很可能会吸引大众媒体的目光，并获得相当一部分民众的支持，如 20 世纪 60 年代初美国的民权问题。正是因为学生表达了更广泛的社会关切，才使得 20 世纪 60 年代的民权运动和反越战斗争都受到了鼓舞（Fraser，1988）。许多国家都有类似的例子。

在学生激进主义传统上被视为政治体系的合法组成部分的地方，它更有可能对社会产生影响。在许多发展中国家，由于学生运动是独立运动的一部分，并在社会的政治神话中占有一席之地，因此，这里的激进主义运动继续被视为政治制度的“常规”组成部分（Emmerson，1968）。而在工业化国家，学生不被视为合法的政治行为者，社会和政府当局对学生激进主义较少表示同情。因此，激进主义的历史传统在社会如何回应学生运动方面发挥了作用。

大众媒体与学生激进主义之间的关系复杂且重要。在工业化国家，大众媒体对激进主义的反应构成了学生运动影响的一个侧面。在 20 世纪 60 年代，媒体突出报道了许多国家的学生政治运动，学生示威活动在报刊和电视上都有专题报道，激进主义者的观点广为传播。有时候，媒体忽视学生政治，将其降级为大学内部现象。在这种情况下，激进主义者很难将其影响扩展到校园之外。预测媒体关注的特点或范围并不容易。例如，20 世纪 80 年代，学生推动南非撤资运动的努力在大众媒体上得到了广泛报道，而针对美国在中美洲外交政策的校园抗议则并没有吸引那么多的关注。此外，学生抗议的地点也十分重要。发生在首都的抗议活动会对其有

所助益，正如法国学生反对教育改革提案一样。由于意识到了媒体报道的重要性，学生激进主义领袖经常力图吸引媒体的关注。

在 21 世纪，随着互联网和社交媒体的出现，学生运动的情况在很大程度上发生了改变。学生激进主义者与学生群体之间的交流变得更加容易。出现了一些通过社交媒体组织大规模示威的例子。此外，学生运动更少地依赖既有的媒体来传播信息。

政府对学生激进主义的反应对学生运动的性质产生了很大的影响。这种 308
反应包括完全无视学生抗议和暴力镇压示威活动，杀害激进主义者和长时间封锁大学等。在西方，政府当局普遍倾向于忽视学生的抗议活动，交由大学自行处理。只有当示威活动规模浩大或具有破坏性时，才会引发政府的反应。总体来说，西方政府认为学生抗议不是合法的政治表达方式，并试图忽视它们。政府当局通常会尽可能以非对抗性的方式处理学生抗议。当发生暴力事件时，可能会引发斗争的升级，学生会获得公众更多的支持。

对学生激进主义的暴力镇压在发展中国家更为典型。这些国家的学生激进主义有时被视为对政治体系的直接威胁，事实上，一些政权确实被学生政治激进主义引起的运动推翻。镇压有时会扼杀一场运动，但它也可能使激进主义运动的规模扩大和战斗性增强。例如，阿根廷和乌拉圭对学生示威的镇压反而助力了城市游击运动的兴起，造成了不可估量的破坏和动荡。在尼日利亚、肯尼亚和缅甸等国，作为对激进主义的回应，政府关闭了大学，并把学生遣送回家，这种情况有时会持续很长时间。有时候，这会导致激进主义运动的终结，但有时候学生把激进主义带到乡村，引发了更广泛的社会骚乱。暴力镇压学生运动的例子屡见不鲜，学生领袖被监禁、拷打，有时甚至被杀害。

在西方，政府当局有时采用镇压的方式来对抗学生运动，结果好坏参半。20 世纪 60 年代，法国和联邦德国阻止学生运动的行为导致许多学生死于警察之手，结果使学生运动的范围、规模扩大和战斗性增强（Fraser，1988）。在美国，20 世纪 60 年代采取了几种镇压形式：美国联邦调查局和其他警察当局试图渗透学生运动，以便从内部扰乱他们，取得了某些成效；政府当局还对示威采取了行动，有时以暴力对抗的方式，如 1970 年在肯特州立大学（Kent State University）和杰克逊州立大学（Jackson State university）的对抗（Michener，1971）；越南战争期间，在反对美国入侵柬埔寨的抗议活动中，警察和军队杀害了学生，这引发了全国性的学生抗议活动，导致数百所大学和学院关闭，并在全国产生了重大影响。

由于学生政治激进主义运动常常关注校园问题，并且发生在校园内部，大学当局必须对此做出反应。然而，除了少数例外，大学当局很少能做好有效处理学生抗议的准备。一方面，大学决策过程十分缓慢，且激进
309 主义运动并不被视为大学生活的“正常”组成部分；另一方面，大学教师中不同派别之间的冲突有时会使及时反应变得困难。再者，学术纪律程序也不适合应对抗议运动。在某些情况下，校园学术权威可能倾向于采取和缓的行动来避免冲突，但却受到政府官员、媒体或社会其他方面的压力，即要求他们迅速果断地解决问题。这种针对抗议活动的迅速有时甚至是暴力的行动，往往会刺激激进主义的发展，有时会使学生的抗议战术升级，包括接管大楼和其他非法行动。

在很多情况下，大学当局试图与学生激进主义者进行谈判，并与他们达成和解。这些谈判可能会减少校园冲突和财产破坏。在一些案例中，涉及大学内部问题的激进主义导致了变革。这在 20 世纪 60 年代的联邦德国尤其明显，学生对改革的要求引发了一些大学结构上的变化，使学生得以参与大学治理的众多方面（Nitsch，Gerhardt，Offe，& Preuss，1965）。但随后这些改革措施被修改，甚至面目全非。然而，一些国家的学生政治激进主义引发了大学校园变革。如在印度，抗议经常促使大学管理人员被免职或学校条件得到改善（Altbach，1968）。20 世纪 80 年代，说服美国大学抛售南非相关公司股票的运动取得了重大成功。但更为普遍的情况是，有关高等教育程序或政策的持续变革方面的学生运动收效甚微。例如，在美国，20 世纪 60 年代大规模的学生抗议活动几乎没有给高等教育带来持久的改革（Astin，Astin，Bayer & Bisconti，1975）。因此，虽然难以预测，但大学对抗议的反应有时会促使学生要求的一些变革得以实施，其中完全成

功的概率很小。

谁是激进主义者?

正如分析学生政治的历史环境和外部影响一样，了解学生激进主义运动的参与者也十分必要。下文将在比较的背景下研究激进主义领袖。虽然有一些关于美国、几个西欧国家、印度和日本学生领袖的社会学研究，但资料非常有限，因此这里只是尝试进行一些概述。

领袖人物仅是学生群体中的极少数。此外，除去一些例外，参与整个运动的人数也只占在校生数的一小部分。即使是在最剧烈的动荡中，比如 310
1964 年加州大学伯克利分校的运动、1968 年的巴黎“五月风暴”，大多数学生也没有参与示威活动。在上述这些重要的激进主义运动中，学生的参与比例很高，但通常不到总人数的一半。大多数运动，包括那些成功的和受到大众传媒特别关注的运动，也只有少数学生直接参与。激进主义行动的参与者由三个“圈子”组成：核心领袖，他们人数极少，且通常比大多数参与者更加激进；积极追随者，他们很清楚问题所在，致力于运动的目标，并愿意参与示威；还有更多的学生，他们支持运动的广泛目标，但对具体细节却模棱两可，即使参与，也只是偶尔直接参与。在这些参与者之外，还有大量没有参与其中的学生群体，其中一些人可能会反对这些运动，而另一些人则对此漠不关心。尽管校园生活的特别之处使得学生运动独具特色，但学生运动的动力与其他社会运动没有什么两样——聚集的人群，联系紧密的共同体，共同的社会阶层背景和其他因素。

学生领袖的核心往往具有政治意识，并且经常以意识形态为导向。与那些不怎么活跃的学生相比，学生领袖更有可能在投身激进主义之前就已经是政治组织的成员。在校园风平浪静时，学生激进主义的领袖往往参与政治，且在许多情况下，学生政治领袖是现有政治团体的一部分。激进主义领袖有以下几个基本特征：

• 学生激进主义者大多学习社会科学专业，在某种程度上，其中也有一些人学习人文学科专业。数学专业学生也有参与激进主义运动的倾向。总体而言，与其他许多专业的学生（尤其是应用专业领域的学生）相比，社会科学专业学生的政治态度和价值观更偏向左翼。学生激进主义者学习社会科学和人文学科似乎是一种自我选择。此外，聚焦于社会、文化和社会问题研究的社会科学和人文学科可能会为一些学生提供批判性的视角。与其他学科的学术人员相比，社会科学的教师往往观点更加激进，而他们批判性的观点可能会影响学生（Lipset & Altbach，1966）。

• 与普通学生相比，激进主义领袖往往来自较富裕家庭。总的来说，在几乎所有国家，大学生来自富裕家庭的比例要高于普通家庭，而学生激
311 进主义者往往来自收入和社会地位处于顶端的家庭。在收入差距巨大的发展中国家，这一特征更加明显。

• 学生领袖同样来自受过良好教育的家庭，他们的父母都接受过较高水平的教育。家庭的定位和背景往往更为都市化，这在发展中国家是一个关键因素。简而言之，这些家庭比一般家庭更加国际化。

• 一些人认为，激进主义者家庭的教养方式和人生观比普通民众更为自由。然而，此类研究的大部分数据来自美国，但从比较的视角看，几乎没有任何佐证（Keniston，1968；Keniston，1971）。

• 在美国和西欧，根据20世纪60年代的数据，一些学者发现学生激进主义者往往是优秀学生，他们学习成绩好（Liebert，1971）。然而，这方面的资料并不全面。

• 激进主义领袖通常来自人口中的少数群体。在日本和韩国，基督教信徒人数较少，但他们在学生领袖中却占较大比例。在法国，新教徒深度参与了激进主义。在美国，犹太裔和自由新教学生大量参与激进主义运动（Rothman & Lichter，1982）。在某种程度上，那些社会意识强且家境富裕的少数学生群体更倾向于参与社会运动。

本章概述的学生激进主义者领导和参与的模式有许多变体。现有数据主要来自工业化国家，时间主要涉及20世纪60年代，这是学生激进主义

最活跃的十年。

激进主义者的冲动

我们对学生激进主义领袖知之甚少，对学生为什么会参与激进主义运动，以及是什么促成了学生的示威和运动所知更少。事实上，观察家和政府官员普遍对大学里爆发的激进主义感到惊讶。此外，学生激进主义在不 312
同的国家和历史时期差异巨大。尽管如此，研究一些可能导致学生激进主义运动爆发的因素是有益的。

已有研究对各种心理动机进行了讨论。路易斯·费尔（Lewis Feuer）认为，代际反抗（generational revolt）在学生激进主义中起着关键的动力作用，激进主义运动正在上演着“孩子对抗父母的斗争”（Feuer，1969）。许多学者发现，代际反抗理论的有效性微乎其微。另一些人则认为，由于校园文化的性质、年轻人的理想主义以及诸如此类的因素，学生倾向持“反政府”态度（Shils，1969）。肯尼斯·肯尼斯顿（Keniston，1968）认为，学生激进主义者比那些不参与其中的同龄人具有更强的道德感，因为他们致力于按照自己的价值观行事。另外，针对学生激进主义者的一项跨国研究发现，一套复杂的态度和价值观助推了学生激进主义的产生（Klineberg et al.，1979）。虽然人们在学生政治激进主义的心理动机方面存在着相当大的分歧，但很明显，心理倾向和取向以及前面讨论的社会学因素肯定构成了激进主义者的部分动机。

诉诸暴力的学生激进主义运动通常是由社会上的重大事件所激发的。在较早的时期，无论是 19 世纪的欧洲，还是 1945 年前殖民时代的第三世界，民族主义都是一股核心力量。学生参与了大规模社会运动，有时担任重要的领导角色。在美国，学生参与外交政策问题，他们的动机是反对美国卷入欧洲冲突，并对 20 世纪 30 年代持续严重的世界经济萧条感到担忧，当时校园里的政治激进主义十分活跃（Altbach，1997；Cohen，1988）。

在当代，更广泛的政治问题一直是大规模学生激进主义运动的主要推动力。诸如核战争、民权与自由等问题，当然还包括越南战争，是 20 世纪 60 年代美国学生抗议的主要推动力量（Isserman，1987；Miller，1987）。在欧洲，社会政治也是动荡的 20 世纪 60 年代的主要焦点。法国学生反对戴高乐政权。而在联邦德国，学生们组织了一股“国会以外（extraparliamentary）”的反对力量，反对保守的基督教民主联盟和左翼社会民主党（Social Democrats）组成的联合政府（Fraser，1988）。在激进主义为主要力量的大多数其他欧洲国家，校园外的政治问题也是其主要推动力量。

在工业化国家，教育问题和基于校园的问题有时与学生激进主义密切相关，但此类问题通常不会激起群众运动。在美国，20 世纪 60 年代有一种明显的感觉，即美国的“大众大学”（mass university）没能满足学生的需求，但也没有证据表明这种不满对大规模学生激进主义的出现起到了促
313 进作用，教育改革仅是该运动议程上的一个次要内容。相比美国来说，教育改革问题对西欧的学生激进主义者更为重要。

导致学生激进主义的潜在因素是复杂的。无疑，心理倾向起了一定作用，经济现实也是因素之一。学生们担心未来的工作，担忧毕业后能否获得社会上层地位。很明显，至少在工业化国家，主要的学生运动不是因为校园问题，而是由更广泛的社会和政治问题所激发的。因此，激进主义的发展是多种力量和因素的产物。

激进主义的影响

尽管学生政治激进主义在很大程度上是一种少数群体现象，主要是偶发的，学生领袖不能反映学生群体的普遍情况，但学生运动的影响是巨大的。学生激进主义最大的结果可能是推翻政府（主要局限于发展中国家），然而，许多其他不那么变化无常却很重要的结果值得仔细关注。

1988 年，缅甸的独裁统治者在执政 26 年后下台。他的辞职是由持续

两个月的学生示威导致的，在此期间许多学生被杀害（Lintner，1988）。然而，学生运动最终以失败告终，因为很快军方再次夺取了政权。大学被关闭了很长一段时间，许多学生被迫逃离该国。20 世纪 80 年代末，韩国的学生抗议活动致使政府做出让步，随后导致选举和重大政治变革。20 世纪 90 年代末，尽管 1998 年成功当选的总统候选人金大中（Kim Dae-Jung）获得了相当大的支持，但韩国学生仍然是一股反对力量。

这种由学生引发的变革在发展中国家最为明显。然而，工业化国家的学生偶尔也会直接影响政治，有几个例子可以说明这一点。1960 年，在日本，反对首相岸信介的学生示威活动迫使他辞职。在美国，学生对越南战争的反对是约翰逊（L. B. Johnson）决定不竞选连任总统的一个关键因素（Gitlin，1980）。就像 20 世纪 60 年代联邦德国的“国会以外”的反对力量一样，更常见的情况是学生激进主义并不会迫使政治发生变革，而是将大众的注意力集中在社会或政治问题上。因此，学生运动虽然频次不 314
高，但它的直接和间接政治影响相当大。

然而，自 20 世纪 60 年代以来，工业化国家的激进主义思潮相对较少，几乎没有大规模的激进主义运动，但也时有发生。例如，法国学生成功反对政府提出的大学改革法案，美国学生对南非前种族隔离政权的抗议取得了一些成果。

学生激进主义者经常成为国家社会与政治状况的晴雨表。通过他们关注的问题可以看出，有时他们会指向危机的引爆点，有时他们会在社会沸点形成之前提出问题。这对于禁止言论自由的专制社会，以及拥有组织良好、善于表达的学生群体的发展中国家来说尤其如此。以校园为基础的组织通常被赋予比社会其他地方更大的自由度，而且不管怎样，学生往往对社会问题更感兴趣。学生组织所表达的担忧很可能会在以后蔓延到社会。

学生也产生了很大的文化影响。与更广泛的社会认知相比，学生对文化规范往往持更加自由的态度，而且校园里的趋势可能会影响整个社会。在美国，大学校园里一些重要的趋势后来蔓延至中产阶级，并在一定程度上影响整个社会。例如，20 世纪 60 年代初大学首先开始关注种族关系和公民权利。从那时起，学生就参与改善社会和校园族际关系的活动（Altbach & Lomotey，1991）。女权主义运动首先在大学校园获得支持，然后传播开来（Evans，1979）。的确可以认为，20 世纪 60 年代美国学生激进主义最重要的遗产之一不是政治而是文化和态度上的影响，西欧也出现了类似的明显趋势。常常被视为前卫的校园理念最终在大学之外传播开来。通常情况下（但并非所有情况），学生激进主义者都对这些趋势负有责任，他们积极地将这些趋势传播到校园之外。虽然学生激进主义的文化影响很难评估，但它十分重要。

在大多数国家，学生激进主义对教育的影响不太显著。如前所述，在如联邦德国等一些国家，学生明确表达了对大学改革的看法，并确保他们的想法在 20 世纪 60 年代得以部分实施。在法国，虽然学生没有提出具体的改革建议，但是他们强烈要求高等教育的变革，并成为促使其参与治理
315 等主要改革的催化剂。然而，一般来说，尽管学生激进主义者可能会抱怨大学的条件，但是他们对改变现状没有什么具体的想法，也不认为大学本身就是一个主要战场。因此，他们对学术界的影响有限。在美国，20 世纪 60 年代有很多关于高等教育的批评，但只有一种变革受到学生运动的强烈影响：美国大学中的女性研究、黑人研究以及后来的种族研究项目的发展和制度化。学生激进主义经常打乱大学的正常运行，有时还会使高校承受巨大的外部压力。20 世纪 60 年代激进主义在几个西方国家的遗产之一就是社会对高校的不满，部分原因是公众反对学生激进主义。在美国，这导致了一些州的公立高等教育预算下降。

在少数情况下，学生激进主义的影响是强烈的和直接的，但更多时候其直接影响较小。它有助于公众舆论的发酵或提高公众对某些问题的认识。有时，学生会促成他们不支持的行动，比如韩国军方夺权或阿根廷镇压异见人士。人们往往倾向于根据其直接影响来判断学生运动，但这过于简单化了，因为学生运动的结果往往不那么直接或迅速。学生可能会促成一个直到多年以后才显现其影响的观点，例如，20 世纪 50 年代和 60 年代初，美国少数激进学生对“代替父母”（in loco parentis）政策的抱怨导致

若干年后美国彻底放弃了这一实践。在美国大学校园里所表现出来的文化、态度乃至音乐的风格，逐渐地传播到校园以外的青年文化以及其他方面。随着学生一代一代地走向成熟，他们经常把一些在校园习得的价值观和取向带入更广阔的社会。对这些不那么明显的趋势进行定量分析几乎是不可能的，但是它们在评估学生激进主义的影响方面却是相当重要的。

工业化国家与发展中国家

发展中国家和工业化国家学生激进主义之间的巨大差异揭示了关键的分析维度，虽然文献在很大程度上忽略了这一点。发展中国家的学生运动推翻了政府，并经常产生直接的政治影响。而在工业化国家，情况并非如此，学生很少引发直接的政治变革。

发展中国家的学生激进主义很难归类。在许多国家的独立运动中，学生参与民族主义运动是关键因素。在拉丁美洲，1918 年学生迫使高等教 316
育进行了重大改革，这次改革对大学的影响延续至今。在许多发展中国家，学生在推翻政府方面发挥了重要作用。尽管学生有能力促成政治剧变，他们从未将自己的观点强加于政府。事实上，学生激进主义动经常导致军事政权或其他专制政权建立。例如，在 20 世纪 60 年代的韩国和泰国，学生抗议引发了政权的垮台，但最终是军方而不是学生支持的团体夺取了政治权力。在阿根廷，学生运动带来的不是左翼政府，而是右翼对学生和其他人士的镇压。在乌拉圭、缅甸和其他一些国家，学生领导的激进主义运动遭到大规模的军事镇压。在另一些情况下，虽然学生无法为自己夺取权力，但是却成功地促成了他们所支持的政治变革。1987 年，韩国学生示威活动迫使政府重新选举，这一结果是该国迈向民主的重要一步。虽然学生激进主义者认为这一变化并不够巨大，但是大多数韩国人认为这至关重要。印度和其他几个发展中国家的学生运动关注大学本身，不但是为了表达对既定政策的反对，而且是为了改善简陋的校园条件和毕业生就业前景不佳的状况（Jayaram，1979）。印度学生的“无纪律性”经常导致校园的混乱，他们偶尔也举行示威反对政府官员，有时会迫使其辞职。因此，发展中国家学生抗议的范围非常广泛，意识形态范围也从最具革命性的马克思主义到伊斯兰原教旨主义不等。复杂的意识形态是一些学生运动的特征，而另一些则缺乏清晰的整体视角。一些运动旨在推翻政府，而另一些则关注恶劣的住宿条件。

第三世界大学生在政治上取得成功的原因很多，尤其是与工业化国家学生激进主义运动相比较。虽然本章不可能对发展中国家的学生政治做出全面的理论解释，但有必要指出一些关键因素。

- 发展中国家往往缺乏工业化国家既定的政治制度和结构，因此，像学生这样有组织的群体更容易对政治产生直接影响。

- 在许多情况下，学生参与独立运动已成为政治体系认可的一部分。
317 因此，与西方大多数人认为学生激进主义是一种失常和对政治的非法干涉不同，发展中国家的学生被期望直接参与政治，而激进主义被视为政治体系的合法组成部分。

- 发展中国家的大学生是一种早期的精英，在许多发展中国家，都有一种观念认为他们是特殊群体——他们是少数能够接受中学后教育的人，有着日后事业成功的良好前景（Barkan，1976）。拥有大学学位和传统的精英意识所带来的优越感，无论是真实的还是想象的，都是一种强有力的组合。随着 21 世纪高等教育大众化的到来，这种权利意识已经减弱，但还常常残留于学生的思想之中。

- 发展中国家主要大学的地理位置提升了学生激进主义的效果。许多大学都位于首都城市，相当大比例的学生群体可以轻松抵达权力中心。这一简单的地理事实使示威活动更容易组织起来，并给学生一种他们处于权力的中心、可以轻松获得权力的感觉。

- 一些发展中国家拥有有效的、正常运转的政治制度，但大多数国家并没有这种制度。由于这一点，以及普遍存在的文盲和沟通不畅等问题，学生往往被视为更广泛民众的代言人。从某种意义上说，他们的权威性远超出其数量的影响力，因此，当权者往往会认真对待学生的示威和不满。在许多情况下，小规模学生运动成为更大规模社会运动的催化剂，或者对政府当局产生了重大的影响。从某种意义上说，发展中国家的学生运动者扮演着社会“良知”的角色。

- 由于发展中国家大学生整体而言比工业化国家学生来自更高阶层的社会经济群体，因此他们具有更大的影响力。尽管随着高等教育的扩张，各国学生在社会阶层背景方面存在着显著的差异和变化，但许多发展中国家的大多数学生群体都来自城市精英阶层，这些学生通过其家庭可以直接进入有影响力的社会阶层。

这些因素在一定程度上解释了过去几十年发展中国家学生激进主义运动的相对较大的影响力。虽然工业化国家的大学生——特别是在 20 世纪 60 年代，对其所在社会产生了影响，但是与发展中国家的学生运动相比，他们的作用相形见绌。此外，发展中国家的大学生是一股持续的社会力量，他们在 20 世纪 60 年代之后并没有消失。

结　论 318

由于历史环境、社会政治发展水平以及政治与教育制度的差别，发达国家与发展中国家之间、各国之间学生运动存在许多差异。学生运动难以预测。此外，有效的学生运动取决于促使其成功的外部环境——新闻媒体和主要社会团体对激进主义运动合法性的接受。学生运动本身永远不足以推翻政府，运动的结果取决于它的目标和策略，以及它设法创造的正当性观念。

学生运动似乎是周期性的。20 世纪 60 年代以来，在大多数工业化国家发生的学生运动既不活跃，也未取得太大成功。在一些第三世界国家，尽管学生运动总体趋于沉寂，但学生激进主义仍在继续。在许多方面，研究学生政治的低潮时期与对抗阶段同样重要。这两个阶段都能让我们深入了解学生政治的本质，或许还能让我们洞见更广泛的政治现实。共产主义现状对左翼学生激进主义产生了深远的影响。马克思主义是许多学生运动的主要思想武器之一，目前尚没有一种其他左翼意识形态能够取而代之。20 世纪 80 年代和 90 年代初期，西欧多数国家的保守政府上台执政，这对学生激进主义产生了消极影响。

学生激进主义仍然是世界范围内的一股潜在力量，但是下一波浪潮何时到来以及性质如何，尚在迷雾之中。

参考文献

Altbach, E. H. (1969). Vanguard of revolt: Students and politics in central Europe, 1815-1848. In S. M. Lipset & P. G. Altbach (Eds.), *Students in revolt* (pp. 451-474). Boston, MA: Beacon.

Altbach, P. G. (1968). *Turmoil and transition: Higher education and student politics in India*. New York: Basic Books.

Altbach, P. G. (1970). Student movements in historical perspective: The Asian case. *Youth and Society*, *1* (3), 333-357.

Altbach, P. G. (Ed.). (1989). *Student political activism: An international reference handbook*. New York: Greenwood.

Altbach, P. G. (1997). *Student politics in America: A historical analysis*. New Brunswick, NJ: Transaction.

Altbach, P. G., & Lomotey, K. (Eds.). (1991). *The racial crisis in American higher education*. Albany: State University of New York Press.

Astin, A. W., Astin, H. S., Bayer, A. E., & Bisconti, A. S. (1975). *The power of protest*. San Francisco, CA: Jossey-Bass.

Barkan, J. D. (1976). *An African dilemma: University students, development, and politics in Ghana, Tanzania, and Uganda*. Nairobi, Kenya: Oxford University Press.

Cohen, R. (1988). *Revolt of the Depression generation: America's first mass student protest movement*. Unpublished doctoral dissertation, University of California, Berkeley.

Cohen, R. (1993). *When the old left was young: Student radicals and America's first mass student movement, 1929-1941*. New York: Oxford University Press.

Douglas, S. A. , & Bachtiar, H. (1970). Indonesian students: The generation of 1966. In P. G. Altbach (Ed.), *The student revolution* (pp. 156–160). Bombay, India: Lalvani.

Emmerson, D. K. (Ed.). (1968). *Students and politic in developing nations.* New York: Praeger.

Evans, S. M. (1979). *Personal politics: The roots of women's liberation in the civil rights movement and the New Left.* New York: Knopf.

Feuer, L. S. (1969). *The conflict of generations: The character and significance of student movements.* New York: Basic Books.

Fraser, R. (1988). 1968: *A student generation in revolt.* New York: Pantheon.

Giles, G. (1985). *Students and national socialism in Germany.* Princeton, NJ: Princeton University Press.

Gitlin, T. (1980). *The whole world is watching: Mass media in the making and unmaking of the new left.* Berkeley: University of California Press.

Horowitz, H. L. (1988). *Campus life: Undergraduate cultures from the end of the eighteenth century to the present.* Chicago: University of Chicago Press.

Israel, J. (1966). *Student nationalism in China, 1927–1937.* Stanford, CA: Stanford University Press.

Isserman, M. (1987). *If I had a hammer: The death of the old left and the birth of the New Left.* New York: Basic Books.

Jayaram, N. (1979). Sadhus no longer: Recent trends in Indian student activism. *Higher Education*, *8* (6), 683–699.

Keniston, K. (1968). *Young radicals: Notes on committed youth.* New York: Harcourt, Brace & World.

Keniston, K. (1971). *Youth and dissent: The rise of a new opposition.* New York: Harcourt Brace Jovanovich.

Klineberg, O. , Zavalloni, M. , Louis-Guerin, C. , & Ben-Brika, J. (1979). *Students, values and politics: A cross-cultural comparison.* New York: Free Press.

Liebert, R. S. (1971). *Radical and militant youth: A psychoanalytical inquiry.* Westport, CT: Praeger.

Lintner, B. (1988). Burma: The wrath of the children. *Far Eastern Economic Review*, *21*,

18–19.

Lipset, S. M. (1966). University students and politics in underdeveloped nations. *Comparative Education Review*, *10* (2), 132–162.

Lipset, S. M., & Altbach, P. G. (1966). Student politics and higher education in the United States. *Comparative Education Review*, *10* (2), 320–349.

Michener, J. A. (1971). *Kent State: What happened and why*. New York: Random House.

Miller, J. (1987). *Democracy is in the streets: From Port Huron to the siege of Chicago*. New York: Simon & Schuster.

Nitsch, W., Gerhardt, U., Offe, C., & Preuss, U. K. (1965). *Hochschule in der Demokratie*. Berlin: Luchterhand.

Rothman, S., & Lichter, S. R. (1982). *Roots of radicalism: Jews, Christians, and the New Left*. New York: Oxford University Press.

Rudolph, S. H., & Rudolph, L. I. (1972). *Education and politics in India: Studies in organization, society and politics*. Cambridge, MA: Harvard University Press.

Shils, E. (1969). Dreams of plenitude, nightmares of scarcity. In S. M. Lipset & P. G. Altbach (Eds.), *Students in revolt* (pp. 1–33). Boston, MA: Beacon Press.

Steinberg, M. S. (1977). *Sabers and brown shirts: The German students' path to national socialism, 1918–1935*. Chicago: University of Chicago Press.

Tse-Tsung, C. (1960). *The May fourth movement: Intellectual revolution in modern China*. Cambridge, MA: Harvard University Press.

Walter, R. J. (1968). *Student politics in Argentina: The university reform and its effects, 1918–1964*. New York: Basic Books.

作者简介

菲利普·G. 阿特巴赫，波士顿学院国际高等教育研究中心研究教授及创始主任，荣休前担任波士顿学院的莫南讲席教授二十余年。他曾在哈佛大学、威斯康星大学麦迪逊分校和纽约州立大学布法罗分校任教，并在斯坦福大学和加州大学伯克利分校担任访问学者。他是富布赖特项目“新世纪学者计划”杰出学者，也是印度孟买大学的富布赖特研究教授。阿特巴赫教授是美国教育研究协会（American Education Research Association）会员，并获得了国际教育工作者协会（Association of International Educators，NAFSA）颁发的霍利汉奖，以及美国高等教育研究协会（Association for the Study of Higher Education）颁发的霍华德·伯恩研究奖。先后被俄罗斯莫斯科国立高等经济研究大学、北京大学和厦门大学聘为客座教授，并在香港大学担任研究员（Onwell Fellow）。菲利普·G. 阿特巴赫教授已经出版了50多本著述，曾任《高等教育评论》（*Review of Higher Education*）和《比较教育评论》（*Comparative Education Review*）杂志主编。

汉斯·德维特，波士顿学院国际高等教育研究中心教授及原主任，同时担任意大利米兰圣心天主教大学高等教育国际化中心主任。

简·奈特，加拿大多伦多大学安大略教育研究院兼职教授。

伊万·帕切科，高等教育顾问，波士顿学院哲学博士（高等教育）。

利兹·瑞斯伯格，瑞斯伯格联合咨询公司的总裁，曾就职于波士顿学院国际高等教育研究中心，波士顿学院哲学博士（高等教育）。

劳拉·拉莫利，波士顿学院国际高等教育研究中心副主任，曾任比利时布鲁塞尔学术合作协会副主任，波士顿学院哲学博士（高等教育）。

索　　引

出 版 人　郑豪杰
责任编辑　何　蕴
版式设计　郝晓红
责任校对　贾静芳
责任印制　米　扬

图书在版编目（CIP）数据

全球视野下的高等教育／（美）菲利普·G. 阿特巴赫（Philip G. Altbach）著；张怡真译. —北京：教育科学出版社，2023. 11

书名原文：Global Perspectives on Higher Education

ISBN 978-7-5191-3601-7

Ⅰ. ①全…　Ⅱ. ①菲…②张…　Ⅲ. ①高等教育—研究—世界　Ⅳ. ①G649. 1

中国国家版本馆 CIP 数据核字（2023）第 218125 号

北京市版权局著作权合同登记 图字：01-2023-5891 号

全球视野下的高等教育
QUANQIU SHIYE XIA DE GAODENG JIAOYU

出版发行	教育科学出版社		
社　　址	北京·朝阳区安慧北里安园甲 9 号	**邮　　编**	100101
总编室电话	010-64981290	**编辑部电话**	010-64989421
出版部电话	010-64989487	**市场部电话**	010-64989009
传　　真	010-64891796	**网　　址**	http://www.esph.com.cn

经　　销	各地新华书店		
制　　作	北京金奥都图文制作中心		
印　　刷	唐山玺诚印务有限公司		
开　　本	720 毫米×1020 毫米　1/16	**版　　次**	2023 年 11 月第 1 版
印　　张	23	**印　　次**	2023 年 11 月第 1 次印刷
字　　数	299 千	**定　　价**	80. 00 元

Global Perspectives on Higher Education
By Philip G. Altbach

Published by arrangement with Johns Hopkins University Press, Baltimore, Maryland.